全国交通运输行业职业技能鉴定培训教材

Jidongche Jiashi Jiaolianyuan

机动车驾驶教练员

二级(技师)·一级(高级技师)

交通运输部职业资格中心
(交通运输部职业技能鉴定指导中心) 组织编审

人民交通出版社股份有限公司
China Communications Press Co.,Ltd.

内容提要

本教材是全国交通运输行业职业技能鉴定培训教材，由交通运输部职业资格中心组织交通运输行业有关专家，结合当前我国机动车驾驶员培训行业技能型人才发展需要和工作实际，根据《机动车驾驶教练员国家职业标准》编审而成。

教材以职业活动为导向，以职业能力为核心，注重机动车驾驶教练员能力培养和素质提升，具有较强的针对性和可操作性。教材内容包括：机动车驾驶教练员二级（技师）和一级（高级技师）两部分，涉及理论教学、专业知识应用教学、教学管理、驾驶培训教学、教学培训指导等单元，共计32个模块。教材采用单元、模块方式编排，图文并茂，便于培训与自学。

本教材是机动车驾驶教练员二级（技师）和一级（高级技师）职业技能鉴定考试用书，亦可作为职业院校交通运输相关专业教学参考书。

图书在版编目（CIP）数据

机动车驾驶教练员：二级（技师）·一级（高级技师）/ 交通运输部职业资格中心编. —北京：人民交通出版社股份有限公司，2014.6

全国交通运输行业职业技能鉴定培训教材

ISBN 978-7-114-11453-3

Ⅰ.①机… Ⅱ.①交… Ⅲ.①汽车驾驶-教练员-职业技能-鉴定-教材 Ⅳ.①U471.3

中国版本图书馆CIP数据核字（2014）第114856号

全国交通运输行业职业技能鉴定培训教材

书　　名： 机动车驾驶教练员二级（技师）·一级（高级技师）

著 作 者： 交通运输部职业资格中心（交通运输部职业技能鉴定指导中心）

责任编辑： 李　斌　阎东坡

出版发行： 人民交通出版社股份有限公司

地　　址： （100011）北京市朝阳区安定门外外馆斜街3号

网　　址： http://www.ccpress.com.cn

销售电话： （010）59757973

总 经 销： 人民交通出版社股份有限公司发行部

经　　销： 各地新华书店

印　　刷： 北京市密东印刷有限公司

开　　本： 787×1092　1/16

印　　张： 14.75

字　　数： 300千

版　　次： 2014年6月　第1版

印　　次： 2015年8月　第7次印刷

印　　数： 33001—38000

书　　号： ISBN 978-7-114-11453-3

定　　价： 53.00元

（有印刷、装订质量问题的图书由本公司负责调换）

全国交通运输行业职业技能鉴定培训教材
编审委员会

机动车驾驶教练员二级（技师）·一级（高级技师）审定人员

主　审：杜　颖

参　审：柴晓军　王福恒　郝鹏玮　温晓亮

于德水　任胜平　隋中田　黄新宇

韦　勇　周林福　王东川　闫文辉

机动车驾驶教练员二级（技师）·一级（高级技师）编写人员

主　编：范　立

参　编：钟志斌　范　坤　冯晓乐　杨圣文

前　言

为做好交通运输行业特有职业技能培训及鉴定工作，在机动车驾驶教练员从业人员中推行国家职业资格证书制度，根据《机动车驾驶教练员国家职业标准》(以下简称《标准》)，我中心组织编审了《全国交通运输行业职业技能鉴定培训教材——机动车驾驶教练员二级(技师)·一级(高级技师)》。

本教材以职业活动为导向，以职业能力为核心，突出职业特色。在内容上针对机动车驾驶教练员职业活动领域，结合当前我国机动车驾驶员培训行业技能型人员发展需要和工作实际，注重机动车驾驶教练员能力培养和素质提升，具有较强的针对性和可操作性。本教材图文并茂，编排新颖，采用单元、模块方式，便于培训和自学。

本教材主要用于二级机动车驾驶教练员(技师)和一级机动车驾驶教练员(高级技师)技能鉴定考试用书，也可作为交通运输类职业院校相关专业的教学参考书，还可以满足机动车驾驶教练员继续教育的实际需要。希望广大机动车驾驶教练员用好这本教材，以良好的职业道德水平和扎实的职业技能服务行业、服务社会。

交通运输部职业资格中心

(交通运输部职业技能鉴定指导中心)

二〇一四年五月

目录

第一部分　机动车驾驶教练员二级(技师)

第二部分 机动车驾驶教练员一级(高级技师)

第一部分

机动车驾驶教练员二级（技师）

单元1 理论教学

模块1 教练员的职责和职业道德

机动车驾驶教练员（以下简称教练员）作为驾驶员培训工作的具体实施者，其自身素质和职业道德对驾驶学员会产生潜移默化的影响，直接关系到社会驾驶员的整体素质。一名优秀的教练员，不仅要认真履行职责，还要有高尚的职业道德。

一 教练员的职责

教练员作为特殊工种的教育工作者，从事的教学工作专业性较强、风险性较大，需要具备一定的条件和职业素质，认真履行自己的职责，担负起培养安全文明驾驶员的社会责任。

1 教练员的基本条件

从事机动车驾驶培训的教练员应持有国家统一的教练员证。理论教练员应具有汽车及相关专业中专以上学历或者汽车及相关专业中级以上技术职称，具有两年以上安全驾驶经历，熟练掌握道路交通安全法规、驾驶理论、机动车构造、交通安全心理学、常用伤员急救等知识，了解教育学、教育心理学的基本知识，具备编写教案、规范讲解的授课能力。驾驶操作教练员年龄不超过60周岁。应具有汽车及相关专业中专或者高中以上学历，符合一定的安全驾驶经历和相应车型驾驶经历，熟练掌握道路交通安全法规、驾驶理论、机动车构造、交通安全心理学和应急驾驶的基本知识，熟悉车辆维护和常见故障诊断、车辆环保和节约能源的有关知识，具备驾驶要领讲解、驾驶动作示范、指导驾驶的教学能力。

2 教练员的职业特点

教练员不论是教学对象、教学内容，还是教学组织、教学环境都与一般职业学校教师不同,整个教学过程不仅限于课堂,多数时间要在有一定危险的环境中进行实际操作教学。因此,教练员具有教学对象层次多样化,教学内容专业性强,教学要求严格、教学组织特殊性,教学过程风险性等职业特点。

教练员的职业特点决定了教练员队伍必须具备更高的素质,而师德是教练员最重要的素质,是职业培训的灵魂。教练员的理想信念、道德情操、人格魅力直接影响学员的文明行车和安全驾驶习惯的养成。高尚的师德就是一部活的教科书,是一股强大的精神力量。当前,深化教练员培训工作改革,全面推进素质教育和提高培训质量,教练员不仅需要转变教育思想和观念、更新知识结构、提高教育教学水平,更需要有良好的思想素质和高尚的师德,并在与时俱进的实践中不断提高。

3 教练员的职业素质

教练员作为驾驶员的启蒙老师,是道路交通安全知识、安全意识和安全驾驶技能的传授者,肩负着为社会提供安全合格的驾驶员、保障道路交通安全的重任。教练员要培养学员正确的学习目的和学习态度,自身必须要做到率先垂范、学而不厌、诲人不倦。因此,教练员要具备良好的职业道德,丰富的文化和专业知识,较强的安全和防范风险的意识,过硬的操作技能和应急处置能力,综合的管理与教学能力。

教练员在教学活动中,要培养学员良好的驾驶作风,树立严格要求,为学员服务的理念,自身做到作风正派、克己奉公、遵守公德、遵守法规。教学过程中做到仪表端正、服装整洁、语言文明、态度亲切。教学活动中,要遵循“精讲精练”原则,详细讲解操作规范、操作要领、注意事项,教学重点是安全意识培养。同时,教练员要严格遵守安全教学有关规定,高度重视行车安全、训练安全、乘车安全等教学安全行为,让每一位学员真正掌握安全驾驶技术、规范安全操作。

机动车驾驶员培训机构应当加强对教练员的职业道德教育和驾驶新知识、新技术的再教育,对教练员每年进行至少一周的脱岗培训,提高教练员的职业素质。教练员未按照规定参加驾驶新知识、新技能再教育的,由县级以上道路运输管理机构责令限期整改;逾期整改不合格的,予以通报。

4 教练员的根本职责

教练员要为社会培养合格的驾驶员,必须重视学员的素质教育。学员在驾校短暂的学习,会影响一生的驾驶生涯。教练员对学员一生影响最大的是安全意识、驾驶习惯和驾驶道德。教练员要注重学员的安全意识教育、文明礼让教育、安全驾驶技能的培养。安全意识教学主要是让每一位学员接受安全意识教育、遵章守法教育、安全驾驶教育。

驾驶员缺乏安全意识和安全知识、驾驶技能差,是造成交通事故的主要原因。而驾驶员安全意识和驾驶技能差的主要原因是缺乏从源头上的安全、文明、道德教育和驾驶技能的培养。树立安全第一、珍爱生命的教育理念,培养驾驶学员安全意识、规范驾驶和文明行车，普及安全知识，是机动车驾驶员培训的首要任务，也是迫切需要加强的薄弱环节。安全意识教学主要是让每一位学员接受安全意识教育、遵章守法教育、安全驾驶教育。教练员要向学员传授安全知识、驾驶知识、操作技能，为社会培养安全、文明、合格的驾驶员。

提高机动车驾驶学员的整体素质，把好驾驶培训的质量关，教练员的作用非常关键。对驾驶员实施素质教育，不仅仅是对学员驾驶操作技术的培养，更重要的是传授给学员安全行车的知识和处置交通情况的能力，培养学员的安全意识和遵章守法的意识，增强学员的社会责任感，引导学员树立"安全第一、珍爱生命"的行车理念，养成良好的驾驶习惯，最终能够独立安全驾驶车辆。这既是社会的迫切需要，也是教练员的根本职责。驾驶教学中，培养学员安全意识、普及安全行车知识、全面传授驾驶技能，是教练员的职责所在。

5 教练员的社会责任

驾驶员的安全文明素质是道路交通安全的第一道防线，直接反映全社会道路交通安全水平和文明程度。培养具有安全文明素质的驾驶员，是夯实道路交通安全基础的重要保障，是提升人民群众生活品质的重要方面，是加强道路交通节能减排的重要环节，也是推动道路运输转型升级发展的重要条件。教练员认真做好机动车驾驶员培训教学工作，从源头强化安全意识教育，培养学员良好的驾驶习惯，是提高机动车驾驶员整体素质的有效途径。

驾驶员的安全驾驶，不仅关系个人和他人生命财产安全，而且还关系到整个社会的安定与和谐。汽车社会需要安全，更需要文明，教练员肩负着为社会提供安全合格的驾驶员、保障道路交通安全的社会重任。因此，每一位教练员都要有崇高的社会责任感和使命感，从源头上注重学员安全文明意识的养成教育，为社会培养大批安全文明的高素质驾驶员，给道路交通大动脉提供新鲜、健康的血液，影响和引导道路交通向着文明、理智、健康方向发展，进而减少道路交通事故，缓解道路交通的压力。

6 教练员的职业化

机动车培训驾驶教练员的职业化，就是从根本上解决教练员的社会地位和从业资格的国家认可，成为一种固定的职业，根据不同的专业岗位等级，制定不同的职业标准。教练员的职业化，对于驾校的生存发展和稳定教练员队伍，提高教练员教学水平，培养教练员的敬业精神，立足本职、爱岗敬业、清正廉洁是十分必要的。因此，大力提倡教练员的学历教育、职业培训、专业进修、职业评定等多种形式，是教练员队伍真正成为一支职业化教学队伍的重要途径。

机动车驾驶教练员职业共设 4 个等级，分别为四级机动车驾驶教练员（国家职业资格四级）、三级机动车驾驶教练员（国家职业资格三级）、二级机动车驾驶教练员（国家职业资格二级)、一级机动车驾驶教练员(国家职业资格一级)。连续从事本职业工作5年以上,可申报四级机动车驾驶教练员。取得本职业四级资格证的教练员,连续从事本职业工作7年以上,可申报三级机动车驾驶教练员。取得本职业三级资格证的教练员,连续从事本职业工作8年以上,可申报二级机动车驾驶教练员。取得本职业二级资格证的教练员,连续从事本职业工作8年以上,可申报一级机动车驾驶教练员。

7 规范化教学

机动车驾驶培训规范化教学,是教练员在教学过程中必须遵守的、具有职业特点的教学方法。教练员规范教学方法是驾驶员培训教学中一个重要的环节,规范化教学是融技能、意识、安全为一体的教学模式。驾驶操作规范和规范教学手势与口令,是教练员教学过程中必须使用的方法和手段。因此,教练员应严格按照规范化教学的要求实施教学,以确保教学质量。

规范化教学应遵循以下原则:

(1)遵循教学的阶段性,有计划、有步骤进行。

(2)理论联系实际,理论培训与实操训练相结合。

(3)按照统一教学程序、教学步骤开展教学活动。

(4)规范教案编写、讲解要领、示范动作、教学手势和教学口令。

(5)合理安排训练的次数、时间和训练的方式。

(6)正确掌握训练进度和训练的质量要求。

(7)充分发挥教练员的监督和检查作用。

(8)让学员知道每次训练的结果。

理论规范化教学步骤:

(1)教练员准备教具及教学资料。

(2)学员按规定和要求签到。

(3)教练员按教学要求进行授课。

(4)教练员对学员的学习情况讲评。

(5)布置课后作业。

(6)填写《教学日志》。

(7)学员按规定和要求签退。

实际操作规范化教学步骤:

(1)教练员到教练车旁等候学员。

(2)学员按规定和要求签到。

(3)教练员带领学员检查车辆。

(4)教练员宣布训练科目。

(5)教练员进行动作示范或讲解。

(6)学员在教练员指导下进行练习。

(7)教练员对训练情况讲评。

(8)教练员预告下次训练科目或内容。

(9)填写《教学日志》。

(10)学员按规定和要求签退。

(11)教练员对车辆进行检查整理。

二 教练员的职业道德

1 职业道德

职业道德是人们在进行本行业活动时对整个社会所负的道德责任和义务。涵盖了从业人员与服务对象、职工与领导、职工与职工、职业与职业之间等多重关系的调节和约束,是职业生活中普遍存在的行为准则和职业道德规范,也就是以善良与丑恶、公正与自私、高尚与卑鄙、诚实与虚伪等作为标准,来评价人们的职业行为规范。这些规范有两种表现:一种表现于文字,如各种职业的法律法规,工作守则和服务标准等;一种表现在人们的观念中,靠从业人员在信念的指导下去实现和创造,而实现和创造的前提是对职业充满情感、信心和责任感。职业道德有两大准则,即敬业和乐业。所谓"敬业"即是尊重职业,忠于职守;所谓"乐业"即是乐于职业,热爱本职。

2 教练员职业道德的主要内容

教练员的职业道德是从教练员驾驶教学实践中引申出来的,是教练员在教学过程中从思想到行为应具备和必须遵循的行为规范和准则。教练员职业道德,是教练员在进行驾驶培训教学活动时,对整个社会所负的道德责任和义务,是职业道德在驾驶教学工作中的具体表现。教练员在教学过程中,既要了解学员和行人,又要了解车辆和道路,还要在复杂的道路和拥挤的场地环境中进行教学,而且学员年龄、文化和职业差异大,驾驶技能还没有完全掌握,教练员承受着巨大的生理和心理压力,具有很大的风险。在这种环境下进行教学,教练员是确保教学安全和学员掌握安全理念、驾驶知识和技能的关键。教练员用什么态度来对待学员,用什么规矩和原则来调节和约束自己的教学行为,是教练员是否具有良好职业道德的具体体现。

教练员严谨的职业行为规范,是确保教学规范和教学质量的基础,建立融知识、技能、意识、安全为一体的驾驶规范化教学体系,是驾驶员培训教学的发展方向。教练员要培养有社会责任感的驾驶员,自身必须具有严谨的职业行为规范。教练员的行为规范包括遵章守法、珍爱生命,诚实守信、规范施教,为人师表、廉洁从教,爱护学员、文明教学,努力学习、与时俱进等方面。教练员职业道德的主要内容:一是忠诚驾驶员培训事业,爱岗敬业、奉献社会;二是努力提高自身素质,诚实守信、服务学员;三是严格按教学大纲组织教学,保证时间、保证质量;四是自觉防止和抵制各种不正之风,不谋私利、勤教廉洁;五是模范遵守法律法规,严谨训练、确保安全。

模块 2 法律法规相关知识

让驾驶学员学习和掌握法律法规相关知识,树立法律意识,养成遵章守法的行为习惯,是教练员教学的重点。教练员必须熟知相关法律法规,严格按照有关规定依法实施教学,培养学员的遵章守法意识,让每一个学员成为遵章守法的合格驾驶员。

一 交通安全相关法律法规

交通安全法律法规,是保障道路交通安全、畅通、有序的法律体系,是综合无数血的教训,运用科学的原理和方法制定的,不以任何个人的意志而改变,遵守交通安全法律法规是驾驶员形成安全意识的前提。

1 客运驾驶员规定

申请城市公交车准驾车型的,在 20 周岁以上,50 周岁以下;申请中型客车准驾车型的,在 21 周岁以上,50 周岁以下;申请大型客车准驾车型的,在 26 周岁以上,50 周岁以下。

申请增加中型客车准驾车型的,应取得驾驶城市公交车、大型货车、小型汽车、小型自动挡汽车、低速载货汽车或者三轮汽车准驾车型资格 3 年以上,并在申请前最近连续 3 个记分周期内没有记满 12 分记录。

申请增加大型客车准驾车型的,应取得驾驶中型客车或者大型货车准驾车型资格 5 年以上,或者取得驾驶牵引车准驾车型资格 2 年以上,并在申请前最近连续 5 个记分周期内没有记满 12 分记录。

持有大型客车、城市公交车、中型客车驾驶证的驾驶人在 1 年实习期内记 6 分以上但未达到 12 分的,实习期限延长 1 年。在延长的实习期内再次记 6 分以上但未达到 12 分的,注销其实习的准驾车型驾驶资格。

持有大型客车、城市公交车、中型客车驾驶证的驾驶人,应当在每个记分周期结束后 30 日内到公安机关交通管理部门接受审验。但在一个记分周期内没有记分记录的,免予本记分周期审验。

2 客车运输

客车载人不得超过核定的人数,公路载客汽车不得超过核定的载客人数,但按照规定免票的儿童除外,在载客人数已满的情况下,按照规定免票的儿童不得超过核定载客人数的 10%,客运机动车不得违反规定载货。驾驶客车行驶时,驾驶员、乘坐人员应当按规定使用安全带。

在异地从事营运的机动车驾驶员，向营运地车辆管理所备案登记一年后，可以直接在营运地参加审验。机动车驾驶证审验内容包括：

（1）道路交通安全违法行为、交通事故处理情况；

（2）身体条件情况；

（3）道路交通安全违法行为记分及记满12分后参加学习和考试情况。

持有大型客车、城市公交车、中型客车驾驶证的驾驶员从业单位等信息发生变化的，应当在信息变更后30日内，向驾驶证核发地车辆管理所备案。

二 道路运输相关法律法规

道路运输驾驶员在从事道路运输活动时，应携带相应的从业资格证件，并遵守国家相关法规和道路运输安全操作规程，严格按照有关规定依法从事道路运输，依法经营，做好本职工作。

1 道路客运驾驶员的条件

客运车辆驾驶员从事营运，要随车携带道路运输证、从业资格证等有关证件，在规定位置放置客运标志牌；客运班车驾驶员还应当随车携带道路客运班线经营许可证明和线路牌。客运站经营者应当禁止无证经营车辆进站从事经营活动。

经营性道路旅客运输驾驶员应当符合下列条件：

（1）取得相应的机动车驾驶证1年以上；

（2）年龄不超过60周岁；

（3）3年内无重大以上交通责任事故；

（4）掌握相关道路旅客运输法规、机动车维修和旅客急救基本知识；

（5）经考试合格，取得相应的从业资格证件。

2 道路旅客运输管理

初次申请从事道路客运经营，应当按照规定向道路运输管理机构提出申请，并提交材料。道路运输管理机构审核、认定申请人符合法定条件后，对其发放《道路运输经营许可证》，并向其投入运输的客车配发《道路运输证》。属于客运班车的，同时配发班车客运标志牌。需要变更许可事项或者终止经营的，向原许可机关提出申请。客运班线的经营主体、起讫地和日发班次变更，应按照重新许可办理。

客运经营者在取得全部经营许可证件后，无正当理由超过180天不投入运营或者运营后连续180天以上停运的，视为自动终止经营。客运经营者在经营期限内需要暂停、终止经营，应提前30日向原许可机关申请。经营期限届满，需要延续客运班线经营的，在届满前60日提出申请。

客运车辆驾驶员要遵守道路运输法规和道路运输驾驶员操作规程，安全驾驶，文明

服务;客运驾驶员要严格遵守载客规定,严禁客运车辆超载运行,

将乘客安全地送达目的地,是旅客运输的第一要求,乘客安全一般包括人身安全、行包安全、交通安全等。道路客运驾驶员在内的客运经营者在营运之前,尽可能排除存在的安全隐患,禁止易燃易爆和其他明令禁止的违禁品上车,不超载,不超速,安全驾驶,必须将乘客的人身财产安全作为一切工作的第一位。

道路客运驾驶员要牢记自己服务的责任和义务,始终将乘客、承运人和托运人在符合行业标准或部门规章等通例的前提下的合理要求作为自己的行为规范,努力使其满意。对于在运输过程中出现的问题、事故和延误,要虚心向乘客解释,必要时做出赔偿。

道路运输需要消耗大量的石油燃料,而运输车辆尾气排放和对空气的污染又是社会最大的环境威胁。因此,作为道路运输业的一员要义不容辞地承担起保护环境、节约燃料的重要责任,要控制燃油的使用,包括使用无铅的汽油、天然气作为燃料,也要注意安排好车次,以利于控制运输成本,减少空载的次数等。

道路作为一个特殊的公共场所,需要所有人遵守道路交通安全法律法规,维护其公共秩序。道路运输驾驶员要严格遵守法律法规,履行社会义务,安全驾驶、文明行车,在保障承运人和乘客利益的同时,也要注意保障其他交通参与者的人身财产安全。

3 客运班线运输

班车客运是指营运客车在城乡道路上按照固定的线路、时间、站点和班次运行的一种客运方式,包括直达班车客运和普通班车客运。

直达班车客运是指由始发站直达终点站,中途只作必要的技术性、生活性间歇,但不上下旅客的班车客运。普通班车客运分普快班车和普客班车,普快班车是指站距较长,沿途只停靠县、市及乡、镇等主要站点的班车。普客班车是指运距较短,停靠站点较多,配备随车乘务员的班车。加班车客运是班车客运的一种补充形式,在客运班车不能满足需要或者无法正常运营时,临时增加或者调配客车按客运班车的线路、站点运行的方式。

班车客运的线路根据经营区域和营运线路长度分为以下四种类型:

(1)一类客运班线:地区所在地与地区所在地之间的客运班线或者营运线路长度在800千米以上的客运班线。

(2)二类客运班线:地区所在地与县之间的客运班线。

(3)三类客运班线:非毗邻县之间的客运班线。

(4)四类客运班线:毗邻县之间的客运班线或者县境内的客运班线。

客运经营者在取得全部经营许可证件后无正当理由超过180天不投入运营或者运营后连续180天以上停运的,视为自动终止经营。客运班线在经营期限内暂停、终止班

线经营，提前30日向原许可机关申请。经营期限届满，需要延续客运班线经营的，在届满前60日提出申请。

客运班车应当按照许可的线路、班次、站点运行，在规定的途经站点上下旅客，无正当理由不得改变行驶线路，不得站外上客或者沿途揽客。进站客运班车应当在发车30分钟前备齐相关证件进站等待发车，不得误班、脱班、停班。车辆因维修、肇事、丢失或者交通堵塞等特殊原因不能按时应班，应提前告知客运站。进站客运班车因故不能发班的，应当提前1日告知客运站经营者，双方要协商调度车辆顶班。对无故停班达3日以上的进站班车，客运站经营者应当报告当地道路运输管理机构。

4 道路从业资格考试

国家对道路运输从业人员实行从业资格考试制度，经营性道路客货运输驾驶员必须取得相应从业资格，方可从事相应的道路运输活动。道路运输从业人员从业资格考试应按照交通运输部编制的考试大纲、考试题库、考核标准、考试工作规范和程序组织实施。经营性道路客货运输驾驶员从业资格考试由设区的市级道路运输管理机构组织实施，每月组织一次考试。

申请参加经营性道路客货运输驾驶员从业资格考试的人员，向户籍地或者暂住地设区的市级道路运输管理机构提出申请。填写《经营性道路客货运输驾驶员从业资格考试申请表》，并提供以下材料：身份证明及复印件、机动车驾驶证及复印件、申请道路旅客运输驾驶员从业资格考试的，还需提供道路交通安全主管部门出具的3年内无重大以上交通责任事故记录证明。

交通运输主管部门和道路运输管理机构对符合申请条件的申请人，安排考试。考试结束10日内公布考试成绩。对考试合格人员，自公布考试成绩之日起10日内颁发相应的道路运输从业人员从业资格证件。经营性道路客货运输驾驶员从业资格考试成绩有效期为1年，考试成绩过期作废。申请人在从业资格考试中有舞弊行为的，取消当次考试资格。

5 道路从业资格管理

经营性道路客货运输驾驶员从业资格证件全国通用，由交通运输部统一式样印制并编号。经营性道路客货运输驾驶员从业资格证件由设区的市级道路运输管理机构发放和管理。已获得从业资格证件的人员需要增加其他从业资格类别的，向原发证机关提出申请并按照规定参加相应培训和考试。营运性道路客货运输从业资格证件使用全国统一的管理软件。道路运输从业人员管理工作坚持公平、公正、公开和便民的原则。

道路运输从业人员的从业资格证件有效期为6年。道路运输从业人员在从业资格证件有效期届满30日前到原发证机关办理换证手续。道路运输从业人员从业资格证件遗失、毁损的，向原发证机关办理证件补发手续。道路运输从业人员服务单位变更的，到交通主管部门或者道路运输管理机构办理从业资格证件变更手续。

经营性道路客货运输驾驶员在从业资格证件许可的范围内从事道路运输活动。道路运输从业人员在从事道路运输活动时,携带相应的从业资格证件,并遵守国家相关法规和道路运输安全操作规程,不得违法经营、违章作业。客运汽车载客不得超过核定的人数,货运车辆不得超限、超载运输,驾驶员连续驾驶时间不得超过4小时。经营性道路旅客运输驾驶员按照规定填写行车日志。行车日志式样由省级道路运输管理机构统一制定。

道路运输从业人员要坚持守法经营、诚实守信、行为规范、文明从业的原则,并按照规定参加国家相关法规、职业道德及业务知识培训。经营性道路旅客运输驾驶员要采取必要措施保证旅客的人身和财产安全,发生紧急情况时,积极进行救护。

6 道路运输驾驶员诚信考核

在从事道路旅客运输活动中,最重要的是赢得旅客信任和社会认可的诚实信用。诚信考核是为加强道路运输驾驶员动态管理,推进道路运输驾驶员诚信体系建设,对道路运输驾驶员在道路运输活动中的安全生产、遵守法规和服务质量等情况进行的综合评价。引导道路运输驾驶员依法经营,诚实守信,提高道路运输驾驶员发展核心竞争力,确保道路运输市场健康、有序发展。

道路运输驾驶员诚信考核等级分为优良、合格、基本合格和不合格,分别用AAA级、AA级、A级和B级表示。道路运输驾驶员诚信考核等级评定标准:

AAA级标准:

(1)上一考核周期的诚信考核等级为AA级及以上;

(2)考核周期内累计计分分值为0分。

AA级标准:

(1)未达到AAA级的考核条件;

(2)上一考核周期的诚信考核等级为A级及以上;

(3)考核周期内累计计分分值未达到10分。

A级标准:

(1)未达到AA级的考核条件;

(2)考核周期内累计计分分值未达到20分。

B级标准:

考核周期内累计计分有20分及以上记录的。

诚信考核实行计分制,考核周期为12个月,满分为20分,从道路运输驾驶员初次领取从业资格证件之日起计算。一个考核周期届满,经签注诚信考核等级后,该考核周期内的计分予以清除,不转入下一个考核周期。根据驾驶员违反诚信考核指标的情况,一次考核计分的分值分别为:20分、10分、5分、3分、1分共5种。道路运输驾驶员诚信考核内容有：

(1)安全生产情况：安全生产责任事故情况；

(2)遵守法规情况：违反道路运输相关法律、行政法规、规章的有关情况；

(3)服务质量情况：服务质量事件和有责投诉的有关情况。

7 道路运输驾驶员继续教育

道路运输驾驶员继续教育周期为2年，每个周期接受继续教育的时间累计应不少于24学时。道路运输驾驶员应当按照规定每2年主动接受1次相应的继续教育。道路运输驾驶员继续教育的内容有道路运输法规、政策、社会责任与职业道德，职业心理和生理健康、道路客货运输车辆知识，行车危险源辨识，防御性驾驶方法及不安全驾驶习惯纠正，紧急情况及应急处置，道路客货运输知识，节能减排相关知识。

继续教育应坚持以具有一定规模的道路运输企业实施为主的原则。道路运输驾驶员继续教育以接受道路运输企业组织并经县级以上道路运输管理机构备案的培训为主。不具备条件的运输企业和个体运输驾驶员的继续教育工作，由其他继续教育机构承担。继续教育还包括以下形式：

(1)经许可的道路运输驾驶员从业资格培训机构组织的继续教育；

(2)交通运输部或省级交通运输主管部门备案的网络远程继续教育；

(3)经省级道路运输管理机构认定的其他继续教育形式。

模块3 驾驶培训教学大纲

驾驶员是道路交通安全的第一道防线，驾驶员的安全文明素质直接关系到全社会道路交通安全水平以及道路交通文明程度。做好机动车驾驶培训与考试工作，是筑牢道路交通安全基础的重要保障。驾驶员培训是交通安全的源头，驾校是培养安全合格驾驶员的摇篮，驾驶员考试是对驾校培训质量的检验。驾驶培训教学大纲是驾驶员培训与考试的法律依据，机动车驾驶培训教练员应当按照全国统一的教学大纲进行教学。

一 机动车驾驶培训教学与考试大纲

1 《机动车驾驶培训教学与考试大纲》(简称《大纲》)的重要意义

我国正在迅速步入汽车社会，汽车保有量迅猛增长，公众安全知识教育无法适应急剧变化的交通形势，道路交通安全成为影响人民生命财产安全的重大问题之一。驾驶员是道路交通安全的基础和源头，是道路交通安全的第一道、也是最重要的一道防线，是道路交通安全的最重要影响因素。而目前，驾驶安全意识淡薄的驾驶员随处可见，安全行车理念和为他人着想的文明意识还没有深入人心。据统计，90%以上的交通事故是由驾驶员的原因导致的,驾驶员安全意识淡薄成为引发道路交通事故的主要因素之一。

根据教育的规律,最初接受的学习和教育往往影响最为深远,而坏习惯养成后再去纠正就非常困难。因此,驾驶员培训教学与考核工作,是道路交通安全工作3E对策(安全教育、工程措施、执法管理)中安全教育的最初阵地,也是最重要的阵地。做好驾驶员培训与考核工作,将安全文明理念落实到新学员学车考试全过程,是以人为本,尊重人民生命财产的具体体现,也是实现社会文明进步、促进社会和谐的必然要求。新《大纲》的发布,全面强化了安全文明驾驶意识的培养,充分尊重学员驾驶技能形成规律及安全文明意识养成规律,特别强化了货车、客车等车型驾驶员职业能力的培养,充分体现了对生命的尊重,深入实践了科学发展观。

2 《机动车驾驶培训教学与考试大纲》主体内容

《大纲》的主体内容包括教学大纲、考试大纲、教学日志三部分。教学大纲包括教学项目、教学内容、教学目标和学时安排四个要素;考试大纲包括考试项目、考试内容、考试要点、考试目标等要素。培训内容既符合考试内容的要求,又能完成素质教育的要求。教学的目的不仅是通过考试,而是培养合法且具有合格驾驶能力的驾驶员,因此,教学内容多于考试内容。

3 《机动车驾驶培训教学与考试大纲》培训学时

研究证明,机动车驾驶学员每天培训时间过长,培训效果并不理想,根据教学规律和驾驶技能形成规律,最佳的时间安排是"每个学员的理论培训时间每天不得超过4个学时、实际操作培训时间每天不得超过4个学时。"

根据不同的车型对总学时和每个阶段的学时都做出了明确规定(见下表)。

车型或类别		C1	C2	C3	C5	B2	A3	C4 DEF	A1 B1	A2
总学时		78	78	56	78	118	120	48	82	88
第一阶段学时	理论	12	12	12	12	12	14	10	10	10
第二阶段学时	理论	2	2	2	2	2	2	2	2	2
	实操	24	24	12	24	52	51	12	34	48
第三阶段学时	理论	16	16	14	16	20	20	14	16	16
	实操	24	24	16	24	32	33	10	20	22
合计学时	理论	30	30	28	30	34	36	26	28	28
	实操	48	48	28	48	84	84	22	54	60

4 《机动车驾驶培训教学与考试大纲》教学阶段和考试科目的科目设置

《大纲》分为教学大纲和考试大纲两部分,教学大纲分为三个教学阶段,考试大纲分为三个考试科目。教学项目按照教学规律和驾驶技能形成规律进行设置,考试项目按照考试内容、要点和命题规律进行设置，大纲既符合素质教育培训的要求，又能满足各科目考试的需要。

5《机动车驾驶培训教学与考试大纲》各阶段的项目设置

《大纲》中，第一阶段的项目有机动车基本知识，法律、法规及信号。第二阶段分为理论知识和实际操作两部分，理论知识的项目有基础驾驶、场地驾驶，实际操作的项目有基础驾驶、场地驾驶。第三阶段分为理论知识和实际操作两部分，理论知识的项目有安全文明驾驶、恶劣气象和复杂道路条件下的安全驾驶、紧急情况下的临危处置、发生交通事故后的处置、危险化学品知识、典型事故案例，实际操作的项目有起步、直线行驶、换挡、跟车、变更车道、靠边停车、通过路口、通过人行横道、通过学校区域、通过公共汽车站、会车、超车、掉头、夜间驾驶、行驶路线选择、模拟驾驶。

6《机动车驾驶培训教学与考试大纲》对阶段考核的要求

学员每个教学阶段结束后，对阶段的学习进行考核是对教学质量检验的唯一手段。《大纲》规定，每个教学阶段结束后，应当对学员本阶段的学习进行考核，考核员由二级以上资格的教练员担任，阶段考核意见由考核员签字生效。阶段考核合格后，参加本科目考试，进入下一阶段学习；阶段考核不合格的，由考核员确定应当增加复训的内容和学时。

7《机动车驾驶培训教学日志》（简称《教学日志》）的作用

《教学日志》是驾驶培训教学过中的重要的环节，可详实记录驾驶员安全教育和绩效安全考核情况，是加强教学过程管理，规范教学行为，确保《大纲》落实到位的主要手段和载体。在机动车驾驶员培训中，如何将《大纲》中规定的每一个教学项目、教学内容落实到位，并达到教学目标的要求，是确保驾驶员培训质量的关键。

《教学日志》是根据《大纲》规定的各车型或类别的培训学时、教学项目和教学目标的要求编制而成的，是驾驶员培训教学过程的有效记录，是《大纲》的重要组成部分。通过使用《教学日志》，让学员明确所要学习的内容，监督教练员按照《大纲》的教学项目和教学要求进行教学，规范自身教学行为，是培训机构负责人全面检查教练员的教学质量和教学效果，系统考核教练员教学工作的依据，也可作为驾培管理人员监督、检查培训质量，签署《培训记录》和考核驾校的重要参考。

8《机动车驾驶培训教学与考试大纲》在教学手段上的规定

《大纲》规定，理论知识应当采用课堂多媒体教学，第三阶段的理论知识教学有条件的可通过网络等形式配合教学；第二阶段基础驾驶操作应当使用模拟器教学，第三阶段的模拟驾驶部分内容可采取驾驶模拟器教学。

9 正确使用《机动车驾驶培训教学日志》

机动车驾驶培训教练员在每次教学结束后，如实填写《教学日志》。填写《教学日志》

时,要按规定填写培训机构、学员姓名、车型、学时,真实的填写教学次数、教学项目、所用学时。每次教学完成后,要客观真实地评价学员的学习效果,为下一次教学提出建议,并由教练员本人签字,必须经学员本人签字确认。在每一个阶段的理论和实际操作教学项目全部完成后,由培训机构指定的考核员对学员进行阶段性考核,考核员根据考核情况填写考核意见并签字,决定学员是否可以进入下一阶段的学习。在完成全部教学项目并经阶段考核合格后,培训机构负责人对《教学日志》所记录的教学情况和培训结果进行审核,签注审核意见并盖章。确保所有内容填写的真实性、有效性,是使用《教学日志》的关键。

(1)第一阶段《教学日志》的填写。

表中所有打"√"都要按规定填写。

培训机构名称:√	学员姓名:√	车型:√

第一阶段　　学时:12	阶段目标:掌握道路交通安全法律、法规及道路交通信号的规定,了解机动车基本知识

理论知识 学时:12	教学项目	教学目标		
	1. 机动车基本知识 2. 法律、法规及道路交通信号	1. 熟练掌握法律、法规及道路交通信号相关规定和要求; 2. 掌握车辆主要安全装置、驾驶操纵机构的作用; 3. 了解机动车基本知识、车辆性能、车辆运行材料知识		
次数/日期	1/	2/	3/	4/
教学项目	√			
所用学时	√			
学员签字	√			
教练员评价及签字	√			

第一阶段考核意见: √ 考核员签字:√

(2)第二阶段《教学日志》的填写。

表中所有打"√"都要按规定填写。

培训机构名称:√	学员姓名:√	车型:√

第二阶段 学时:26/14	阶段目标:掌握基础的驾驶操作要领;熟练掌握场地和场内道路驾驶的基本要领和方法,准确地控制车辆的行驶位置、速度和路线

理论知识 学时:2/2	教学项目	教学目标	日期	√
	1. 基础驾驶 2. 场地驾驶	1. 掌握基础驾驶操作的要领与作用; 2. 熟知速度控制、转向控制、空间位置控制对安全行车的影响	教学项目	√
			所用学时	√
			学员签字	√
			教练员评价及签字	√

<table>
<tr><td rowspan="2">实际操作
学时:24/12</td><td>教学项目</td><td colspan="5">教学目标</td></tr>
<tr><td>1. 基础驾驶
2. 场地驾驶</td><td colspan="5">1. 掌握正确的上、下车动作及驾驶姿势要领;
2. 熟练掌握操纵装置的操作要领;
3. 掌握行车前车辆检查与调整方法;
4. 掌握上下车观察、起步、变速、换挡、停车、倒车的驾驶方法;
5. 掌握判断安全状况,保持车辆沿正确的位置和路线行驶的方法;
6. 掌握倒车入库、坡道定点停车和起步、侧方停车、曲线行驶、直角转弯驾驶的方法;
7. 掌握通过人行横道、路口、学校区域、居民小区、公交车站、医院、商店、铁路道口等操作要领;
8. 独立在场内安全驾驶车辆</td></tr>
<tr><td>次数/日期</td><td>1/</td><td>2/</td><td>3/</td><td>4/</td><td>5/</td><td>6/</td></tr>
<tr><td>教学项目</td><td>√</td><td></td><td></td><td></td><td></td><td></td></tr>
<tr><td>所用学时</td><td>√</td><td></td><td></td><td></td><td></td><td></td></tr>
<tr><td>学员签字</td><td>√</td><td></td><td></td><td></td><td></td><td></td></tr>
<tr><td>教练员评价及签字</td><td>√</td><td></td><td></td><td></td><td></td><td></td></tr>
<tr><td>次数/日期</td><td>7/</td><td>8/</td><td>9/</td><td>10/</td><td>11/</td><td>12/</td></tr>
<tr><td>教学项目</td><td></td><td></td><td></td><td></td><td></td><td></td></tr>
<tr><td>所用学时</td><td></td><td></td><td></td><td></td><td></td><td></td></tr>
<tr><td>学员签字</td><td></td><td></td><td></td><td></td><td></td><td></td></tr>
<tr><td>教练员评价及签字</td><td></td><td></td><td></td><td></td><td></td><td></td></tr>
</table>

第二阶段考核意见: √ 考核员签字:√

(3)第三阶段《教学日志》的填写。

表中所有打“√”都要按规定填写。

培训机构名称:√	学员姓名:√	车型:√

第三阶段 学时:40/30	阶段目标:掌握安全文明驾驶知识;了解行人、非机动车的动态特点及险情的预测和分析方法;熟练掌握一般道路和夜间驾驶方法,能够根据不同的道路交通状况安全驾驶

	教学项目	教学目标
理论知识 学时:16/14	1. 安全、文明驾驶 2. 恶劣气象和复杂道路条件下的安全驾驶 3. 紧急情况下的临危处置 4. 发生交通事故后的处置 5. 典型事故案例	1. 熟练掌握安全、文明礼让知识,具备在实际道路辨识、遵守各类道路交通信号的能力; 2. 掌握雨天、冰雪道路、雾天、大风天气、泥泞道路、涉水、施工道路、铁路道口、山区道路、夜间、高速公路和通过桥梁、隧道的安全驾驶方法; 3. 熟知险情的预测和分析方法、紧急情况避险知识和高速公路紧急避险方法; 4. 熟知事故处置原则,掌握常用事故现场处置方法; 5. 分析道路交通典型事故案例,判断事故发生原因

续上表

次数/日期	1/	2/	3/	4/
教学项目	√			
所用学时	√			
学员签字	√			
教练员评价及签字	√			

<table>
<tr><td rowspan="2">实际操作
学时:24/16</td><td>教学项目</td><td colspan="5">教学目标</td></tr>
<tr><td>1. 起步
2. 直线行驶
3. 换挡
4. 跟车
5. 变更车道
6. 靠边停车
7. 通过路口
8. 通过人行横道
9. 通过学校区域
10. 通过公共汽车站
11. 会车
12. 超车
13. 掉头
14. 夜间驾驶
15. 行驶路线选择
16. 模拟驾驶</td><td colspan="5">1. 掌握起步前检查、调整、观察的要领和安全平稳起步的驾驶方法；
2. 掌握根据道路情况合理控制车速、保持直线行驶，跟车距离适当，行驶过程中适时观察内、外后视镜的驾驶方法；
3. 掌握根据道路交通状况和车速，合理加减挡，及时、平顺换挡的驾驶方法；
4. 掌握合理控制跟车速度、保持安全跟车距离的安全驾驶方法；
5. 掌握变更车道时观察、判断车辆安全距离，控制行驶速度、使用灯光信号的安全驾驶方法；
6. 掌握靠路边顺位停车、S 形倒车入位、L 形倒车入位的操作方法；
7. 掌握路口合理观察交通情况，直行、向左右转弯安全通过路口的驾驶方法；
8. 掌握通过人行横道、学校区域、公共汽车站的安全驾驶方法；
9. 掌握会车、同向超车、借道超车、掉头的安全驾驶方法；
10. 掌握夜间安全驾驶与灯光的使用方法；
11. 按照自行选择的行驶路线，在一般道路上独立地安全驾驶；
12. 掌握驾驶陋习、常见违法行为的综合分析与判断的方法；
13. 掌握模拟雨天、雾天、冰雪路面、泥泞道路、涉水等恶劣条件下的安全驾驶要领和方法；
14. 模拟山区道路、高速公路的安全驾驶要领和方法</td></tr>
<tr><td>次数/日期</td><td>1/</td><td>2/</td><td>3/</td><td>4/</td><td>5/</td><td>6/</td></tr>
<tr><td>教学项目</td><td>√</td><td></td><td></td><td></td><td></td><td></td></tr>
<tr><td>所用学时</td><td>√</td><td></td><td></td><td></td><td></td><td></td></tr>
<tr><td>学员签字</td><td>√</td><td></td><td></td><td></td><td></td><td></td></tr>
<tr><td>教练员评价及签字</td><td>√</td><td></td><td></td><td></td><td></td><td></td></tr>
<tr><td>次数/日期</td><td>7/</td><td>8/</td><td>9/</td><td>10/</td><td>11/</td><td>12/</td></tr>
<tr><td>教学项目</td><td></td><td></td><td></td><td></td><td></td><td></td></tr>
<tr><td>所用学时</td><td></td><td></td><td></td><td></td><td></td><td></td></tr>
<tr><td>学员签字</td><td></td><td></td><td></td><td></td><td></td><td></td></tr>
<tr><td>教练员评价及签字</td><td></td><td></td><td></td><td></td><td></td><td></td></tr>
</table>

第三阶段考核意见： √ 考核员签字：√
（盖章）

二 客货运输驾驶员从业资格培训大纲

1 制定客货运输驾驶员从业资格培训教学大纲的依据

为进一步加强客、货运驾驶员素质教育工作，规范从业资格培训教学行为，提高从业人员培训质量，根据《中华人民共和国安全生产法》、《中华人民共和国道路交通安全法》、《中华人民共和国道路运输条例》以及《道路运输从业人员管理规定》等有关规定，制定《道路旅客运输驾驶员从业资格培训教学大纲》和《道路货物运输驾驶员从业资格培训教学大纲》。

2 客货运输驾驶员从业资格培训教学大纲的重要性

客货运输驾驶员是道路运输安全的关键。驾驶员的安全、文明、专业素质，直接关系道路运输安全、服务水平以及道路运输文明程度。做好客货运输驾驶员从业培训工作，严把从业人员准入关，提高道路客货运输驾驶员的整体素质，是道路运输安全的重要基础保障。《从业资格培训教学大纲》是客货运输驾驶员从业培训的法律依据。贯彻落实《从业资格培训教学大纲》是当前抓好道路运输安全工作基础的重点。

3 客货运输驾驶员从业资格培训学时的规定

《道路旅客运输驾驶员从业资格培训教学大纲》规定理论培训教学学时为 42 学时，应用能力培训教学学时为 10 学时。《道路货物运输驾驶员从业资格培训教学大纲》规定理论培训教学学时为 42 学时，应用能力培训教学学时为 8 学时。

4 道路旅客运输驾驶员从业资格培训的目标

《道路旅客运输驾驶员从业资格培训教学大纲》规定培训的目标：是树立驾驶员的社会责任，培养驾驶员的职业道德，熟知道路运输驾驶员的行为要求；掌握道路运输从业相关法律、法规和道路运输专业知识；养成安全、文明行车意识，掌握各种环境和条件下安全驾驶、应急处置方法；了解汽车使用技术知识；掌握汽车常见故障的识别方法；培养专业知识应用能力。

5 道路旅客运输驾驶员从业资格培训教学大纲

道路旅客运输驾驶员从业资格培训分为理论知识和应用能力两部分。

理论知识

教学项目	教学内容	教学目的	学时安排(42)
1. 驾驶员的社会责任、职业道德和职业心理	道路运输驾驶员的社会责任与职业道德	树立驾驶员的社会责任,培养驾驶员的职业道德,熟知道路运输驾驶员的行为要求	2
	道路运输驾驶员的职业心理	了解驾驶员心理健康知识; 了解驾驶员心理调节方法	1
2. 道路运输从业相关法律、法规	《中华人民共和国安全生产法》、《中华人民共和国道路交通安全法》及实施条例	掌握从业人员享有的权利、应尽的义务及所应承担的法律责任; 掌握客运车辆、驾驶员的相关规定; 熟知客运驾驶员违法行为所应承担的责任	2
	《中华人民共和国道路运输条例》	掌握道路运输经营许可、经营行为相关规定及内涵	1
	《道路运输从业人员管理规定》、《道路旅客运输及客运站管理规定》	掌握道路运输驾驶员从业资格申请程序、条件、考试、证件使用规定; 掌握诚信考核、继续教育的目的及内涵; 掌握客运经营的有关规定及内涵	2
3. 道路运输知识	道路旅客运输知识	了解旅客运输的分类与特点; 掌握旅客运输车辆类型与使用、旅客运输的基本环节、危险化学品的识别; 熟知客运合同与保险知识	3
		熟知班车客运、包车(旅游)客运的服务要求和乘客心理与服务知识	2
4. 安全意识与安全行车	安全驾驶	养成安全、文明行车和遵守交通信号的意识; 熟知驾驶员心理、生理因素对安全驾驶的影响; 了解驾驶员的反应时间对安全驾驶的影响	4
	危险源识别与防御性驾驶	掌握各种行驶状态、典型道路环境、恶劣气象和高速公路、夜间等环境条件下的危险源识别与防御性驾驶方法	4
	临危避险驾驶	掌握紧急、突发情况的处理原则; 掌握发动机突然熄火、转向失控、制动失效、轮胎漏气及爆裂等车辆故障的应急处置方法; 掌握车辆侧滑、侧翻、起火等紧急情况的应急处置方法; 掌握突遇自然灾害、恐怖袭击、火灾及爆炸等情况的应急处置方法;	6
		掌握驾驶员或乘客突发疾病时的应急处置方法	1
	事故现场的应急处置	掌握事故现场的应急处置和报告程序、自救与互救原则和危重伤员的应急措施; 了解常用救护方法	2

续上表

教学项目	教学内容	教学目的	学时安排(42)
5. 汽车使用技术	汽车维护基本知识	了解汽车维护的作用与要求、汽车维护的分类； 掌握汽车日常维护作业内容	3
	道路运输车辆技术要求	了解道路运输车辆综合性能及检测要求； 了解道路运输车辆外廓尺寸、轴荷及质量限值的要求； 了解道路运输车辆燃料消耗量检测的有关内容	
	汽车常见故障	掌握发动机、底盘、电气设备常见故障识别方法	4
	轮胎的合理使用	了解轮胎使用寿命的影响因素； 掌握轮胎的正确使用方法	1
	节能与环保技术	了解节能与环保的意义、汽车燃料消耗的影响因素、汽车主要污染物的种类及危害； 掌握节能与环保驾驶方法	2
	汽车新技术	了解汽车新技术、新能源与新材料； 掌握卫星定位系统等设备的使用方法	2

应用能力

教学项目	教学内容	教学目的	学时安排(42)
1. 车辆安全检视	出车前检查	掌握客车车辆外观、发动机舱、驾驶室、客车车厢及发动机起动后的安全检视内容和方法	1
	行车中、收车后检查	掌握行车中、收车后的车辆安全检视内容和方法	1
2. 旅客急救	心肺复苏抢救法	掌握心肺复苏抢救法	4
	止血、包扎、骨折固定法	掌握指压止血法、加压包扎止血法、加垫屈肢止血法、绷带包扎法、三角巾包扎法、骨折固定法等	
3. 危险源辨识与防御性驾驶	危险源辨识与防御性驾驶方法	掌握车辆在一般天气、雨天、雪天、雾天等条件下通过高速公路、山区道路、桥梁、隧道等道路环境，以及在交叉路口、城乡结合部、上下坡道、冰雪路面等路段行驶时的危险源辨识与防御性驾驶方法	2
4. 节能驾驶	节能驾驶要领	掌握车辆运行过程中的节能驾驶要领	1
5. 综合复习与考核	综合复习	掌握车辆安全检视、旅客急救、危险源辨识与防御性驾驶及节能驾驶要领等	1

模块4 汽车安全装置

汽车安全装置是通过自身的结构功能限制或防止机器的某种危险，或限制运动速度、压力等危险因素。汽车安全装置分为主动安全装置和被动安全装置。

一 主动安全装置

常见汽车主动安全装置主要有防抱死制动系统(ABS)、巡航控制系统(CCS)、缓速器、间距检测系统等，目的是为了“防止事故”。

1 防抱死制动系统

防抱死制动系统主要由轮速传感器、ABS电控单元和ABS液压调节器三部分组成，防抱死制动系统的控制中心是电子控制单元。汽车在制动过程中，轮速传感器不断地把各个车轮的转速信号传递给ABS电控单元，ABS电控单元计算出各车轮的滑移情况，通过ABS液压调节器控制各车轮制动轮缸的油压，使各车轮制动到不抱死的极限状态。

汽车紧急制动时，防抱死制动系统起作用，可防止车轮抱死，最大限度发挥制动器效能，在提供最大制动力的同时能使车前轮保持转向能力，使每个车轮产生尽可能大的地面制动力，进而消除制动过程中的跑偏、甩尾等不稳定状态，并获得良好的制动效果。驾驶安装ABS的车辆紧急制动时，出现侧滑的主要原因是ABS系统发生故障。

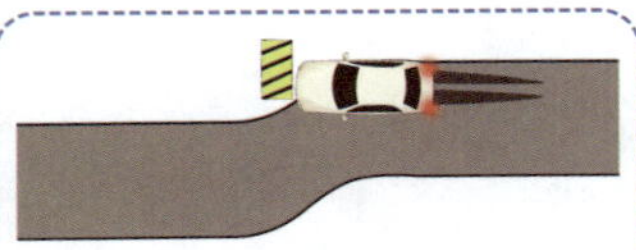
紧急制动时前轮抱死

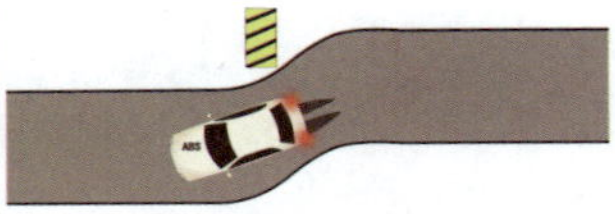
紧急制动时前轮未抱死

使用防抱死制动系统注意事项：

(1)制动时始终踩住制动踏板不放松，才能保证足够和连续的制动力，使ABS有效地发挥作用。

(2)在良好的路面上行驶时，至少要保证离前面的车辆有3s的制动时间；在不好的路面上行驶时，要留给制动更长一些的时间。

(3)采取制动的同时急打转向盘，同样会出现车辆侧滑或转向失控。

(4)反复踩制动踏板会使ABS时断时通，导致制动效能降低和制动距离增加。

(5)ABS提供了转向盘的可控能力，但本身并不能自动完成汽车转向操作。

(6)ABS工作时，制动踏板振颤和液压调节器有工作噪声是正常的，不是制动系统有故障。

注意：不要依赖防抱死制动系统缩短制动距离，尤其是在冰雪路上紧急制动时，防抱死制动系统无法有效缩短制动距离。

2 巡航控制系统

巡航控制系统主要由巡航控制开关、车速传感器、CCS电控单元和执行器(控制节气门的开度)四部分组成。CCS的功用是汽车在高速公路行驶时，按照驾驶员所设定的速度，不踩加速踏板就可以使汽车自动地以一定的速度行驶。既可以保持车速的稳定，减轻驾驶的操作负担，提高汽车行驶的舒适性，又可以节约燃料和减少有害气体排放。

3 间距检测系统

间距检测系统就是利用超声波传感器，检测汽车前、后保险杠附近的障碍物，保证汽车在狭窄道路上和倒车时安全行驶的装置。汽车前端装有6个传感器,后端装有4个传感器,传感器根据超声波发出到接收的时间来判断障碍物的距离。在遇到障碍物时,通过指示灯或蜂鸣器告知驾驶员。

4 缓速器

缓速器是一种有效的辅助制动系统,客运车辆常用的缓速器是电涡流缓速器。缓速器通常安装在汽车变速器后端、传动轴或后桥输入端,完全独立于行车制动系统,无论行车制动系工作与否都可有效减缓车辆行驶速度,而且承担车辆绝大部分的制动负荷,并可以长时间、高频率制动,增强了车辆的行驶安全性。缓速器可以解决客运车辆频繁制动或者下长坡制动时,行车制动器因长时间工作而导致制动鼓和摩擦片过热,造成制动效能下降,甚至制动能力丧失,给车辆安全性带来的严重威胁。

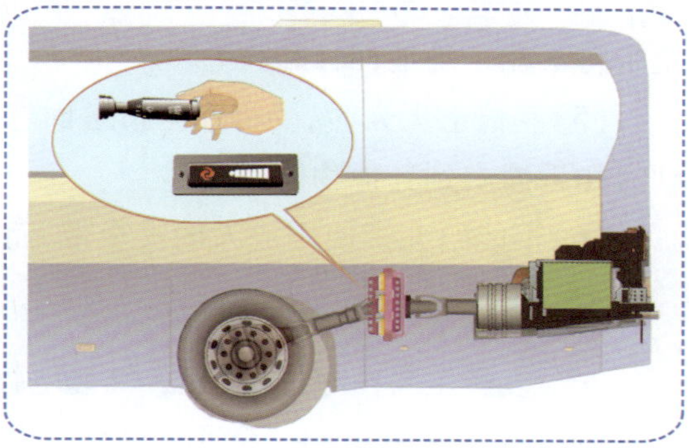

常用的是电涡流缓速器,由固定在车辆底盘上的定子(内置若干励磁线圈)和与传动轴连接的转子组成。定子线圈通电后,定子与转子之间形成迫使车辆减速的电磁制动力矩,起到制动作用。

二 被动安全装置

常见被动安全装置主要包括安全带、安全气囊(SRS)、安全出口(安全门、窗)等,目的是为了"减轻事故后果"。

1 安全带

安全带有两点式、三点式和全背式三种形式,但组成基本相同。安全带主要由织节、带扣锁、导向件及卷收器等组成。安全带的功用是可以大幅度地降低汽车碰撞事故时车内人员的受伤率和死亡率,是一种极有效的防护装置。

一旦车辆发生碰撞或使用紧急制动,汽车安全带的预紧装置就会瞬间收束,绷紧佩带时松弛的安全带,将乘员牢牢地拴在座椅上,以防止意外。一旦安全带的收束力度超过一定限度,限力装置就会适当放松安全带,保持胸部受力稳定。安全带可有效地防止二次碰撞,并且其缓冲作用还能吸收大量动能,减轻对人的伤害程度。另外,安全带不仅在发生交通事故时能有效地减少人员伤亡,而且能确保正确的驾驶姿势和减轻驾驶员疲劳。

安全带使用注意事项:

(1)经常检查座椅安全带的技术状态,如发现有损坏,应及时更换。

(2)三点式安全带的腰带应系得尽可能低些,系在髋部,不要系在腰部;肩部安全带不要放在胳膊下面,应斜挎胸前。

(3)不能让安全带压在坚硬的或易碎的物体上,如衣服里的眼镜、钢笔和钥匙等。一个安全带只能一个人使用,严禁双人共用。不要将安全带扭曲使用。

(4)不能让安全带与锋利的刀刃摩擦,以免损伤安全带;不能让座椅靠背过于倾斜,否则,安全带将不能正确地伸长和收卷。

(5)座椅上无人时,要将安全带送回卷收器中,将扣舌置于收藏位置,以免在紧急制动时扣舌撞击到其他物体。

(6)不能给儿童使用成人的安全带,而应使用特别安装的儿童安全座椅。

2 安全气囊

安全气囊主要由碰撞传感器、气囊电控单元(其中有气囊中心传感器、安全传感器、点火控制器和诊断电路、驱动电路)、气体发生器与气囊(紧紧地折叠后置于转向盘中间缓冲垫和前排乘车人前仪表板的下面)等组成。驾驶员侧气囊安装在转向盘中间罩盖下,乘员侧气囊安装在小贮藏箱内,很多车辆还装备了侧气囊。安全气囊的主要功能是在车辆以高于60km/h的车速与固定障碍物碰撞时,气体发生器用氮气冲涨气囊,形成气袋,保护驾驶员和乘员头部和胸部免受伤害。

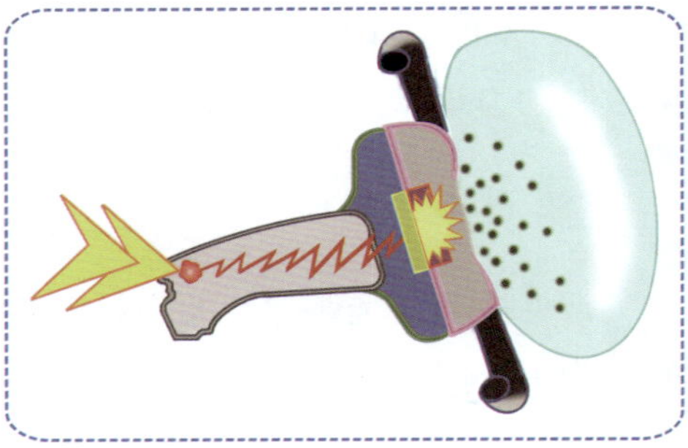

汽车在较低车速(如小于20km/h)发生正面碰撞事故时,由于碰撞能量不高,车身减速度不大,安全带已经可以保护乘员,碰撞传感器接收的信号较小,气囊电控单元不会发出点火信号。汽车在较高(一般在30km/h以上)的车速与前方一定角度内(一般为30°角以内)的障碍物碰撞时,前端的碰撞传感器和中部的安全传感器可以检测到汽车的急剧减速,在0.01秒内把信号传到气囊电控单元,气囊电控单元立即接通气囊中的引爆器(电雷管)使其发生爆炸,气体发生器产生大量氮气,在30毫秒内使气囊完全充满,冲开转向盘或仪表板上的盖,从而减少对驾驶员和乘员头部及身体上部的伤害。

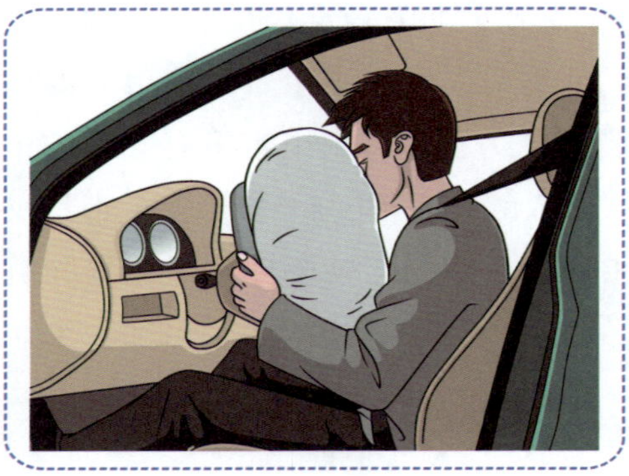

小知识

为什么说驾驶有安全气囊的汽车不系安全带更危险?

安全气囊与安全带组成辅助乘员保护系统(Supplemental Restraint System,简称SRS),两者互相配合才能充分发挥对驾驶员和乘车人的辅助保护作用。安全带的作用是在车辆发生碰撞时,巨大的惯性会使车内乘员与转向盘、风窗玻璃等发生二次碰撞,而安全带将人束缚在座位上,并通过缓冲作用吸收大量动能,极大地减轻乘员的受伤害程度。

安全气囊是对安全带的辅助,它的爆发力非常大,如果没有安全带的牵引缓冲,人直接撞到正在爆发的气囊上,会对身体造成严重损伤。在不系安全带的状况下,安全气囊不但不能对乘员起到防护作用,还会对乘员有严重的杀伤力。因此,驾驶有安全气囊的汽车时,不能忽视的最重要环节是系好安全带。

3 客车安全出口(安全门、窗)

车长小于6米的客车乘坐区的两侧有紧急时乘客易于逃生或救援的侧窗。不小于6米的客车车身右侧仅有一个供乘客上下的车门时,设置的安全门、安全窗、击碎玻璃的手锤或外推式安全窗,长途客车和旅游客车还设置有弹射式车顶安全出口,供乘客遇紧急情况时逃生。

安全窗采用易于迅速从车内、外开启的装置,在钢化玻璃上标明易击碎的位置,在每个应急窗的邻近都有一个应急锤,便于紧急情况下击碎车窗玻璃。安全顶窗应易于从车内、外开启或移开,安全顶窗开启后,应保证从车内外进出的畅通。每个安全出口的附近都应"安全出口"字样。在乘客门和应急出口的应急控制器(包括用于击碎应急窗车窗玻璃的工具)的附近,标有清晰的符号或字样,注有用应急锤击碎玻璃的操作方法。

模块5 客运车辆技术要求

为提高道路运输车辆运行的安全性和可靠性,国家先后提出了道路运输车辆综合性能及检测、外廓尺寸、轴荷及质量限值、燃料消耗量检测等要求。

一 道路运输车辆类型与技术等级划分

1 客运车辆类型

根据行业标准《营运客车类型划分及等级评定》(JT/T 325),道路旅客运输车辆按车长分为特大型、大型、中型和小型4种类型,根据客车结构与底盘配置、安全性、动力性、舒适性及服务设施等技术性能和设施的状况，道路旅客运输车辆按高级（高一级、高二级、高三级）、中级和普通级细分为18个类型等级。

道路旅客运输车辆类型划分 （单位：米）

类型	特大型	大型	中型	小型
车长(L)	13.7≥L>12	12≥L>9	9≥L>6	6≥L>3.5

2 客运车辆技术等级划分

根据行业标准《营运车辆技术等级划分和评定要求》的规定，依据整车装备及外观检查、动力性、燃料经济性、制动性、转向操纵性、前照灯发光强度和光束照射位置、排放污染物限值、车速表示值误差等技术性能状况，道路客运输车辆技术等级分为一级、二级和三级。

二 客运车辆基本技术要求

1 整车外观和装备

客车整车装备应齐全、完好、有效，各连接部件应紧固完好。车辆信息应具有唯一性，即车辆的号牌号码、类型、品牌型号、车身颜色、发动机号、底盘号、VIN号、挂车架号、整备质量、外廓尺寸等应与行驶证、机动车登记证、道路运输证记载的内容及其他相关资料一致。座（铺）位数不得超过核定的载客数。

客车外观整洁，各零部件完好，连接紧固，无缺损。车身能保证驾驶员有正常的工作条件和客货安全空间。车身和驾驶室坚固耐用，覆盖件无开裂和锈蚀。车身和驾驶室在车架上的安装牢固，不能因机动车振动而引起松动。在发动机运转及停车时，水箱、水泵、汽缸体、汽缸盖、暖风装置、转向桥轮毂、转向器、车桥油封及所有连接部位均不应有明显漏水现象。气压制动的汽车，全车制动管路连接完好，无漏气现象。客车连续行驶距离不小于10千米，停车5分钟后观察，不应有明显的漏油现象。

发动机动力性能良好，运转平稳，怠速稳定，无异响，机油压力正常。发动机功率不允许小于标牌（或产品使用说明书）标明的发动机功率的75%。发动机起动性能良好，点火、燃料供给、润滑、冷却和排气等系统的机件应齐全，性能良好，柴油机停机装置灵活有效。

车长大于11米的公路客车和旅游客车及所有卧铺客车，车身应为全承载整体式框架结构。客车应设置乘客通道，保证在不拆卸或手动翻转任何部件的情况下，通道宽度符合要求。车长大于7.5米的客车不允许设置车外顶行李架。其他客车需设置车外顶行李架时，行李架高度不允许超过300毫米、长度不允许超过车长的1/3。客车车内行李架应能防止物件跌落。

车门和车窗启闭轻便，无自行开启现象，门锁牢固可靠。门窗密封良好，无漏水现象。采用动力开启的乘客门在有故障或意外的情况下，仍能通过车门应急控制器简便地从车内打开，车门应急控制器应有醒目的标志和使用方法。车长大于7.5米的客车不得设置车外顶行李架。其他客车需设置车外顶行李架时，行李架高度不得超过300毫米、长度不得超过车长的1/3。客车车内行李架其承载能力不应小于40千克/米^2。

客车钢板弹簧不得有裂纹或断片现象，同一轴上的弹簧形式和规格应相同，且应符合产品使用说明书的规定。中心螺栓和U型螺栓应紧固良好、无裂纹且不允许拼焊。钢板弹簧卡箍不允许拼焊或残损。全车所有螺栓、螺母应装配齐全，锁止可靠。一般紧固件应紧固可靠，无松动、缺损现象。

客车装用的轮胎与其最高设计车速相适应，转向轮不得装用翻新的轮胎。转向轮胎冠花纹深度不得小于3.2毫米，其余轮胎胎冠花纹深度不得小于1.6毫米。同一轴上的轮胎规格和花纹应相同，轮胎规格应符合整车制造厂的出厂规定，花纹的磨损程度应大体一致，胎面不得有因局部磨损而暴露出轮胎帘布层。轮胎面和胎壁上不得有长度超过25毫米或深度足以暴露出轮胎帘布层的破裂和割伤。双式车轮的轮胎安装应便于轮胎充气，双式车轮的轮胎之间应无夹杂的异物。

2 客车安全设施

客车室能保证驾驶员的前方视野和侧方视野，前风窗玻璃及风窗以外玻璃用于驾驶员视区部位的可见光透射比不小于70%。所有车窗玻璃不得张贴镜面反光太阳膜。前风窗玻璃应装备刮水器，刮水器应能正常工作。刮水器关闭时，刮片应能自动返回至初始位置。

客车左右至少各设置一面后视镜，车长大于等于6米的平头客车前应至少设置一面前下视镜或相应的监视装置，以保证驾驶员能看清前风窗玻璃前下方长1.5米、宽3米范围内的情况。

公路客车、旅游客车的所有座椅，应装置汽车安全带。汽车安全带应可靠有效，安装位置应合理，固定点应有足够的强度。所有驾驶员座椅、客车位于踏步区的车组人员座椅，装置三点式（或四点式）汽车安全带；卧铺客车的铺位应安装两点式汽车安全带。

座位数不大于20（含驾驶员座位，下同）或者车长不大于6米的客车的前排座椅都装置汽车安全带。长途客车和旅游客车的驾驶员座椅及前排没有护栏的座椅应装置汽车安全带；当（同向）座椅的座间距大于1000毫米且坐垫前面沿座椅纵向大于600毫米的范围内没有能起到防护作用的护栏或其他物体时，也应装置汽车安全带。卧铺客车的每个铺位均应安装两点式汽车安全带。汽车安全带应可靠有效，安装位置应合理，固定点应有足够的强度。

车长小于6米的客车，在乘坐区的两侧有乘客在紧急时易于逃生或救援的侧窗（安全窗）。车长大于等于6米的客车，在乘坐区的两侧有紧急情况时乘客易于逃生或救援的侧窗（安全窗）。车身右侧仅有一个乘客门且在车身左侧未设置驾驶员门，则在车身左侧设置应设置安全门或安全窗。车长大于7米的客车还设置有撤离舱口（安全出口）。长途客车、卧铺客车和旅游客车还应设置车顶安全出口，卧铺布置为上、下双层时，侧窗布置为上下双排。每个安全出口的附近都应设有“安全出口”字样。乘客门和安全出口的应急控制器附近标有清晰的符号或字样,并注有操作方法。安全出口技术要求:

(1)安全门锁止机构应锁止可靠。安全门关闭时能锁止,且在车辆正常行驶情况下不会因车辆振动、颠簸、冲撞而自行开启。

(2)安全门不用工具能从车内外很方便地打开车门,门外手柄设保护套,且离地面高度(空载时)不应大于1800毫米。

(3)安全窗采用易于迅速从车内、外开启的装置,或采用安全玻璃,并在车内明显部位装备击碎玻璃的手锤。

(4)安全顶窗能从车内外开启或移开。安全顶窗开启后,能保证从车内外进出的畅通。弹射式安全顶窗能防止误操作。

(5)车辆与紧急情况停止时,不用工具也能从车内外很方便打开应急门,车门开启声响报警。

客车内设置通向安全门的通道,通道宽度不小于300毫米,不足300毫米时,允许采用迅速翻转座椅等方法加宽通道。通道的宽度和高度保证符合规定的通道测量装置能顺利通过。客车在空载状态下其车身或无车身底盘总成的后端离地间隙大于700毫米时,装备能有效防止其他机动车和非机动车等从车辆后下方嵌入的防护装置。

3 驾驶操纵装置

客车转向盘应转动灵活,操纵方便,无阻滞现象。转向轮转向后能自动回正,以使车辆具有稳定的直线行驶能力。最高设计车速不小于100千米/小时的客车,其转向盘的最大自由转动量不大于10°,其他汽车不大于30°。客车在平坦、硬实、干燥和清洁的道路上行驶不应跑偏,其转向盘不应有摆振、路感不灵或其他异常现象。转向节及臂,转向横、直拉杆及球销不允许有裂纹和损伤,并且球销不应松旷。

行车制动器应保证驾驶员在驾驶过程中能控制汽车安全、有效地减速和停车。产生最大制动效能时的行车制动踏板力,小于或等于9座的载客汽车不应大于500牛。气压制动的客车,发动机在75%的额定转速下,4分钟(铰接客车和铰接式无轨电车为8分钟)内气压表的指示气压从零开始升至起步气压(未标起步气压者,按400千帕计)。在气压升至600千帕且不使用制动的情况下,停止空气压缩机工作3分钟后,其气压的降低值应不大于10千帕。在气压为600千帕的情况下,将制动踏板踏到底,待气压稳定后观察3分钟,气压降低值应不大于20千帕;铰接客车及铰接式无轨电车气压降低值不应大于30千帕。总质量大于12 000千克的长途客车和旅游客车,都必须安装符合规定的防抱死制动装置。

驻车制动器应能使客车停在上、下坡道上。驾驶员在座位上就可以实现驻车制动。在空载状态下,驻车制动装置能保证汽车在坡度为20%(对总质量为整备质量的1.2倍以下的机动车为15%)、轮胎与路面间的附着系数不小于0.7的坡道上正、反两个方向保持固定不动。

离合器应接合平稳,分离彻底,工作时不允许有异响、抖动或不正常打滑等现象。离合器彻底分离时，踏板力不应大于300牛。踏板自由行程应符合整车技术条件的规定。

在变速器操纵杆上，有驾驶员在驾驶座位上容易识别变速器挡位位置的标志。换挡时，变速器齿轮啮合灵便，互锁、自锁和倒挡锁装置有效，不得有乱挡和自行跳挡现象；运行中无异响。

4 照明和信号装置

客车的前后位置灯、示廓灯（若安装）、牌照灯和仪表灯能同时启闭，当前照灯关闭和发动机熄火时仍能点亮。客车的前、后转向信号灯，危险报警闪光灯及制动灯白天在距100米处能观察到其工作状况，侧转向信号灯白天在距30米处能观察到其工作状况；前、后位置灯，示廓灯夜间好天气时在距300米处能观察到其工作状况；后牌照灯夜间好天气时在距20米处能看清号牌。制动灯的发光强度明显大于后位置灯。

客车仪表板上的仪表灯点亮时，仪表板上设置与行驶方向相适应的转向指示灯信号灯和蓝色远光指示信号灯。危险报警闪光灯，其操纵装置不受灯光总开关的控制。客车设置有车厢灯和门灯。车长大于6米的客车至少有两条车厢照明电路，仅用于进出口处的照明电路可作为其中之一。当一条电路失效时，另一条仍能正常工作，以保证车内照明。车厢灯和门灯应不影响驾驶员的视线和其他机动车的正常行驶。

客车的前照灯光束照射位置稳定。前照灯应设置远、近光变换装置，当远光变为近光时，所有远光能同时熄灭，所有前照灯的近光都不炫目。前照灯的远、近光灯上下并列设置时，近光灯位于上侧，其他情况下近光灯位于外侧。

5 其他电气设备

客车装有水温表或水温报警灯、电流表（或电压表、充电指示灯）、燃料表（对气体燃料汽车为气量显示装置）、车速-里程表和机油压力表（或油压报警灯）等各种仪表及开关。采用气压制动系统的机动车，还装有气压表。车长大于6米的客车设置电源总开关，个别未经过电源总开关的线路（如危险报警闪光灯线路）设置保险装置。客车设置具有连续发声功能的喇叭，喇叭声级在距车前2米、离地高1.2米处测量时，其值应为90～115分贝。

三 客运车辆外廓尺寸、轴荷及质量限值要求

1 客运车辆外廓尺寸要求

客车外廓尺寸的最大限值　　（单位：毫米）

车辆类型		车长	车宽	车高
客车	二轴客车	12 000	2 500	4 000
	三轴客车	13 700		
	单铰接客车	18 000		

客车的顶窗、换气装置等处于开启状态时不得超出车高300毫米。

2 客运车辆的最大允许轴荷限值

客车单轴的最大允许轴荷 （单位：千克）

车辆类型			最大允许轴荷
客车	每侧单轮胎		7 000
	每侧双轮胎	非驱动轴	10 000
		驱动轴	11 500

3 车辆总质量限值

客车总质量限值 （单位：千克）

车辆类型		最大允许总质量最大限值	最大设计总质量最小限值
客车	二轴客车	18 000	—
	三轴客车	25 000	
	单铰接客车	28 000	

4 燃料消耗量限值要求

为了对营业性客运的燃料消耗量进行约束，有效降低道路运输业的能源消耗，交通运输部颁布的《道路运输车辆燃料消耗量检测和监督管理办法》规定：总质量超过3 500千克的道路旅客运输车辆的燃料消耗量应分别满足相应标准的要求。不符合道路运输车辆燃料消耗量限值标准的车辆，不得进入道路运输市场。

模块6 安全文明驾驶知识

一 安全意识

安全意识一般是指人在生产活动中，对各种有可能造成自身及他人伤亡或其他意外事故的各种条件所保持的一种戒备和警觉的心理状态。道路运输驾驶员的安全意识主要是养成安全驾驶，遵守法律法规、遵守交通信号，文明行车的意识。具体内容包括"安全第一"的意识，遵守法律法规的意识，自我保护意识，群体意识，"文明行车"的意识等。道路运输驾驶员安全意识的具体体现是安全驾驶、文明行车。

1 "安全第一"的意识

"安全第一"是安全意识的首要内容。"安全第一，珍爱生命"是安全驾驶的核心，注重安全是完成各项运输任务的前提。牢固树立尊重生命、以人为本的安全驾驶理念，培养"安全第一"的意识，关爱自己和他人的生命，主动遵守交通法规，文明参与交通出行，是安全行车的前提，也是驾驶员的责任。行车前，要认真检查车辆，确保车辆技术状况良好。行车中，时刻不忘“安全”二字，集中注意力，仔细观察、提前预防，以安全为最高准则，平安驾驶。

坚持“安全第一、预防为主”的方针，这是驾驶员必须遵循的一条基本原则。有效的“预防”，能有效的消除事故隐患。驾驶员在比较复杂的环境中，面对人、车、路等复杂的道路情况，要做到心中有数，提前预防，避免危险和事故的发生。只有做好预防，把“万一”想得多一些，把后果想得严重一些，把工作想得细一些，提前规避危险因素，避免行车事故。

2 遵守法律法规的意识

法律意识是一种无形的东西，是否遵守，主要体现在人的自觉性上面。这种自觉性的强弱，决定了遵章守法意识的强弱。自觉的本身其实也是一种约束，不过这种约束不靠别人的监督和行政命令，而是靠本人的自我控制。当这种约束逐渐变为习惯，就成了自觉的意识行为。这种责任感就是把他人和自己的生命、财产安全时刻放在心上，督促自己遵章守法，安全行车。

严格遵守交通安全法律法规，是安全行车的基本保证。在道路运输活动中，遵章守法是驾驶员职业道德的重要内容。遵守法律法规意识，就是要在任何条件下都要自觉的遵守国家的相关法律、法规和规章，任何行为不得超出法律、法规和规章允许的范围。将遵章守法放在首位，加强法制观念，确保行车安全，避免各类事故的发生。

遵章守法要做到以下几点：

（1）认真学习国家的有关法律、法规和政策，熟知道路交通安全和道路运输方面的法律、法规，自觉遵守各项规章制度和安全操作规程，充分认识遵章守法的重要性。做到学法、知法、守法、用法。

（2）牢固树立法律意识，在严格守法的同时，能够用法律、法规来保障自己的合法权益，解决纠纷。

（3）始终把人民群众的生命财产安全放在首位，树立“安全就是效益”的思想，不断提高安全驾驶操作技能，努力探索安全行车规律。

（4）培养良好的驾驶作风和职业习惯，加强自身修养和良好个性心理的养成，不开“违章车”、“英雄车”、“斗气车”；为维护公共交通秩序，保障道路安全畅通，文明行车。

3 自我保护意识

自我保护是一种本能，一种维持生命不可缺少的自觉行为，一种精神和思维。随着每个人经验的积累，安全技术和安全文化的不断提高，自我保护能力也在不断地增强。

自我保护意识是安全意识中的个体安全意识,每一个个体都能达到安全,无疑整体也是安全的。有了较高的自我保护意识后,就可以实现“不伤害自己,不伤害他人,不被他人伤害,不被车辆伤害”,将整体的事故频率降到更加理想程度。

严格遵守安全规程和制度是一个人自我保护意识强的标志,安全操作规程和制度是多年经验的积累总结,是用许许多多血的教训中总结出来的宝贵财富。很多交通事故,都是因为驾驶员未严格遵守安全操作规程,违法操作,放松自我保护意识,危险出现时不能及时采取自我保护措施,造成车辆损失或人员伤亡。

4 群体意识

群体意识是指群体成员共同具有的信仰、价值观念和规范准则等,是共同性和特殊性的统一。群体意识是群体实践的结果,是对群体共同的社会生活的反映。个体的安全与否受制于群体的影响,任何个人都不是独立于社会之外。群体之间需要相互保护,相互协作,密切配合。

交通群体意识是一种在道路交通法律法规限制范围内的社会意识,是所有交通参与者对道路交通安全的认定和实现目标所具有的信念和意识。交通安全群体意识,是道路交通安全意识的宏观体现,也是参与道路交通的个人,在群体意识的熏陶下形成个人意识,表现为对道路交通安全和道路畅通的渴望。

5 “文明行车”的意识

“文明行车”的意识是建立在一定安全意识基础之上的最高境界意识。道路交通法规为保障所有人能安全顺畅地通行而制定的最小限度的限制。但实际驾驶时还会出现许多仅靠交通法规所没法解决的问题,解决这些问题的关键就是要相互关心和互相谦让。因此,驾驶员的“文明行车”意识,往往会体现一个国家、一个民族、一个社会、一个人的文明程度。

道路交通中的“文明行车”,体现在交通参与者之间的相互尊重、相互谦让。参与交通活动时,不管自己是否有优先通行权,为了安全,都要礼让为先,“多一份责任给自己、多一分关爱为他人”。良好的交通秩序。不仅仅是靠严格的管理,更重要的是靠每一个交通参与者的主动礼让。对其他参与者的礼让与保护,体现了对自己和他人生命的尊重。“礼让三先、有理也让”,良好的交通秩序,要靠每一位交通参与者的主动礼让。车让人,让出文明;车让车,让出风格;文明礼让,让出和谐交通。

二 安全驾驶知识

在道路上驾车，面临的是一个非常复杂的交通环境，驾驶员要严格遵守道路交通安全法律、法规，自觉遵守行为规范和准则，随时掌握车辆前后左右的动态，预防可能出现的危险，提前采取措施，从容地应对各种情况。做到依法行车、安全礼让、平稳驾驶、有序通行。

1 驾驶员的基本行为要求

一个合格的驾驶员不仅表现在技术的娴熟上，更重要的是具有良好的驾驶行为习惯和道德修养，遵章守法、规范操作、文明驾驶、礼让行车的意识。在处理道路交通情况时，切忌急躁情绪，做到小心谨慎，有预见性。

驾驶员安全驾驶的前提是遵章守法，有序通行。驾驶车辆上道路行驶，要按规定悬挂号牌，放置检验合格标志、保险标志，随车携带机动车行驶证。机动车号牌要按照规定悬挂并保持清晰、完整，不得故意遮挡、污损。上道路前要认真检查车辆，保持良好的技术状况。

行车中，严格遵守限速标志、标线标明的速度，根据道路、交通和天气情况适时调整行车速度；转弯或有急弯时，提前合理地控制行驶速度，仔细观察道路情况，每次观察后视镜的时间不得超过 3 秒，做好应对突然事件的准备。客运驾驶员连续行车 4 小时，应该停车休息 20 分钟以上。

2 运输车辆日常维护

驾驶员要确保车辆符合国家规定的技术标准，应当加强车辆的维护、检测。道路运输车辆的维护分为日常维护、一级维护和二级维护。日常维护是由驾驶员在每日出车前、行车中和收车后负责执行的车辆维护作业。其作业的中心内容是清洁、补给和安全检视。日常维护具体作业内容见下表：

维护时段	检查项目	要求
出车前	各部润滑油（脂）、燃料、冷却液、制动液及液压油等各种工作介质和轮胎气压等情况	进行检查补给 保证行车前汽车油液充足、清洁和性能良好，轮胎气压符合要求
	制动、转向、传动、悬架、连接、灯光信号等安全部位和装置以及发动机运转状态	进行检查、调整、紧固，确保行车安全
行车中	仪表灯光工作情况	确保工作正常
	轮胎、表面磨损情况和车轮花纹间有无镶嵌物	及时进行清理、剔除杂物
	炎热天气，检查车轮轮毂温度	若温度过高，应将车停在阴凉通风处自然降温
	检查挂车连接装置	连接牢固可靠
收车后	对车辆进行清洁； 对车辆进行检查，记录车辆行驶的情况	保持车容和发动机外表整洁； 如有故障，应详细记录车辆故障状况，为车辆维修提供资料

小知识

驾驶客车行车前应该向乘客告知哪些事项?

安全告知的主要内容包括:客运公司、驾驶员、乘务员、监督举报电话等信息;客运车辆核定载客人数、行驶线路、经批准的停靠站点、中途休息站点;禁止关闭GPS、禁止客车22时至凌晨6时途经三级以下山区公路达不到夜间安全通行条件的路段;卧铺客车凌晨2时至5时停车休息以及客运票价的有关规定等。需告知的内容在发车前由乘务员或驾驶员向乘客告知,长途客运班车每一辆客车内明显位置需标示客运车辆核定载客人数、经批准的停靠站点和投诉举报电话,每一班次都要采取多种形式向乘客告知应急措施。

3 保持安全车速

超速行驶是导致交通事故的一个主要原因,占据事故起因第一位。超速行驶已成为道路交通安全的"第一杀手"。"十次事故九次快",超速行车时,驾驶员容易紧张、恐慌、疲劳,出现操作失误;一旦遇到险情,往往反应不及时,酿成事故。超过规定速度越多,可能发生的险情也就越多,安全系数越小,事故的后果也就越严重。

行车中要控制好车速,保持安全速度行驶,严格遵守限速规定。在没有限速标志的路段,要保持安全的行驶速度。夜间行驶或者在容易发生危险的路段行驶,以及遇有沙尘、冰雹、雨、雪、雾、结冰等气象条件时,应当降低行驶速度。

在高速路行车时,应当严格遵守速度规定,选择行驶车道。高速公路同方向有2条车道的,左侧车道行驶的最低车速为100km/h,同方向有3条以上车道的高速公路最左侧车道行驶时,车速不能低于110km/h;在中间车道行驶时,车速不能低于90km/h。驾驶客车在高速公路上行驶时的最高车速不得超过100km/h,最低车速不得低于60km/h。当限速标志标明的车速与车道行驶速度的规定不一致时,按照限速标志标明的车速行驶。

4 安全会车、超车

在道路上会车时,严格按规定各行其道、安全交会。在有障碍物的地点会车,要注意观察对面情况,遇道路一侧有障碍时,有障碍的一方让行。遇对面来车已临近障碍物时,及时停车让对向来车优先通行,会车后再超越障碍。遇障碍物在来车的前方,要减速观察，看到对方车辆让行后方可加速通行。发现对方车辆已加速强行超越或开启转向灯示意占道行驶时，立即靠边减速或停车让行，不能因为有优先通行权而赌气抢行，以免造成事故或交通阻塞。

超车时，要保持与被超越车辆的安全距离，观察左侧交通情况，选择合理时机，开启左转向灯，从被超越车辆的左侧超越。超越后，在不影响被超越车辆正常行驶的情况下，逐渐驶回原车道。通过隧道、铁路道口、急转弯路段、窄路、窄桥或遇前方道路上有车辆掉头时，不得超车。超车过程中，发现前车正在超车或车速加快、不减速、不让道时，主动放弃超车，不得频按喇叭、加速超越、紧跟待超。

行驶中发现后车发出超车信号时，若具备让车条件，及时开启右转向灯，减速靠右让行，必要时辅以手势示意让超，不得故意不让或让路不让速。遇后方车辆强行超车后，不给留出安全距离便向右变更车道时，要减速或靠右停车避让，千万不要赌气。

5 谨慎通过交叉路口

交叉路口是事故的多发地点，交叉路口的交通情况复杂，常出现突如其来的交通状况，是交通事故的多发地点。通过交叉路口时，要仔细观察，不仅要观察前方，还要留意左右两侧的车辆和行人，预防其他方向的车辆和行人违章进入路口，做好会出现一些特殊情况的准备。

在有交通信号灯的路口，要按照交通信号灯、交通标志、交通标线或者交通警察的指挥通过，千万不要在黄灯亮时抢行进入路口。接近交叉路口时，要注意前面的车辆，尤其是前两辆车的动向，保持安全的车距。为了提醒后面车辆的注意，减速时应分几次踏制动踏板，以防追尾事故。在绿灯亮通过路口时，要提防其他方向已经驶过停车线还没有通过路口的车辆和行人，更要注意避让其他违法通行的车辆和行人。

通过没有交通信号灯、交通标志、交通标线或者交通警察指挥的交叉路口，要减速慢行，并让行人和优先通行的车辆先行。即使有优先通行权，也要慢行或暂停，注意避让行人和自行车，不要抱

有优先意识,强制通行。在有优先权的道路上行驶,接近视线不好的交叉路口时,也要以能随时停车的速度行驶。

在路口遇有前方车辆停车排队等候或者缓慢行驶时,不得借道超车或者占用对面车道,不得穿插等候的车辆。在车道减少的路段、路口,或者在没有交通信号灯、交通标志、交通标线或者交通警察指挥的交叉路口遇到停车排队等候或者缓慢行驶时,机动车应当依次交替通行。当前方路口拥堵时,为了节约时间,保证整体车流顺利通过,最好的办法就是耐心等待,不要往前加塞,以免被堵在路口内。

6 安全停车

驾驶车辆在路边临时停车,要选择允许停车的路段,距停车位置 20 ~ 30m 处,提前开启右转向灯,逐渐靠右侧行驶,并通过内、外后视镜观察后方和右侧交通情况。在确保安全的前提下,使车辆缓慢、准确、平稳地行驶至停车位置,停车后车身距离右侧路边缘或者人行道边缘保持 30cm 以内。

在高速公路行车中需要停车休息时,选择在服务区停车。在高速公路上发生故障必须停车时,要控制好车速,看清车前车后的交通情况,开启右转向灯,尽快驶离行车道,停在紧急停车带或右侧路肩内。切不可紧急停车,更不要在行车道直接停车。在高速公路停车后,立即打开危险报警闪光灯,按规定在车后方 150m 以外设置警告标志,夜间还需同时开启示宽灯和尾灯。若车辆短时间内修复后返回行车道时,先在路肩或应急车道上将车速提高至 60km/h 以上,并开启左转向灯,在不妨碍其他车辆正常行驶的情况下驶入行车道。

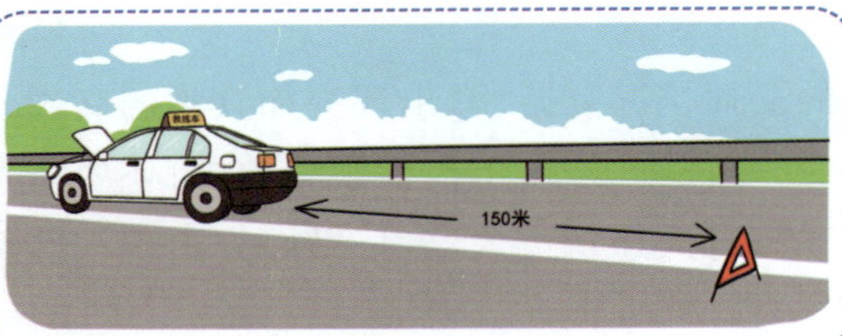

7 山区道路安全行车

山区道路环境条件比较复杂,影响安全行车的因素很多,行车中经常会遇到意想不到的危险。驾驶运输车辆行经险桥、漫水桥、渡口、危险地段,提前停车,查明道路情况,确认安全后,先组织乘客下车步行通过,车辆再低速通过,不能通过时及时向企业报告,绕道行驶。

在山区道路跟车行驶时,与前车要适当加大跟车距离。遇视线不清或道路条件差的路段,不能盲目超越,要保持安全跟车距离,以防前车突然停车或停车后溜时发生碰撞事故。驾驶车辆转弯要沿道路右侧行驶，做到"左转转大弯，右转转小弯"。在急转弯处，要低速并靠右侧行驶，通过连续弯道尽量靠弯道的内侧行驶。山区道路弯道行驶，要"减速、鸣号、靠右行"，不得侵占对方的车道行驶，防止与越过弯道中心线的对向车辆相撞。

驾驶车辆在山区下坡路段行驶，要通过减挡控制车速，充分利用发动机进行制动，不得空挡滑行或踏下离合器滑行。下长坡时，车速会因为惯性而越来越快，连续使用行车制动，会使制动器温度升高而使制动效果急剧下降，控制车速最有效的方法是使用低速挡行驶，充分利用发动机制动，尽量减少使用行车制动控制车速。在狭窄的坡路会车时，下坡车让上坡车先行；但下坡的一方已经行至中途而上坡的一方未上坡时，下坡的一方先行；在没有道路中心线的狭窄坡路会车，不靠山体的一方先行。在较窄的山路上行车时，如果靠山体的一方车辆不让行，要提前减速并选择安全的地方避让。

驾驶车辆驶入双向行驶隧道前，应注意交通标志和用文字说明的规定，重点确认车辆高度是否在规定的范围之内；进入隧道时，应开启示廓灯或近光灯。进入隧道后，将视线注视点移到隧道的远处，不要看两侧隧道壁，注意保持安全行车间距。严禁在隧道内变更车道、超车和随意停车。进出隧道都要注意明、暗适应的变化，不要加速行驶；隧道、涵洞内严禁停车。

8 夜间正确使用灯光

夜间驾驶车辆起步或在照明条件良好的路段行驶，使用近光灯。在照明条件差的道路上，车速超过 30km/h 使用远光灯，车速低于 30km/h 使用近光灯。尾随前车行驶时，不能使用远光灯。风、雪、雨、雾天气夜间行车，使用雾灯或近光灯。通过无交通信号灯控制的交叉路口，减速并交替使用远、近光灯示意。

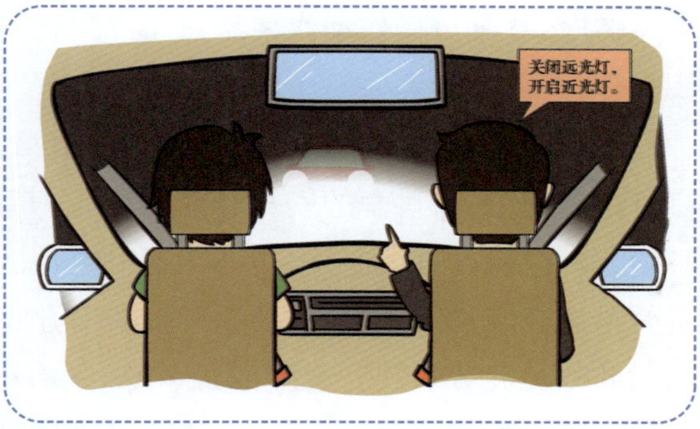

夜间驾驶车辆与对面有来车时，要在距对方向来车 150m 以外改用近光灯，可采用相互交替使用远、近光灯观察前方道路情况。在窄路或者窄桥遇自行车交会时，要使用近光灯。夜间发生车辆故障时，要选择安全区域停车，开启危险报警闪光灯、示廓灯和后位灯，按规定设置警告标志。

9 雨天安全行车

雨天直接影响安全行车的主要因素是：路面湿滑、视线受阻、路面附着系数减小、制动距离增大。驾驶机动车在湿滑的路面上行驶，路面附着力随着车速的增加而急剧减小。行驶中使用制动时，容易发生侧滑。

小雨天气或下雨开始时，路面的尘土易与雨水形成泥泞、滑溜路面；在这样的路面上车辆行驶阻力大，附着力减小，车轮极易滑转和侧滑；紧急制动或猛转转向时，易导致行驶方向失控,产生侧滑或甩尾,甚至造成翻车、坠车或与其他车辆、行人相撞等交通事故。行车中应降低车速,提前处理道路情况,避免在变更车道或避让障碍时紧急制动或猛转转向盘。车辆在泥泞路上一旦发生侧滑,应向侧滑的一侧缓慢转动转向盘,进行适量修正。

久雨天气或大雨中行车,要注意路基是否疏松和可能出现坍塌情况,尽量选择道路中间坚实的路面行驶;在傍山路、堤坝路或沿河道路上行驶,更要加倍注意安全,不要靠边行驶或停车;要尽量避免涉水行驶,以免造成车轮制动器失灵;在超车、会车时更需注意防止路肩坍塌造成翻车事故。

在雨天看到撑雨伞和穿雨衣的行人在路边行走时,要提前减速鸣喇叭,并适当降低车速,注意观察其动态,保持一定的距离通过,同时要随时准备应付突然情况,以防行人在车临近时突然横穿道路。经过有积水的路面时,应特别注意减速慢行,不要从行人身边急速绕过,与其保持一定的安全距离,以免泥水飞溅到道路两侧行人身上。

10 预防驾驶疲劳

形成驾驶员驾驶疲劳的车内环境方面主要原因有通风不良、空气质量差。驾驶疲劳的表现主要有:视线模糊、腰酸背疼、动作呆板、手脚发胀或有精力不集中、反应迟钝、思考不周全、精神涣散、焦虑、急躁甚至打瞌睡等现象。驾驶疲劳容易引起驾驶员判断能力下降、反应迟钝和操作失误增加。轻微疲劳时,驾驶员会出现换挡不及时、不准确;中度疲劳时,驾驶员操作动作呆滞,有时甚至会忘记操作;重度疲劳时,驾驶员往往会下意识操作,严重时会失去对车辆的控制能力。

预防驾驶疲劳是保证行车安全的最有效途径,预防疲劳要保证足够的睡眠时间和良好的睡眠效果,科学的安排行车时间,合理的安排自己的休息方式,保持良好的工作环境,养成良好的饮食习惯。当感到困倦时,切忌继续驾驶车辆,应迅速停车,采取一些有效措施,如听音乐、深呼吸、吃口香糖等方式,适时的减轻和改善疲劳程度,恢复清醒。但预防驾驶疲劳和恢复清醒的最可靠、最有效的方法就是保证有效的睡眠。为了预防驾驶疲劳,客运驾驶员每天应保持睡眠的时间是 7～8 小时。

11 杜绝酒后驾驶

驾驶员饮酒后会因血液中的酒精浓度增高,而出现中枢神经被麻痹,理性、自制力降低,视力下降、视线变窄,注意力不集中、身体平衡感减弱等状况。从而导致驾驶员运动机能低下,操纵制动、加速、离合器踏板时反映迟钝、行动迟缓等现象。严重的可出现瞬间意识消失,出现阶段性大脑失意和时段记忆空白;在这种情况下驾驶车辆,极容易引发因转弯不够而飞出路外或撞到建筑物上、将过路行人撞伤、无视信号或不注意交叉路口而导致迎面相撞、转错转向盘而撞上迎面驶来的车辆等恶性事故。尤其在遇到紧急情况时,制动及操纵回避动作失控,造成车毁人亡的重特大交通事故,危害公共交通安全，酒后驾车极其危险。

相关链接

酒后、吸毒、服药驾驶处罚规定

机动车驾驶员饮酒、服用国家管制的精神药品或者麻醉药品，或者患有妨碍安全驾驶机动车的疾病，或者过度疲劳影响安全驾驶的，不得驾驶机动车。有饮酒、醉酒、服用国家管制的精神药品或者麻醉药品嫌疑时，必须接受测试、检验。对饮酒、服用国家管制的精神药品或者麻醉药品的驾驶员，依法予以处罚。

驾驶员饮酒后驾驶机动车，处暂扣6个月机动车驾驶证，扣12分，并处1 000元以上2 000元以下罚款。因饮酒后驾驶机动车被处罚，再次饮酒后驾驶机动车的，处10日以下拘留，并处1 000元以上2 000元以下罚款，吊销机动车驾驶证。

醉酒驾驶机动车的，由公安机关交通管理部门约束至酒醒，吊销机动车驾驶证，依法追究刑事责任;5年内不得重新取得机动车驾驶证。

驾驶员饮酒后或者醉酒驾驶机动车发生重大交通事故，构成犯罪的，依法追究刑事责任，并由公安机关交通管理部门吊销机动车驾驶证，终生不得重新取得机动车驾驶证。

三 临危应急处置知识

临危应急处置，是驾驶员规避险情和减少损失的关键技术。面对千变万化的道路交通状况，驾驶员必须具备处理突发交通情况的知识与较强的应变能力，遇到危险或紧急情况时，才能采取有效的应急处置措施。

1 应急处置原则

驾驶机动车遇到紧急情况或危险危及到人员伤亡时，先人后物、避重就轻是避险时最基本的处置原则。先人后物，就是在任何情况下，首先应当考虑人的安全，只要确保人身安全，其他的一切都是可以通过人的努力去改变的。避重就轻就是在遇紧急事态或突然出现在车前的障碍物时，将损失减少到最低程度的避险措施，尽量避开损失较重或危害较大的一方，而向着损失较轻或危害较小的一方避让。

行车中遇有险情时，要保持良好的心态，沉着冷静，利用最短的时间，及时准确地作出分析判断，并迅速果断采取正确避险措施，使事故损失减少到最小。千万不可惊慌失措或存有侥幸心理，以免酿成严重后果。车速较高出现险情时，不要轻易急转向避让，高速行驶急转向，极易造成车辆侧滑相撞或在离心力作用下倾翻的事故。应先采取制动减速，使车辆在碰撞前处于停止或低速行进状态，以减小碰撞损坏程度。在低速行驶的情况下紧急避险，可采取先转向后制动的的应急措施。

小知识

驾驶安装防抱死制动系统(ABS)的客车辆怎样使用制动?

防抱死制动系统(ABS)的作用是汽车紧急制动时,可防止车轮抱死,最大限度发挥制动器效能,在提供最大制动力的同时能使车前轮保持转向能力,消除制动过程中的跑偏、甩尾等不稳定状态,并获得良好的制动效果。驾驶安装防抱死制动系统(ABS)的客车紧急制动时,驾驶员可用力踏制动踏板,但在紧急制动的同时转向,车辆还可能侧滑。另外,不要依赖防抱死制动系统(ABS)缩短制动距离,尤其是在冰雪路面上紧急制动时,防抱死制动系统(ABS)无法有效缩短制动距离。

高速公路行车紧急情况避险的处理原则是先避人后避物,减速不转向。在高速公路看到紧急情况时要采取制动减速措施,不要轻易急转向避让。在高速公路除遇障碍、发生故障等必须停车外,不准停车上下人员或者装卸货物,停车要到服务区或停车场。

2 车辆发生故障时的应急处置

机动车在道路上发生故障,需要停车排除故障时,驾驶员要立即开启危险报警闪光灯,将机动车移至不妨碍交通的地方停放;妨碍交通又难以移动时,应当持续开启危险报警闪光灯,并在来车方向 50 ~ 100m 处设置警告标志等措施扩大示警距离,夜间还应当同时开启示廓灯和后位灯。必要时迅速报警。

在高速公路上发生故障需检查时,必须提前开启右转向灯驶离行车道,停在紧急停车带内、应急车道或者右侧路肩上,将警告标志设置在故障车来车方向 150m 以外,不得在行车道和匝道口三角地带上抢修。车辆因故障暂时不能离开应急车道或路肩时,驾乘人员要下车在路边护栏外安全的地方等候。

3 轮胎漏气或爆胎应急处置

由于轮胎故障而导致的交通事故,已经成为安全行车的一大隐患。在车辆行驶中,轮胎的故障表现为轮胎漏气和轮胎爆裂,其中轮胎爆裂的事故后果更为严重。避免汽车行驶中突然爆胎的预防措施是定期检查轮胎、及时清理轮胎沟槽里的异物、更换有裂纹、伤痕或有很深损伤的轮胎。用降低或提高轮胎气压、进行轮胎前后换位的方法,是不能避免爆胎的。

行车中发现轮胎漏气时,要紧握转向盘,极力控制行驶方向,缓慢制动减速,尽快驶离行车道,停到安全的地方。

如果在轮胎气压较低的状态下行驶时，随着胎压的下降，轮胎与地面的摩擦成倍增加，胎温急剧升高，轮胎变软，强度急剧下降，轮胎会出现波浪变形而导致爆胎。

行驶中遇突然爆胎时，正确的应急处置是要保持镇静，双手紧握转向盘，缓抬加速踏板，尽力控制行驶方向，采取抢挂低速挡、轻踏制动踏板的措施，利用发动机制动缓慢减速，尽快平稳停车。切忌慌乱中急踏制动踏板，向反方向转向，紧急制动停车。前轮发生爆胎后，在尚未控制住车速前，使用行车制动器紧急制动停车，会造成车辆横甩而发生更大的险情。

4 转向突然不灵或失控应急处置

行车中发现转向突然不灵时，要尽快减速，尽量选择安全地点将车停住，严禁继续行驶。驾驶装有助力转向的客车发现转向困难时，安全的处置的方法是停车查明原因。看到转向失控、行驶方向偏离，事故已经无法避免时，要果断地采取紧急制动，也可采取果断地连续踩踏、放松制动踏板，尽量缩短停车距离，减轻撞车力度。

当行车中发生转向失控时，要立即松抬加速踏板，缓踩制动踏板，及时将车速降下来。不可采取紧急制动来减速。转向失控后，车辆偏离直线行驶方向时，要果断地连续踩踏、放松制动踏板，使车辆尽快减速停车。遇车辆转向失控行驶方向偏离，碰撞事故已经无法避免时，要尽快减速，尽可能的缩短停车距离，减轻撞击力度，减小损失。

5 制动突然失灵应急处置

行车中发现制动突然失灵时，要沉着镇静，迅速开启危险报警闪光灯，握稳转向盘控制方向，抢挂低速挡减速，使用驻车制动器配合减速，但驻车制动器不能一次拉紧。在冰雪、湿滑、砾石路面或者比较光滑的路面上制动失灵后车辆偏离方向时，立即松开制动踏板，在控制方向后再采用减速措施。

在山路下坡中制动突然失效时，首选利用道路边专设的避险车道停车。不得已的情况下，可利用车身靠向路边的岩石或树木碰擦，或用前保险杠侧面撞击山坡，迫使车辆停住。如果没有可以利用的地形和时机，可迅速逐级或越一级减挡，利用发动机制动作用控制车速。

6 车辆发生火灾应急处置

行车中发生火灾时，要设法将车辆停在远离城镇、建筑物、树木、车辆及易燃物的空旷地带，及时把事故情况和地点通报给救援机构。客车发生火灾时，应迅速停车打开车门组织乘客逃离，无法开启车门时，要组织旅客迅速开启安全窗或砸碎车窗玻璃逃生。

在高速公路行车发生火灾或自燃时,尽可能地将车辆远离高速公路的服务区、停车场、收费站,在路肩或应急车道靠边停车,在来车方向设置警告标志,及时报警,使用车内备用的灭火器灭火。发动机着火时,要迅速关闭点火开关、电源总开关,并设法关闭油箱开关,不要开启发动机舱进行灭火。一旦车辆燃起大火,要尽快躲避,如果燃油箱发生爆炸,会危及生命。

灭火时,要脱去所穿的化纤服装,注意保护暴露在外面的皮肤,不要张嘴呼吸或高声呐喊,以免烟火灼伤上呼吸道。使用灭火器灭火时人要站在上风处,尽量远离火源,灭火器瞄准火源。也可用路边沙土、篷布、棉衣、工作服等物品灭火。机动车电器、汽油着火后不能用水来熄灭以防加剧火势蔓延。防冻液着火时,可立即用水浇泼着火部位,以冲淡酒精防冻液的浓度。

7 车辆落水后应急处置

车辆行驶中突然落水时,保持清醒的头脑,并告知乘员不要慌张,做好深呼吸。同时迅速判明水底、水面的方向和水的深度,判断水是否能淹没车辆。如果驾驶室不会被淹没,要待车辆稳定后,再设法从安全的出处脱离车辆。由于外部水的压力较大很难开启车门时,可迅速开启车窗或敲碎车窗玻璃或用脚踹碎侧窗玻璃,才有逃生的希望。如果有条件,可找大塑料袋套在头上,匝紧脖子(注意不要漏气),塑料袋内的空气可以保证足够上浮的氧气。如果不会游泳,可离开车前在车内找一些能浮的物件抓住。只要浮出水面,就会有更多获救的希望。

8 车辆侧翻、坠落应急处置

预感车辆侧翻时,由于离心力的作用,驾驶员身体有向外飘的感觉;路肩外斜坡翻车或坠落时,车身先慢慢倾斜,然后才会完全翻车或向下坠落;纵向倾翻时,车辆先前倾或后倾,驾驶员会有车头下沉或车尾翘起的感觉,然后才会翻车或向下坠落。当感到不可避免地将要倾翻或坠落时,应果断采取应急处置措施。

车辆不可避免地要倾翻,但倾翻力度不大,估计只是侧翻时,驾驶员首先要提示所有乘员,抓住车内固定物,尽力稳住身体,随车体一起侧翻。缓慢翻车有可能跳车逃生时,要向翻车相反方向跳车;切不可顺着翻车方向跳出,防止跳出车外却被翻滚的车辆碾压。落地前双手抱头,蜷缩双腿,顺势翻滚,自然停止,不要伸展手腿去强行阻止滚动,以免加剧损伤。

车辆倾翻力度较大或向深沟连续翻滚或坠落时，所有驾乘人员要使身体迅速向座椅前下方躲缩，抓住车内固定物将身体稳住，避免身体滚动受伤或甩出车外导致被车辆碾轧。在车中感到不可避免地要被抛出车外时，在被抛出车厢的瞬间，猛蹬双腿，增加向外抛出的力量，助势跳出车外；落地时，力争双手抱头顺势向惯性力的方向多滚动一段距离，以躲开车体，增大离开危险区的距离。

驾驶客车要采取一切措施绝对避免车辆倾翻或坠落，行车中遇有紧急情况发生时，务必保持良好的心态，沉着冷静，及时准确地作出分析判断，并迅速果断采取正确避险措施，既便是发生碰撞或造成一定的伤亡损失，也要保证客车不发生倾翻或坠落事故，使事故损失减少到最小。客车行驶中意外发生侧翻时，驾驶员要保持头脑清醒，情绪镇定，不惊慌，迅速选择安全通道，利用最短的时间组织旅客从安全顶窗逃离客车。

9 高速公路紧急情况临危处置

驾驶客车在高速公路上遇到危险情况时，驾驶员首先要考虑到乘客的生命财产安全，紧急避让过程中要理智，无论何时都要保证乘客的绝对安全。躲避障碍和紧急处理过程中要理智，即便是付出一定的损失，也要绝对保证客车不倾翻、不碰撞、不驶出路外。在高速公路遇到突然横穿的动物或其他障碍时，最安全的应急处置的措施是立即制动减速，迅速转向躲避、先转向后制动或向安全一侧转向，都会导致车辆失控，危机乘客生命安全。在高速公路驾驶客车意外碰撞护栏时，采取的保护措施是稳住方向，迅速向碰撞一侧转向，迫使车辆减速停住。如果迅速修正转向盘或向相反方向转向，会导致车辆发生连续碰撞两侧护栏，甚至发生倾翻事故。

驾驶客车雨天在高速公路行车，当高速转动的轮胎，不能及时将排开时，会在轮胎和地面之间形成水膜，出现车轮漂浮而打滑的“水滑”现象。在为避免发生“水滑”现象而造成方向失控，要降低车速。一旦发生“水滑”现象时，要缓抬加速踏板减速，不得使用紧急制动减速。大雾天在高速公路发生交通事故不能继续行驶时，必须立即开启危险报警灯，在行驶方向后方150m处设立警告标志，夜间还需开启示宽灯和尾灯，迅速组织旅客下车站到护栏外安全处等候救援，同时向交通警察报警。

10 发生盗窃、抢劫应急处置

驾驶客车发生盗窃时，驾驶员要提醒旅客保持镇定，提示盗窃分子自觉交出被盗物品，如找不到失物可迅速报警或将车辆直接开到就近公安机关，并协助公安机关查找盗窃分子和失物。

客车遭遇歹徒劫持时，要冷静应对，不得激怒犯罪分子，在确保乘客安全的前提下与歹徒巧妙周旋，发动乘客敢斗、巧斗，设法迅速报警，等待救援。

11 发生劫持或遇到枪击应急处置

客车被恐怖分子劫持后，驾乘人员要保持冷静，不反抗、不对视、不对话，趴在车上，动作要慢。尽可能保留和隐藏自己的通信工具，及时把手机改为静音，适时用短信等方式向警方求救，短信主要内容包括自己所在位置、人质人数、恐怖分子人数等。注意观察恐怖分子人数、头领，便于事后提供证言。在警方发起突击的瞬间，尽可能趴在车底板上，在警方掩护下脱离现场。

在客车上遇到恐怖分子枪击时，要迅速低头隐蔽于前排座椅后或蹲下、趴下，不要站立。及时拨打“110”报警，讲明具体位置，受到哪个方向的枪击，来自车外还是车内，是否有人受伤等。在情况不明时，不要下车；确定枪击方向后，下车沿着枪击相反方向，利用车体作掩护快速撤离。到达安全区域后，及时检查是否受伤，若发现受伤，及时实施自救互救。另外，还要积极向警方提供现场信息，协助警方控制局面。

小知识

道路交通事故再现分析

发生道路交通事故的诸多因素中，起决定性作用的是人的因素。道路客运事故案例分析的主要方法是事故再现分析。道路交通事故再现分析是以事故现场肇事车辆的损坏情况、停止状态、人员伤害情况和各种形式的痕迹为依据，参考当事人和目击证人的陈述，对事故发生的全部经过作出推断的过程。

单元2 专业知识应用教学

模块7 驾驶培训教学

一 第一阶段教学

机动车驾驶培训第一阶段教学是驾驶教学的基础部分，让学员系统地学习机动车基础知识、道路交通安全法律法规和道路交通信号，掌握交通安全法律法规和道路交通信号相关规定，树立法律意识，养成遵章守法的习惯是教学的重点。

1 主要教学内容

第一阶段的教学内容有机动车基本知识、法律法规及道路交通信号两部分。机动车基本知识包括车辆的结构与性能、安全装置、操纵装置，检查与维护常识。法律法规、道路交通信号部分有驾驶证申领与使用、道路通行规则、驾驶行为、违法行为处罚、机动车登记、交通事故处理等知识。道路交通信号并入道路通行规则。

2 主要教学方法

第一阶段的教学主要是在课堂使用多媒体、实物、插图等形式进行理论教学。多媒体是驾驶员理论培训的主要教学形式，采用情景教学方法和影视表现手法，形象生动，丰富多彩，便于学员接受和理解。这种教学形式减轻了驾驶学员学习的强度，提高了驾驶教学的效率，调动学员兴趣。教练员要认真分析教学内容、特点和重点，根据成人学习理论的特点设计课程，充分利用多媒体、实物、插图等现代教学方法，充分调动学员的学习兴趣，让学员在理解的基础上加强记忆。

二 第二阶段教学

机动车驾驶培训教练员安全操作训练主要是让每一位学员真正掌握安全驾驶技

术，规范安全操作。第二阶段教学是驾驶技能教学的初级部分，让学员系统地学习驾驶操作动作和场地项目驾驶课目，掌握基础的驾驶操作要领，熟练完成场地项目和场内道路驾驶技能训练，体验跟车速度感知和独立驾驶，培养学员准确地控制车辆的行驶位置、速度和路线的能力。

1 主要教学内容

第二阶段教学内容有基础驾驶知识、基础驾驶操作、场地驾驶三部分。基础驾驶知识包括：驾驶操作规范、速度控制、方向控制、行驶路线控制。基础驾驶操作包括：驾驶姿势、操纵装置的操作、行车前车辆检查与调整。场地驾驶包括：上下车前的观察、上下车动作、起步、停车、加减档、倒车行驶位置和路线、规定项目训练、模拟驾驶、跟车速度感知、独立驾驶。

小型汽车、小型自动挡汽车、残疾人专用小型自动挡载客汽车和低速载货汽车，场地驾驶设置为倒车入库，坡道定点停车和起步，侧方停车、曲线行驶、直角转弯，模拟城市街道驾驶，跟车速度感知和独立驾驶训练。

大型客车、牵引车、城市公交车、中型客车、大型货车，场地驾驶设置为倒桩，坡道定点停车和起步，侧方停车、通过单边桥、曲线行驶、直角转弯，限速通过限宽门、通过连续障碍，起伏路行驶，模拟高速公路、连续急弯山区路、隧道、雨(雾)天、湿滑路、紧急情况处置，窄路掉头，跟车速度感知和独立驾驶训练。

2 主要教学方法

第二阶段的教学主要是基础动作和驾驶操作训练，是学习驾驶最基础的教学。基础驾驶操作部分教学在模拟器上进行，其他驾驶操作训练主要是在场地内进行。在开始进行场地训练前，教练员要在模拟器上按照操作规程进行系统讲解、示范基础动作和操作要领，然后由学员进行模仿训练。学员掌握规范的基础操作动作后，进入场地进行场内道路驾驶操作训练。经过规定学时的基础驾驶操作训练，学员掌握前进和倒车要领和技能后，进行规定项目的训练，教练员要认真分析教学内容、特点和重点，按照基础动作、一般道路、场地项目、模拟驾驶、跟车速度感知、独立驾驶进行训练。只有在学员能够熟练完成场地道路驾驶操作的基础上，开始项目驾驶训练，循序渐进，符合学员的学习规律，教学效果才会明显。

小知识

模拟驾驶教学方法有哪些优势?

汽车模拟驾驶，也被称为汽车驾驶仿真。是用高科技手段如三维图像即时生成技术、汽车动力学仿真物理系统、大视场显示技术(如多通道立体投影系统)、六自由度运动平台(或三自由度运动平台)、用户输入硬件系统、立体声音响、中控系统等营造出一种人工虚拟环境。虚拟环境中的驾驶操作，让学员在一个虚拟的驾驶环境中，感受到接近真实效果的视觉、听觉和体感的汽车驾驶体验。具有驾驶模拟效果逼真、节能、安全、经济，不受时间、气候、场地的限制，驾驶训练效率高、培训周期短等优势。

三 第三阶段教学

机动车驾驶培训第三阶段是实际道路驾驶和安全常识教学，主要让学员掌握安全文明驾驶知识、一般道路驾驶方法和夜间道路驾驶方法。学员在学习道路驾驶技能的同时学习安全知识，培养安全意识，养成良好的驾驶习惯，掌握道路驾驶技能，完成独立驾驶前的全部学习，达到合格驾驶员标准。

1 主要教学内容

第三阶段的理论教学包括：安全文明驾驶、恶劣气象和复杂道路条件下的安全驾驶，紧急情况下的临危处置，发生交通事故后的处置，典型事故案例。实际操作驾驶包括：起步、直线行驶、换挡、跟车，变更车道、靠边停车，通过路口、通过人行横道、通过学校区域、通过公共汽车站，会车 、超车、掉头，夜间驾驶、行驶路线选择和模拟驾驶。

2 主要教学方法

实际驾驶操作训练是学员安全文明意识和驾驶技能形成的关键阶段，在这一阶段的教学中，要把安全文明驾驶常识与实际道路训练紧密结合，在训练中强化学员安全文明驾驶和交通信号的教育，培养对安全文明常识的感性认识，养成安全文明驾驶习惯，为后期的安全文明常识理论教学打好基础。模拟驾驶部分可以使用模拟驾驶设备或多媒体完成。安全文明常识、典型事故案例、驾驶行为综合分析与判断，可以采取边训练边学习的方法进行教学，也可以通过后期的集中课堂理论教学进行辅导，有条件的可通过网络等形式配合教学，但网络教学不能替代课堂教学。

实际驾驶训练教学是一门技术性较强、直接关系到学员生命安全的实际操作课，具有一定的风险性，教学组织需要严密、有序、安全。教练员要认真分析教学内容、特点和重点，充分考虑教学的风险因素，按照理论与实际紧密结合的思路，把安全文明知识教育贯穿到实际道路驾驶训练的始终，教育学员克服单纯靠理论课进行安全意识教育的应试模式，要利用多媒体、驾驶模拟器等现代教学方法，充分调动学员的学习兴趣。

模块8 驾驶培训教案

一 教案编写的原则

编写教案是教练员进行教学的基本功,是保证教学质量的一项重要工作,编写教案的过程是教练员对教学内容进行消化加工提炼的过程。编写教案有一定的原则性,尤其是驾驶培训教案,需要在一般教案编写内容的基础上,增加符合驾驶教学需要的内容和原则。

1 内容针对性

在进行教学课程设计时,都有一定的主题、目的、内容和要求。备课的内容必需依纲扣本、有针对性,按教材的内在规律,结合实际来确定教学目标、重点、难点,设计教学过程,避免出现知识性错误。不能远离大纲、脱离教材完整性、系统性,随心所欲的编写教案。

2 思维发散性

授课不应局限于教材内容,需要在积累众多材料的基础上广泛思考,挖掘各种材料之间的内在联系,要有一定的开放性、发散性。编写教案时,要在钻研教材的基础上,广泛涉猎多种参考资料,向有经验的老教练员请教,对别人的经验在思考的基础上消化、吸收,结合个人的体会,巧妙构思,精心安排,写出水平和个性。

3 过程提炼性

学员的学习目标,除了知识的拓宽加深和技能的熟练掌握外,理论学习以学会记住为主,场地训练在掌握空间位置和控制速度之余要学会思考,实际道路训练要结合实际进行驾驶的同时要学会研讨。编写教案不能照本宣科,一定要从实际需要出发,充分考虑教案的可行性和操作性,将教材的知识经过自己的加工提炼,去伪存真、去粗取精,变繁为简,易于学员学习和理解。

4 语言逻辑性

编写教案时,要精心准备教学语言,按照中心突出、主次分明、脉络清晰、由浅入深的要求,准备讲课内容,按照叙述严谨、言简意赅的要求准备课堂用语,特别应注意推敲衔接的语言,以使知识自然过渡。语言设计要准确科学、标准规范、逻辑严密、生动感人,有启发性、针对性,采用层进式或者并列式结构,精心选择讲述的逻辑顺序。根据学员年龄的差异、知识水平的差异、理解和接受能力的差异、教学内容的差异、教学环境的差异等,选用易于理解又有助于提高学生表达水平的语言,使学员在享受美的愉悦中学到知识，受到教育。

语言的逻辑性反映为讲课的条理性和教学语言的简洁流畅上，教练员的讲授语言，在很大程度上决定着学员理解和接受知识的效率。教练员在讲课不只是简单语言的表达和信息的传递，还需要让学员准确地接受并掌握信息的意义。

5 表达艺术性

教练员编写教案的艺术性就是构思巧妙，能让学员在听课时不仅学到知识，而且得到艺术的欣赏和快乐的体验，尤其是要设计好开头、结尾，首位呼应，要层层递进、扣人心弦，达到立体效果，教练员的说、谈、问、讲等授课语言都要经过设计，字斟句酌，该说的一个字不少说，不该说的一个字也不多说，该什么时候说，用什么语调说等都应经过精心安排。教学艺术就是教练员在课堂上遵照教学法则和美学尺度的要求，灵活运用语言、表情、动作、心理活动、图象组织、调控等手段，充分发挥教学情感的功能，取得最佳教学效果。

6 方法多样性

驾驶培训的最大特点是互动式手段的广泛使用，除了传统的授课和提问法以外，还有讨论法、案例分析法、情景模拟法、专题研讨法等教学方法。教练员编写教案时，要根据具体的教学内容、要求，充分考虑实际教学的需要，对所讲授的教学内容要有一个教学设计，确定用什么教学法来完成教学。采用的教学方法不同，编写教案的风格也不同。

二 教案编写规范和要求

教案编写要紧扣《大纲》规定的教学内容和教学要求，遵守教案编写原则、格式和教学规律，按照规范进行编写。

1 理论教案

理论教学主要在教学第一阶段和第三阶段，第一阶段的理论教学内容是机动车基本知识、道路交通安全法律法规及道路交通信号等知识，第三阶段的理论教学内容是安全常识教学。理论教案编写规范和要求如下：

(1)教学项目：课程名称；

(2)教学目的：所要完成的理论教学任务；

(3)教学要求：需要熟悉、掌握、了解的理论知识；

(4)教学内容：教学知识点和具体授课内容；

(5)教学学时：所需学时及学时分配；

(6)重点难点：关键性问题和难理解知识；

(7)教学方法：授课时采用的教学方法；

(8)教学工具：讲课使用的教学设备。

2 实际操作教案

实际操作教学主要在教学第二阶段和第三阶段,第二阶段的实际操作教学内容是基础驾驶、场内道路驾驶、场地项目驾驶、模拟驾驶、跟车行驶与速度感知。第三阶段的实际操作教学内容是起步、直线行驶、换挡、跟车、变更车道、靠边停车、通过路口、通过人行横道、通过学校区域、通过公交站、会车、超车、公路掉头、夜间驾驶、行车路线选择、模拟驾驶。

实际操作教案编写规范和要求:

(1)教学项目:课程名称;

(2)教学目的:所要完成的驾驶教学任务和培养目标;

(3)教学要求:需要掌握的驾驶技能和相关安全知识;

(4)教学内容:驾驶训练的具体项目和内容;

(5)教学学时:所需学时及学时分配;

(6)重点难点:关键性驾驶操作问题和难以掌握驾驶要领和动作;

(7)教学方法:驾驶训练时采用的具体教学方法;

(8)教学工具:实际驾驶教学使用的教学工具和设备。

三 驾驶培训教案编写方法

通过编写教案,教练员以自己的主观认知能力来理解教材的客观知识,并按照学员的理解与接受规律重新进行组合、表达,在此基础上理清思路,去粗取精、去伪存真、由此及彼、由表及里,将内容加工升华成易于传递、授予的信息。驾驶培训教案分为理论教案和实际操作教案两种形式。

1 理论教案编写

理论教案编写要紧扣《大纲》规定的教学内容和教学要求,遵守教案的编写规范,按照教案编写原则、格式和教学规律进行编写。编写理论教案,重点要突出、针对性强,在涵盖考试大纲的考试要点的同时,拓宽教学的知识面,始终将守法教育和安全意识教育贯穿始终,满足学员安全驾驶知识的需要。

编写内容和方法:

(1)教学科目:《教学大纲》中设置的理论教学内容;

(2)教学目的:《考试大纲》中设置的理论考试目标;

(3)教学要求:《教学大纲》中设置的理论教学目标;

(4)教学内容:《考试大纲》的考试要点和教材中具体授课内容;

(5)教学学时:《教学大纲》中规定的理论教学学时;

(6)重点难点:教学中的重点内容和难理解知识;

(7)教学方法:讲授课程的具体教学方法;

(8)教学工具:讲课使用的教学工具、设备。

示范教案1

教学科目	主要安全装置	教学学时	1
教学目的	正确认识安全装置的作用,培养安全驾驶的意识		
教学要求	熟悉各主要安全装置的配置;掌握各主要安全装置的作用		
教学内容	(1)安全头枕 (2)安全带 (3)安全气囊 (4)灯光、喇叭 (5)仪表、报警灯 (6)防抱死制动系统		
重点难点	安全头枕、安全带、安全气囊对驾乘人员的安全保护作用		
教学方法	理论教练员讲解		
教学工具	多媒体课件		

示范教案2

教学科目	驾驶操纵机构	教学学时	1
教学目的	系统学习驾驶操纵装制的基本原理,培养安全规范使用各驾驶操纵装置的意识		
教学要求	了解驾驶操纵装置的基本原理;掌握驾驶操纵装置的作用		
教学内容	(1)转向盘 (2)加速踏板 (3)制动踏板 (4)变速器操纵杆 (5)离合器踏板 (6)驻车制动操纵装置		
重点难点	转向盘、离合器、行车制动、加速装置、变速器、驻车制动操纵装置的作用		
教学方法	理论教练员讲解		
教学工具	多媒体课件		

示范教案3

教学科目	道路交通信号	教学学时	2
教学目的	识别道路交通信号种类和作用,培养遵守道路交通信号的安全意识		
教学要求	熟练掌握道路交通信号的种类、识别和作用		
教学内容	(1)交通信号灯 (2)交通标志 (3)交通标线 (4)交通警察手势		
重点难点	道路交通信号的识别		
教学方法	理论教练员讲解		
教学工具	多媒体课件		

理论教学过程设计：

(1)导入新课。设计新颖活泼形式，引出新课内容，激发学员学习兴趣和动机。

(2)讲授新课。针对不同教学内容，选择不同的教学方法，详细步骤安排、分配时间。

(3)总结练习。对讲授的知识进行归纳、总结，设定问题，提问或解答问题。

(4)作业安排。结合考点布置复习内容，要考虑知识拓展性。

2 实际操作教案编写

实际操作教案编写要紧扣《大纲》规定的教学内和教学要求，遵守教案的编写规范，按照教案编写原则、格式和教学规律进行编写。编写实际操作教案，重点要突出、针对性强，内容在涵盖考试大纲的考试要点的同时，将安全常识与实际道路驾驶训练紧密结合，始终将守法教育、安全意识教育贯穿始终，满足学员安全驾驶的需要。

编写内容和方法：

(1)教学科目：《教学大纲》中设置的模拟或实际操作教学内容；

(2)教学目的：《考试大纲》中设置的实车考试目标；

(3)教学要求：《教学大纲》中设置的实际操作教学目标；

(4)教学内容：《考试大纲》的考试要点和教材中具体训练方法；

(5)教学学时：《教学大纲》中规定的实际操作教学学时；

(6)重点难点：驾驶教学中的重点内容和难度大操作；

(7)教学方法：驾驶训练的具体教学方法；

(8)教学工具：训练使用的教学工具、设备。

示范教案1

<table>
<tr><td>教学科目</td><td>夜间安全驾驶</td><td>教学学时</td><td>2</td></tr>
<tr><td>教学目的</td><td colspan="3">培养夜间在实际道路行驶中根据各种照明情况和道路情况正确使用灯光的能力</td></tr>
<tr><td>教学要求</td><td colspan="3">掌握夜间起步、会车、超车、通过急弯、通过坡路、通过拱桥、通过人行横道或者没有交通信号灯控制的路口时正确使用灯光的驾驶方法</td></tr>
<tr><td>教学内容</td><td colspan="3">(1)夜间起步、会车、超车时灯光的使用(填写具体教学内容)
(2)夜间通过坡路、通过拱桥灯光的使用(填写具体教学内容)
(3)通过人行横道灯光的使用(填写具体教学内容)
(4)夜间通过没有交通信号灯控制的路口时灯光的使用(填写具体教学内容)</td></tr>
<tr><td>重点难点</td><td colspan="3">(1)正确使用灯光和信号装置
(2)对路面的识别和判断
(3)夜间驾驶方法</td></tr>
<tr><td>教学方法</td><td colspan="3">教练员随车讲解、指导</td></tr>
<tr><td>教学工具</td><td colspan="3">教练车</td></tr>
</table>

示范教案 2

教学科目	上车准备与起步	教学学时	3
教学目的	培养学员进行安全检查、调整、平稳起步的能力		
教学要求	熟练掌握上车前的检查、上车后的调整、安全平稳起步的操作方法		
教学内容	(1)上车前的检查(填写具体教学内容) (2)上车后的调整 (填写具体教学内容) (3)起步前的准备(填写具体教学内容) (4)起步操作(填写具体教学内容)		
重点难点	(1)起步前的观察 (2)安全平稳起步		
教学方法	讲解、示范、模拟练习、教练员指导		
教学工具	模拟器		

示范教案 3

教学科目	变速、加挡、减挡	教学学时	3
教学目的	培养学员平稳变速、正确加减挡的能力		
教学要求	掌握加速、减速行驶和换挡、倒车的安全操作要领		
教学内容	(1)挡位的选择(填写具体教学内容) (2)加速(填写具体教学内容) (3)加挡(填写具体教学内容) (4)减速(填写具体教学内容) (5)减挡(填写具体教学内容)		
重点难点	换挡时动作的连贯、迅速、准确和换挡时机的掌握		
教学方法	讲解、示范、模拟练习、教练员指导		
教学工具	模拟器		

实操教学的教学过程设计：

(1)讲解动作要领。说明教学项目、目标、技术要求、训练安排等。驾驶动作分解和细化讲解(方向、力量、速度、幅度、用力部位等)；

(2)示范动作。分解动作和连贯配合动作的示范，正确和错误动作对比示范；注意边示范边讲解，保证示范动作规范性；

(3)指导练习。练习的时间和次数安排，提醒学员练习时的注意事项，练习的方式和安排，提出操作动作练习要点；

(4)训练讲评。进行讲评的内容和重点，说明一节课的训练项目。

模块9 伤员急救处置知识

一 伤员急救原则和程序

交通事故中的伤员可能是多发伤、复合伤以及有众多伤员的群体伤。加之现场环境复杂、混乱，救护条件不足等情况，事故现场伤员急救需要分轻重、缓急，以先救命、后治伤为原则。

1 伤员急救原则

(1)重点、全面了解伤情，避免遗漏，注意保护自身和伤员的安全。

(2)先抢救生命，重点判断是否有意识、呼吸、心跳。

(3)检查伤情，快速、有效止血。

(4)先包扎头部、胸部、腹部伤口以保护内脏，然后包扎四肢伤口。

(5)先固定颈部，然后固定四肢。

(6)操作迅速、平稳，防止加重损伤。

(7)尽可能佩戴个人防护用品。

2 现场救护程序

(1)拉紧驻车制动，关闭发动机，可用三角木固定车轮，防止汽车滑动。

(2)保护现场，注意自身和伤员的安全，及时呼救，拨打急救电话。

(3)一般情况不要立即移动伤员，除非处境会危及生命(如汽车着火、可能爆炸)。

(4)表明身份、询问伤情、安慰伤员，选择就近、安全、平坦的救护场地，按正确的方法搬运伤员脱离现场和危险环境。

(5)迅速判断伤情，发现有伤员心跳、呼吸停止时，立即进行CPR。

(6)有大出血的伤员，立即采取措施止血；伤员四肢骨折时要固定四肢；伤员四肢麻木、瘫痪时，考虑有脊柱骨折、脱位，不能拖、拽、抱。

(7)安全有监护地迅速将伤员转送医院。

二 伤病员心肺复苏

1 人工呼吸

将伤员仰卧位，救护人位于伤员一侧，将伤员的双上肢向头部方向伸直。把伤员远离救护人一侧的小腿放在另一侧腿上，两腿交叉。救护人一只手托住伤员的后头颈部，另一只手抓住伤员远离救护人一侧的腋下或跨部。将伤员呈整体的向救护人一侧翻转为仰卧位，将伤员上肢分别置于身体两侧。

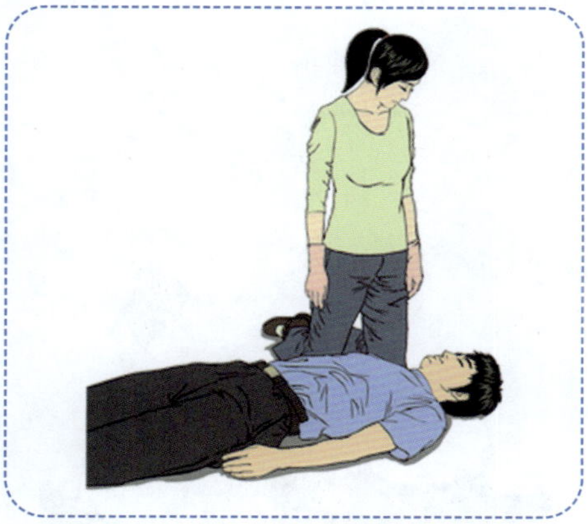

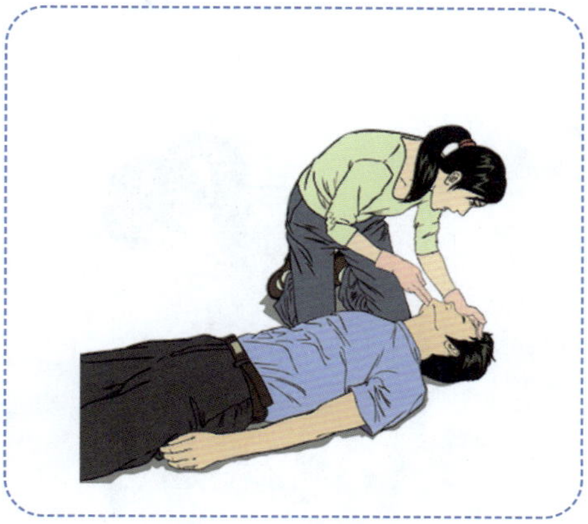

救护人选择伤员一侧，两腿自然分开，间距与肩同宽跪贴于伤员的肩、腰之间。然后，跪近伤者头部，用一手小鱼际肌部置于伤员前额，另一只手的中指及食指置于伤员下颏处，双手同时用力使伤员头部后仰，打开伤员气道。

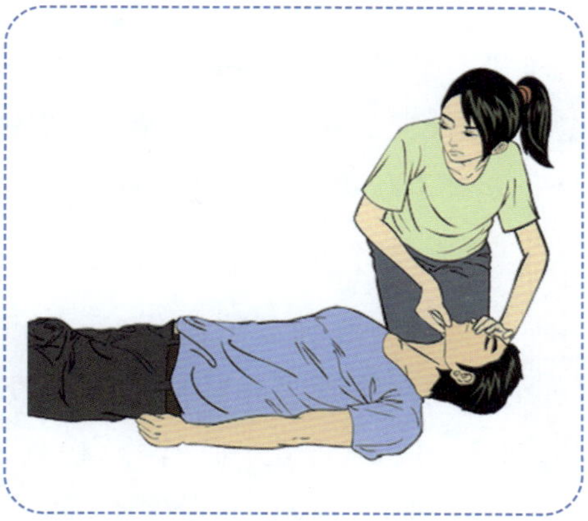

保持伤员气道畅通，救护人用放在病人前额手的拇指和食指捏紧伤员的鼻翼，另一只手的食中二指提颌。救护人深吸一口气，用双唇包严伤员口唇四周，缓慢持续的向伤员口内吹气，同时观察伤员的胸部，直至胸部上抬。一次吹气完毕后，救护人立即抬头将口离开伤员口部，松开捏紧的鼻孔，侧身再次深吸气的同时观察伤员胸部下降，听察伤员呼吸流动情况，准备下次操作。

提示

口对口人工呼吸，首先连续进行两次吹气，确认气道畅通后，再进行有效的人工呼吸。成人每4～5秒钟吹气1次，每分钟12次（儿童16次），每次吹气量约700～800毫升，每次吹气时间超过2秒。

2 胸外心脏按压

救护人跪于伤员一侧，用靠近伤员下肢一侧手食指、中指并拢，沿伤员一侧肋弓处向上滑移至两侧弓交汇之处（胸骨下切迹），将中指定位于切迹之上。另一只手掌根紧贴于胸骨上食指一侧（胸骨中下1/2处）放好，将定位手抬起，将掌根重叠放于另一只手背上，十指相扣，掌心翘起，手指离开胸壁。救护人上身前倾，双臂伸直，双肩在患者胸骨上方正中，以髋关节为支点，利用身体的重量，结合腰、肩、臂的力量垂直向下按压，然后放松压力，让胸廓自行弹起，依次以每分钟 80 ~ 100 次的速度按压和松抬。

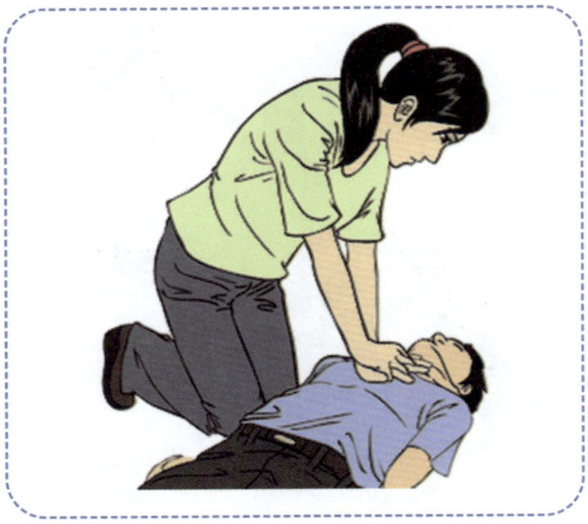

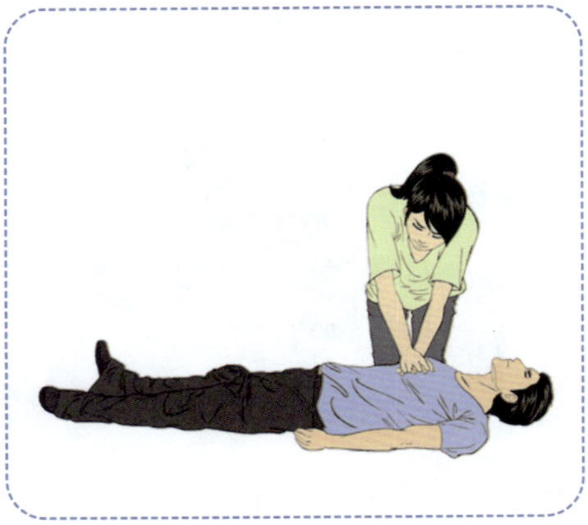

提示

进行胸外心脏按压时，向下按压和放松的时间必须相等，手掌根不要抬起离开胸壁，以免改变正确的按压位置，按压深度是胸廓前后径的 1/3 ~ 1/2(4 ~ 5cm)，按压频率为每分钟 100 次。

3 心肺复苏

单人进行心肺复苏操作时，每做 15 次胸外按压，做人工呼吸 2 次，连续做 4 遍或 1min，检测一次呼吸和脉搏。如果没有呼吸和脉搏，则继续以 15:2 的比例实施心肺复苏，每 3 ~ 4min，停止一次操作，检查呼吸与循环。

双人进行心肺复苏操作时，两人分别跪在伤员两侧，一人在胸腰部，负责胸外按压并兼颈动脉的脉搏检查；另一人在伤员头颈部，负责做人工呼吸，两人要密切配合，按 15:2 的比例实施心肺复苏。

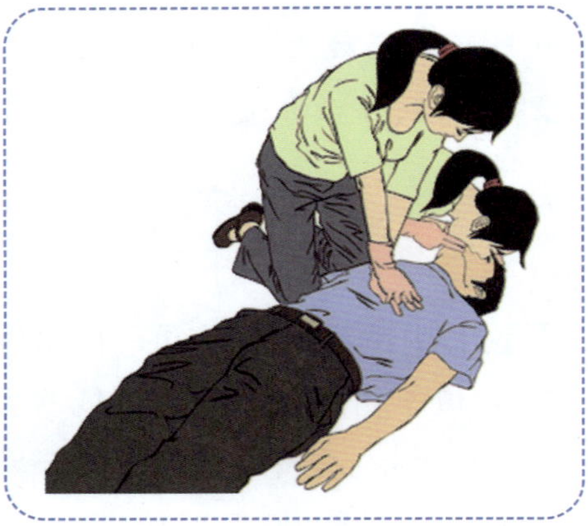

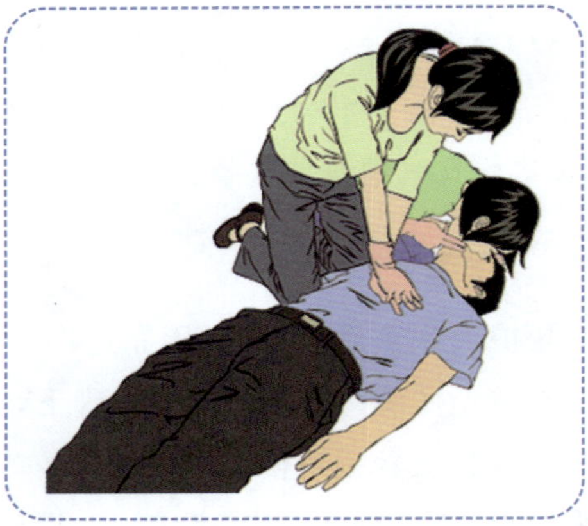

三 伤员创伤止血

1 包扎止血

包扎止血适用于出血量少的表浅小血管、毛细血管出血。包扎时将敷料、纱布覆盖在伤口上，敷料、纱布要有足够的厚度，覆盖宽度要超过伤口至少 3cm，后用胶布、绷带卷或三角巾进行包扎。较小的伤口，可用粘贴创可贴止血。

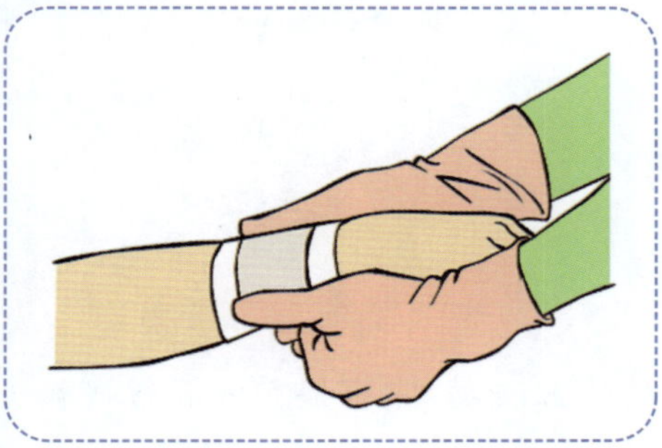

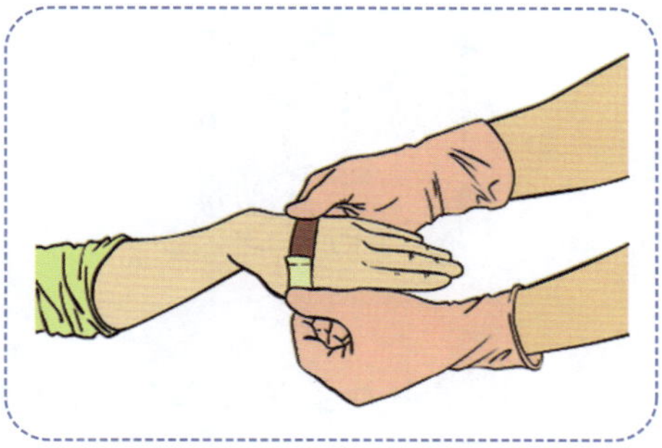

提示

在事故现场，如果没有常用的包扎材料，可就地取材，选用三角巾、手帕、纸巾、清洁布等包扎止血。

加压包扎止血适用于全身各部位的小动脉、静脉及毛细血管出血。先用敷料或其他洁净的毛巾、手绢、三角巾等覆盖伤口，敷料要超过伤口至少 3cm，如敷料被血浸湿，再加一层敷料。绷带包扎，适当收紧加压包扎止血，检查伤口下端血运情况。

2 指压止血

指压止血用于出血多的伤口，用手指压迫伤口近心端的动脉，阻断动脉血运，能有效快速止血。指压止血法常用于颞浅动脉、肱动脉、挠尺动脉、股动脉、头顶部、手指动脉止血。

3 止血带止血

止血带止血用于四肢有大血管损伤或伤口大、出血量多的伤口止血。使用止血带前，先在上臂的上 1/3 段或大腿的上段垫好衬垫，然后将止血带缠在肢体上，一端穿进口环，拉紧至伤口不出血为度。最后标注使用止血带的时间，每隔 50min 需要放松止血带 3 ~ 5min；放松止血带期间，要用指压法或直接压迫法止血，以减少出血。

4 加垫屈肢止血

加垫屈肢止血用于外伤出血量较大，肢体无骨折损伤的伤员，如前臂（肘窝加垫）、上臂（腋窝加垫）、小腿（腘窝加垫）部分的出血时止血。前臂出血时，在肘窝处放置纱布垫或毛巾、衣物等，肘关节屈曲，用绷带或三角巾屈肘位固定。上肢出血，在腋窝加垫，使前臂屈曲于胸前，用绷带或三角巾将上臂固定在胸前。小腿出血，在腘窝加垫，膝关节屈曲,用绷带或三角巾屈膝位固定。大腿出血,在大腿根部加垫,屈曲髋、膝关节,用绷带或三角巾将腿与躯干固定。

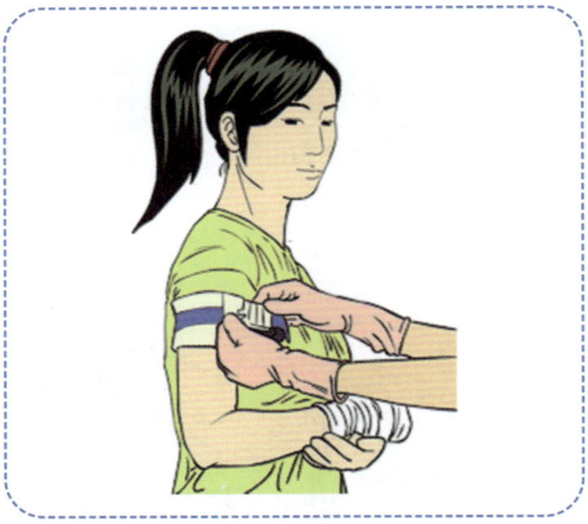

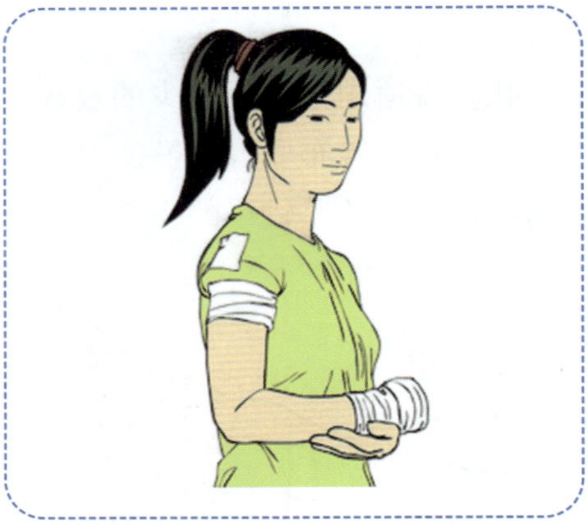

注:采取加垫屈肢止血后,注意肢体远端的血液循环,每隔50min缓慢松开止血带3~5min,防止肢体坏死。

对于伤口较深较大,出血量多,组织损伤严重的现场急救。用消毒纱布、敷料(特殊情况下,可用干净的布料替代)填塞在伤口内,再用加压包扎法包扎。

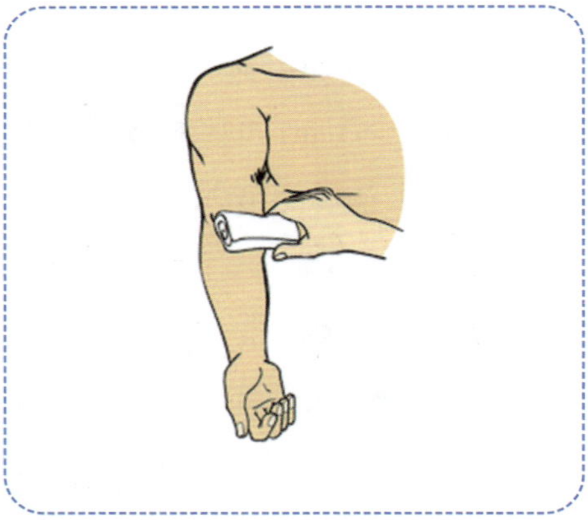

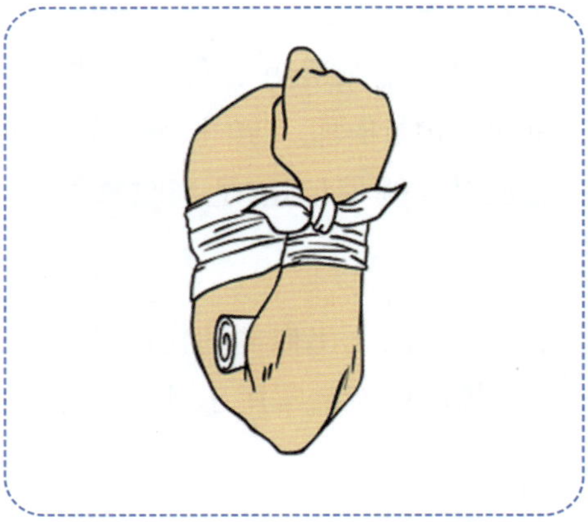

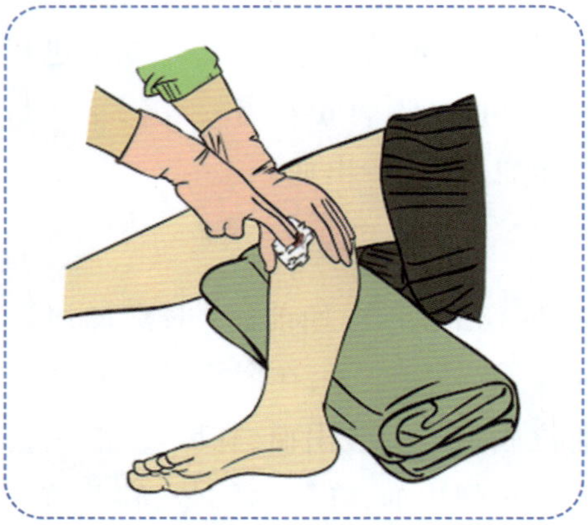

5 创伤止血注意事项

(1)创伤包扎尽可能使用防护用品;

(2)包扎时应脱去或剪开衣裤,暴露伤口,检查出血部位;

(3)根据伤口出血的部位及出血的情况,采用不同的方法止血;

(4)对嵌有异物或骨折断端外露的伤口,不要直接压迫止血;

(5)不要去除血液浸透的敷料,应在其上另加敷料并保持压力;

(6)包扎时,抬高患肢,尽量不使用止血带;

(7)对于出血的伤口,不要使用民间药物外敷止血;

(8)止血过程中要询问患者有无不适,包扎后要检查远端循环,发现过松(伤口继续出血)、过紧(肢体远端缺血)的情况都需要调整。

四 伤口包扎

1 绷带环行包扎法

绷带环形包扎法常用于肢体粗细较均匀处伤口的包扎,包扎时用力要均匀,绷带应绕肢体紧密缠绕。包扎时用无菌敷料覆盖伤口,左手将绷带固定在辅料上,右手将绷带打开一端稍作斜状环绕第一圈。将斜出的一角返折后压入环形的圈内,环绕第二圈。加压绕肢体环形缠绕4~5圈,每圈要压住前一圈的绷带,缠绕的范围要超出敷料边缘。用胶布粘贴固定,也可将绷带尾部从中间纵形剪开形成两布条,两布条交错打结,然后再绕肢体打结固定。最后检查远端血液循环情况。

2 绷带回返包扎法

绷带回返包扎法,用于头部或断肢伤口的包扎。包扎时用无菌敷料覆盖伤口,用绷带绕头部或肢体作环形固定两圈。左手持绷带一端于头后(断肢)中部,右手持绷带,从头后方(断肢一端)向前到前额(断肢另一端)处将绷带向后反折。前后反复呈反射性反折,直至将敷料完全覆盖。将绷带绕头部或肢体环缠绕两圈,反折绷带端固定。

3 "8"字绷带包扎法

"8"字绷带包扎法多用于手掌、踝部和其他关节处伤口包扎,也可替代螺旋法和螺旋反折法。手掌包扎,用无菌敷料覆盖伤口,包扎从手掌关节上部开始,先环形缠绕两圈;经手掌关节向下,依次进行"8"字形缠绕至尾端,在腕部关节上部固定。踝部包扎,用无菌敷料覆盖伤口,包扎从踝部关节上部开始,先环形缠绕两圈;经踝部和关节向下,依次进行"8"字形缠绕至尾端,在踝部关节上部固定。

4 绷带螺旋包扎法

绷带螺旋包扎法,适用于上下肢粗细不等的部位及躯干伤口包扎。包扎时,用无菌敷料覆盖伤口,用绷带在伤口下端环形缠绕两圈。从第三圈开始,斜行环绕敷料,下一圈绷带压住上一圈绷带的1/2或1/3,将敷料完全覆盖后在缠绕一至两圈,用胶布或绷带扣固定。

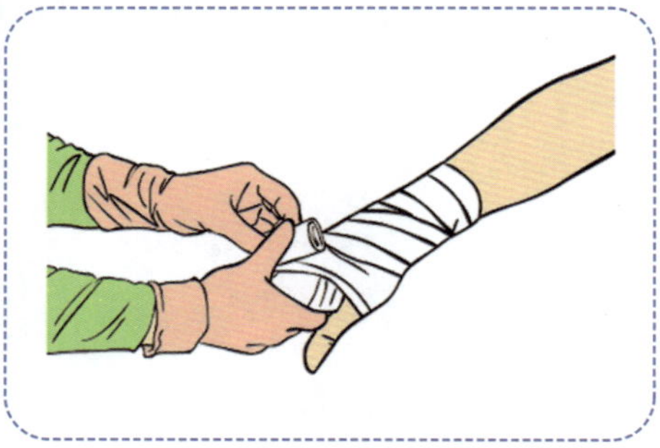

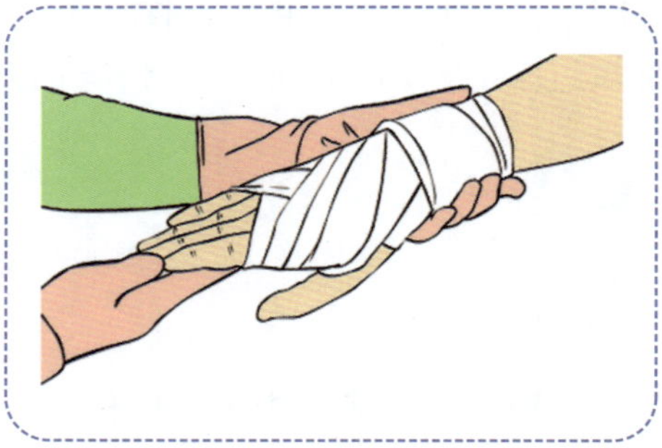

5 螺旋反折绷带包扎法

螺旋反折绷带包扎法,适用于上下肢粗细不等的部位伤口包扎,如小腿、前臂等。包扎时,先用无菌敷料覆盖伤口,再用环行法做固定圈。第三圈开始斜行环绕敷料,以后在肢体同一轴线位置反折,用下一圈绷带压住上一圈绷带的1/2或1/3。覆盖住敷料后做环行圈,最后用胶布或绷带扣固定。

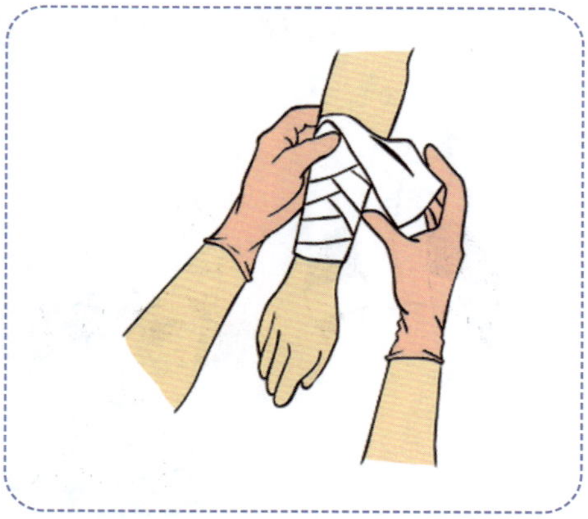

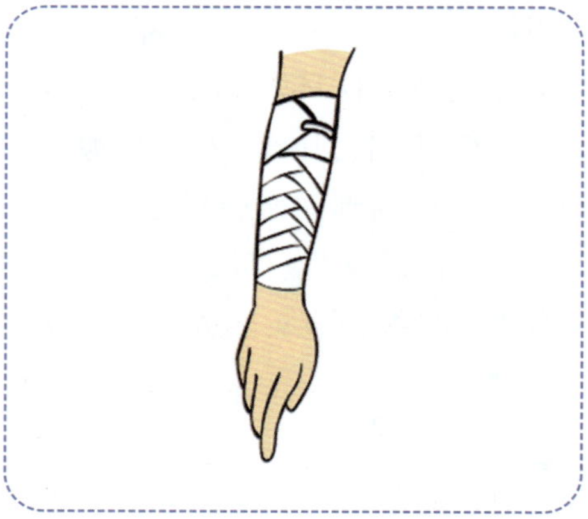

6 头顶帽式三角巾包扎法

头顶帽式三角巾包扎法,适用于头部伤口包扎。包扎时,先在伤口上加盖敷料,将三角巾底边内折约两指宽,边缘放于伤员前额齐眉处,顶角向后盖于头顶部伤口上,两底角经两耳上方拉向后。交叉压住顶角缓慢收紧,再绕回前额交汇出打结。最后将顶角拉紧,掖入头后部交叉处内。

7 三角巾包扎法

肩部三角巾包扎法,适用于肩部伤口包扎。单肩三角巾包扎时,将三角巾折叠成夹角约90度的燕尾式,夹角对准侧颈部正中放于肩上,大片放后面压小片。再将燕尾底边两角包绕上臂，在上部打结。拉紧两燕尾角，分别经胸、背部至对侧腋下打结。双肩三角巾包扎时，将三角巾折叠成夹角约 120°的燕尾式；燕尾披在双肩上，燕尾夹角对准颈后正中部。最后将两侧燕尾角由前向后包住肩部，经腋下在交汇处打结。

双胸三角巾包扎法，适用于胸背部伤口包扎。包扎时，将三角巾折叠成夹角约 100 度的燕尾式，夹角对准胸骨上凹放在胸前。两燕角过肩于背后，将底边角的系带围绕背后在交汇处打结。另一系带穿过此横带后上提与另一燕尾角打结。

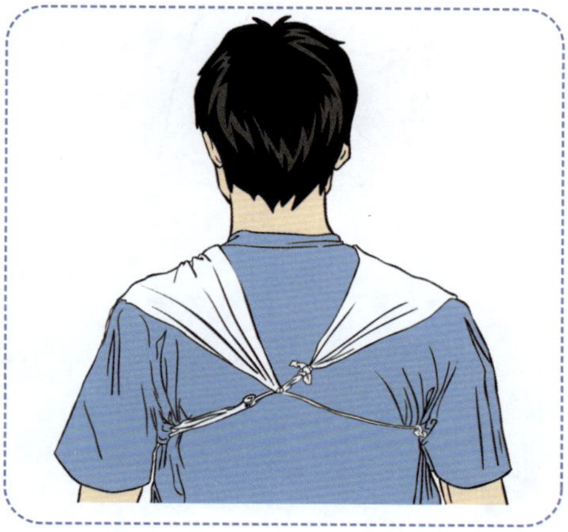

全腹三角巾包扎法，适用于腹部伤口包扎。包扎时，三角巾顶角向下，底边横放于腰部。两底角围绕至腰后打结，顶角由两腿间拉向后部穿横结打结。

侧臀部三角巾包扎法，适用于臀部伤口包扎。包扎时，将三角巾燕尾夹角约 60°燕尾式，夹角向下对准外侧裤线。大片向后包绕伤侧臀部并压住向前的小片，在对侧腰部打结。底边围绕伤侧的大腿根打结。

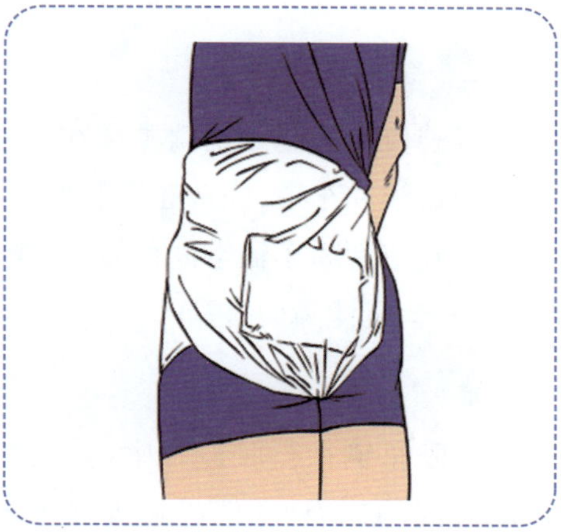

手掌三角巾包扎法，适用于手部伤口包扎。包扎时，将受伤手掌对准三角巾顶角放于三角巾中部，指缝间插入敷料。提起顶角向上盖住手背，两底角向上包绕压住顶角后，在腕部交叉打结。

膝部三角巾包扎法，用于膝部伤口包扎。包扎时，将三角巾折叠成适当宽度的带状，中段斜放于伤口上。两端分别压住上下边缘包绕肢体一周打结。

眼部三角巾包扎法，用于眼部伤口包扎。单眼包扎时，将三角巾折叠为四指宽，以 2/3 向下斜放于伤侧眼部，经过耳下（反折）绕脑后经另一侧耳上到眉弓处固定；另一端向外反折后于耳上拉向脑后，在两端的交汇处打结。双眼包扎时，将三角巾折叠为四指宽，中点放于枕部下方；两端从耳下绕至面部，覆盖双眼后交叉，在脑后打结。

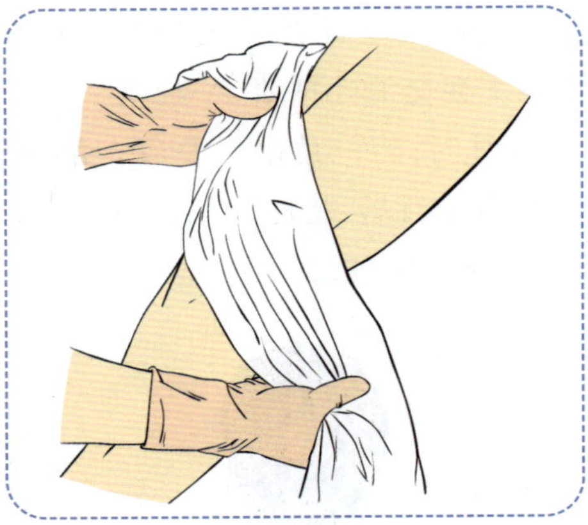

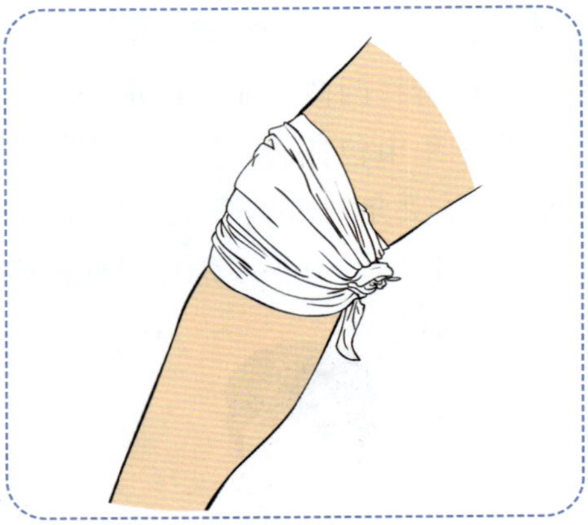

模块10 应用驾驶

一 驾驶控制能力

驾驶员驾驶技能的形成主要表现在不同车速和不同道路和环境条件下对车辆的控制能力。培养驾驶员的控制能力,是驾驶培训的关键环节。驾驶员只有能有效地控制车辆,才能保证车辆的安全行驶。

1 行驶位置控制

行驶位置控制是指驾驶员在驾驶室内,根据车辆的空间位置判断车轮行驶轨迹,选择行驶路线和车道,完成正常行驶、会车、超车、超越障碍、在指定位置停车等安全驾驶操作。准确地判断车辆空间位置、安全状况,才能有效控制车辆沿正确的位置、车道和路线行驶,安全避让障碍、停车。

2 行驶方向控制

驾驶车辆在行驶过程中,直线行驶、改变行驶方向都需要控制好方向。只有具备控制方向的能力,才能控制车辆直线行驶、变更车道、转弯或在路形、路况变化、到达地点、位置时,正确改变行驶方向,完成安全操作。驾驶员感觉偏离了行驶路线,需要及时调整转向盘进行修正。修正方向时,转动转向盘要缓,转向时行驶距离可长一点,不可过快过猛地调整转向。要注意转向盘转动多大角度要及时转回多大角度,快转快回,慢转慢回。

3 行驶速度控制

掌握好行车速度是安全行车的关键,在行驶过程中,要与同向行驶车辆保持适当距离，遇道路交通拥挤、车辆较多时，保持自己的车速随车流速度一致，不要急于超车。路况较好路段，尽量保持经济车速行驶，避免高速超车和低速慢行。在高速公路上开车，不要超过自己的控制能力而追求最高限速，更不能违反限速规定。需要减速时，提前抬起加速踏板，利用发动机牵阻作用提前进行减速，适时地用行车制动辅助减速。遇到紧急情况，采用先急后松法进行制动，就是第一脚制动先急速踏下接着缓冲第二脚，然后根据发生情况点的距离慢慢松开制动踏板，换入合适的挡位后，再踏下加速踏板正常行驶。

4 车体的空间感

车体的感觉就是从驾驶座位感觉、判断车辆的宽度、长度，确认车身的大小和路面的位置，掌握车前方、后方位置的距离感觉，记住视线的死角（盲区）。在驾驶室内常常看不到车体前后的边缘，掌握车体的位置，形成良好的位置感，对于正确选择行驶位置和路线很有必要。

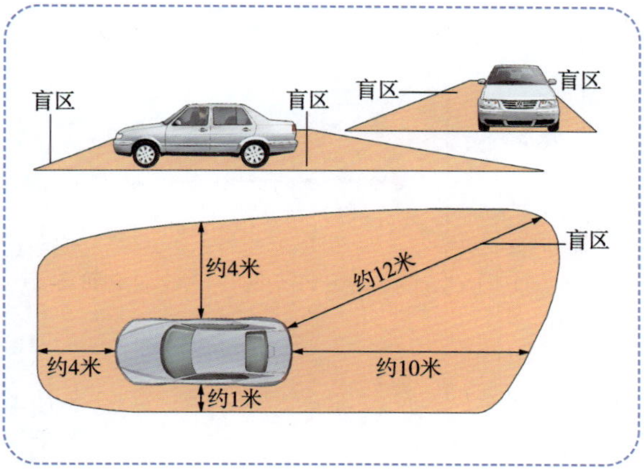

驾驶员坐在驾驶座位上，观察不到的地方就叫汽车盲区。发动机舱盖前看不到的地方，称前盲区。汽车前盲区与车身、座椅的高度、车头的长度、驾驶员的身材等都有关系。车辆后面的盲区俗称后盲区，是指从后车门开始向外侧展开大约30度的区域在后视镜的视界以外的区域，也就是后视镜看不到的地方。

车辆转弯时，后轮并不是沿着前轮的轨迹行驶。前内轮转弯半径与后内轮转弯半径之间形成的偏差叫内轮差。前外轮转弯半径与后外轮转弯半径之间形成的偏差叫外轮差。车身越长，内、外轮差就越大。

5 驾驶盲区

驾驶员坐在驾驶座位上，观察不到的地方就叫汽车盲区。发动机罩前看不到的地方，称前盲区。汽车前盲区与车身、座椅的高度、车头的长度、驾驶员的身材等都有关系。从车两边的后视镜只能看到车身两侧的情况，从后视镜中看不到的地方（从后车门开始向外侧展开大约30度的区域在后视镜的视界以外的区域）是后视镜盲区；驾驶车辆从辅路上主路，从左后视镜看不到主路车辆，如果加速大角度切入最内侧车道，很容易与正在最内侧车道高速行驶的车辆发生碰撞。左、右转弯时，两侧后视镜看不到的地方，容易发生事故。倒车时车后的盲区，也是事故多发的地方。

驾驶员要正确认识盲区，汽车视野盲区被视为驾驶员获取路面信息的最大障碍。

由于盲区的存在,极易造成驾驶员的判断或操作失误,并由此导致交通事故的发生。行车前,一定要调整好后视镜,尽量减少盲区的范围。行车中要避免侥幸心理,时刻提防盲区中看不到的情况,转弯、掉头、倒车可采取减速、转头观察的方法,尽量减少视线盲区,预防建筑物、道路、车辆、树木等遮挡的盲区潜在的危险,必要时可停车进行观察。

6 内、外轮差

车辆转弯时,后轮并不是沿着前轮的轨迹行驶。前内轮转弯半径与后内轮转弯半径之间形成的偏差叫内轮差。前外轮转弯半径与后外轮转弯半径之间形成的偏差叫外轮差。由于内轮差的存在,车辆转弯时,前、后车轮的运动轨迹不重合。在行车中如果只注意前轮能够通过而忘记内轮差,就可能造成后内轮驶出路面或与其他物体碰撞的事故。

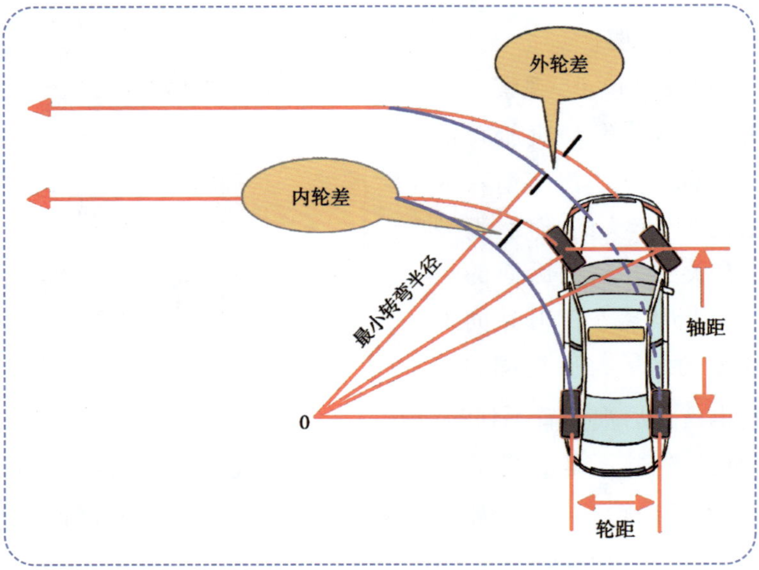

车辆在转弯时,都存在着内、外轮差,车身越长,转弯时的内、外轮差就越大。驾驶大型车辆在转弯时,车头转过去后,很长的车身没有转过来极易形成驾驶员的“视觉盲区”。一旦有非机动车或者行人进入内轮的“视觉盲区”范围,紧贴车身,驾驶员很难发现,会被后车身拖入车内或卷入车轮,造成交通事故。驾驶车体太长的大货车或者大客车转弯,要充分考虑到内轮差的存在,尽量转大弯,同时注意车两侧的车辆和行人,避免因忽视内轮差而引发事故。

二 停靠站台、货位

驾驶客车停靠站台、驾驶货车停靠货位,是客货车运输驾驶员经常要进行的最基本操作。客货运驾驶员要能够根据车站站台和货物堆放的位置，正确的进行停靠，以方便旅客上下车和装卸货物。

1 客车站台停靠

采用倒车侧靠站台前，要根据站台的位置选择行驶路线，尽量将车身与站台平行后在倒车。倒车时，通过右侧后视镜观察车身与站台倒车，及时调整调整倒车路线，使车辆右侧尽量靠近站台。当车身全部进入站台后，将车平稳停住。

采用前进侧靠站台前，要仔细观察站台周围情况，根据站台的位置和具体情况需要选择行驶路线。进入站台时，打开右转向灯，使客车向站台一侧靠近，在车身进入站台或车门对站牌时摆正车身，随即将车平稳停住。

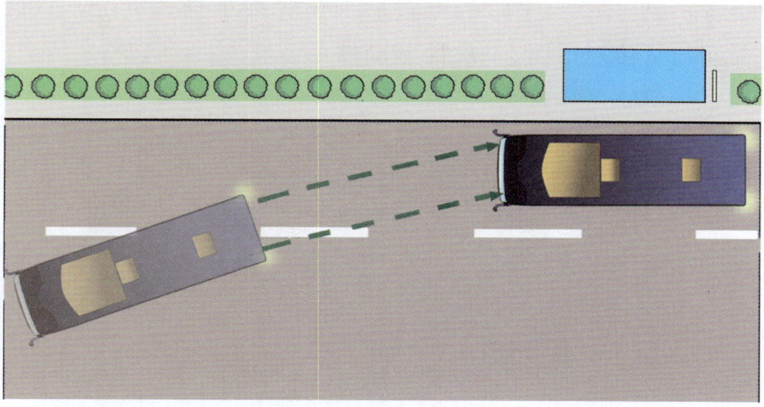

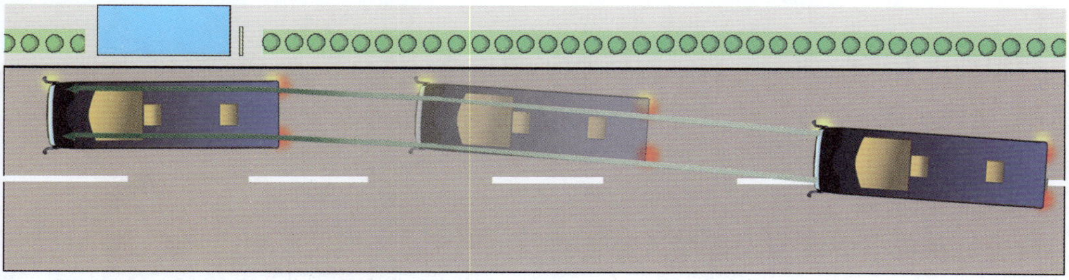

2 货车停靠货位

采用倒车尾停靠货台前，要根据货台或货物的位置选择行驶路线，尽量将车尾对正货位后再倒车。倒车时通过后视镜观察车身与货物的位置，及时进行倒车修正，在车尾即将接近货位时，平稳停车。

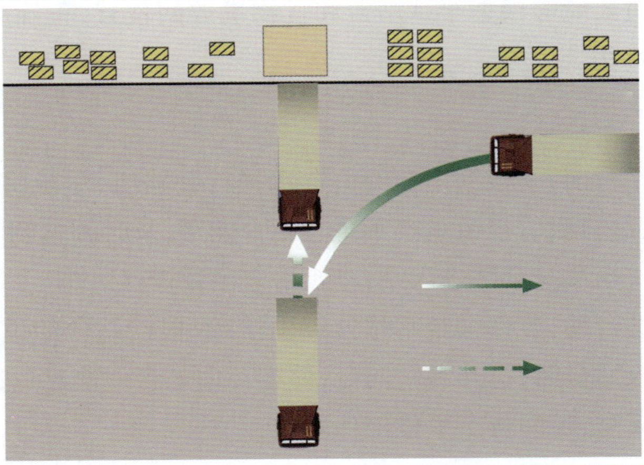

采用倒车侧靠货台时,要根据货台或货物的位置选择行驶路线,尽量将车装卸货物的一侧沿货台边缘一侧停放。倒车时,通过后视镜观察车身和货位,尽量使装卸货一侧靠近货台。当车厢与货位对准时,一次性制动停车。

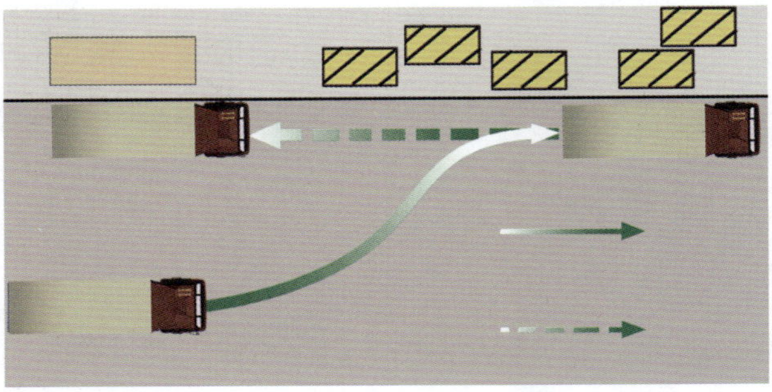

三 模拟城市街道驾驶

模拟城市街道驾驶,是在设计的场地内,模拟通过人行横道、交叉路口、环形路口、学校区域、居民小区、公交车站、通过医院、商店、铁路道口等安全驾驶。

1 通过人行横道

驾驶员在行车中看到人行横道警告标志、标线时,要提前减速,控制行驶速度,做好礼让行人的准备。通过人行横道时,将车速控制在能随时停车的范围内,并仔细观察左右两侧及人行横道上的情况,有行人、非机动车横过时要及时停车让行。

2 通过交叉路口

驾驶员在行车中看到交叉路口警告标志时，要减速行驶，按照交通标志和标线的指示，提前选择行驶车道。驶入交叉路口前，降低速度或停车瞭望，注意观察交通标志和标线，按选择方向的车道交通信号灯指示通行。遇其他车辆通行时，正确判断道路优先通行权，礼让通行。

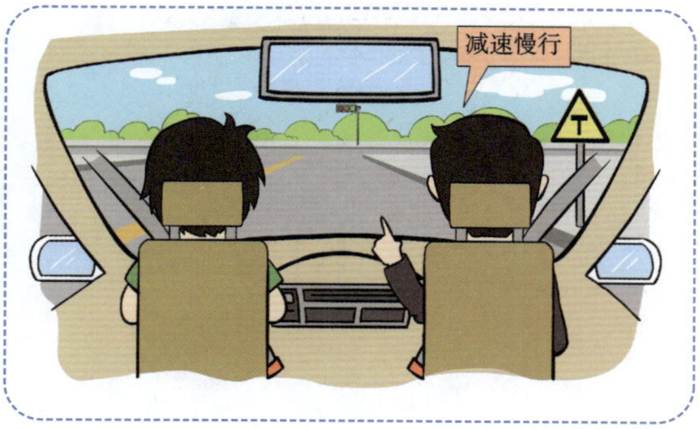

3 通过环形路口

驾驶员在行车中看到环岛行驶指示标志时，提前减速慢行。驶近环岛时，注意观察已在环岛内车辆的动态，在不影响环岛内正常车辆行驶的情况下，适时进入环岛汇入车流。驶出环岛前，开启右转向灯，逐渐变更至外侧车道，注意观察右侧车辆动态，适时缓慢驶出环岛。

4 通过学校区域

驾驶员在行车中看到注意儿童警告标志、校车停靠站点标志或前方有学校提示标志时，要提前减速，做好避让儿童的准备。通过学校区域时，严格遵守交通标志、标线行驶，同时要注意观察道路两侧情况，遇到学生横过道路时，要停车让行。

5 通过居民小区

驾驶车辆进入居民小区或或借用小区同行前，驾驶员要注意观察限速标志或居民小区提示，要将速度降到限速标志指示速度以下缓慢行驶，按照小区有关规定通行。通过居民区域时，要仔细观察两侧的行人（尤其要注意儿童和老年人）和非机动车动态，注意提防胡同口处有行人和非机动车突然传出,及时礼让过往的居民。

6 通过公交车站

驾驶员在行车中看到公交车专用车道标线、公交车站提示标志时,要提前变更车道,避开公交车专用车道行驶。通过公交车站时,要低速行驶,与停在车站内的公交车保持足够横向间距,随时准备停车避让从车前横穿或超越公交车的行人、非机动车。不得占用公交车道、车站行驶。

7 通过医院、商店

驾驶员在行车中看到医院、急救站、商店标志时,要提前减速行驶。通过医院、急救站、商店区域时,注意观察道路两侧情况,做好随时停车准备,遇到救护车驶出或行人横过人行横道、街道,要及时减速避让或停车让行。

8 通过铁路道口

驾驶员在行车看到铁路道口警告标志时,根据标志提示的距离控制速度。通过有人看守的铁路道口,要服从交通信号和管理人员的指挥。通过无人看守的铁路道口,要在道口的停止线外停车观察确认安全,做到“一停、二看、三通过”。通过铁路道口前,选择好挡位,一气通过道口,不得在道口内停车或换挡。

四 模拟高速公路驾驶

模拟高速公路驾驶,是在设计的高速公路场景内,模拟安全驶入驶出高速公路、合理选择行驶车道、遵守标志标线规定以及应急停车等驾驶操作。培养在高速公路正确操纵车辆,安全通行的实际驾驶能力。

1 进入收费口

驾驶车辆在收费口停车取卡,进入收费站后,注意观察高速公路标志和标线,通过口匝道时，开启左转向灯，向左侧回头观察主车道车辆通行情况。确认安全后，在加速车道将车速提高到 60km/h 以上，逐渐驶入主车道，关闭转向灯。

2 行车道行驶

在行车道行驶要合理选择行驶车道和车速，遵守限速标志。变更车道或超车时，开启驶入车道一侧的转向灯，并通过后视镜观察车辆通行情况，确认安全后变更车道，超越车辆时的速度不低于 60km/h。

3 驶出高速公路

准备是离高速公路前，按照出口预告标志要求提前调整车速和行驶车道。驶出高速公路时，提前开启右转向灯，逐渐驶进减速车道。在进入匝道口前将车速降到限速标志限定的速度，通过出口要合理控制车速，安全驶离高速公路。

4 注意事项

(1)行驶中不能押车道线行驶，更不能占用应急车道；

(2)前后 100 米均无其他车辆时要及时靠右侧车道行驶；

(3)变更车道要提前开启转向灯并通过后视镜观察后方情况；

(4)按照规定速度在高速公路行车道行驶；

(5)正确使用灯光或警示牌。

五 模拟连续急弯山区路驾驶

模拟连续急弯山区路驾驶，是在场地内设计的高速公路场景内，驾驶准驾车型模拟连续急弯山区路段，安全通过连续左右急弯道的驾驶操作。培养在路视线不良的连续急弯山区路段，安全驾驶车辆的实际驾驶能力。

1 通过弯道

驾驶车辆行驶至弯道前，减速、鸣喇叭、靠右行驶，注意观察对面的情况，做好避让对方来车的准备。驶入弯道后，要平稳控制车速，避免急减速和换挡操作。在弯道行驶中，转向、速度平稳，不得占用对方车道。驶出弯道后，调整至所需挡位，适当加速驶出弯道。在未划道路中心实线的弯道右转弯前，可适度靠中，行驶至弯道时可靠右进入行驶车道。

2 注意事项

(1)进入弯道前减速、减挡至通过弯道所需的速度；

(2)进入弯道后不能占用对方车道；

(3)在弯道内行驶尽量避免换挡，必须挡时方向不能跑偏；

(4)进入弯道前要做到减速、鸣号、靠右行；

(5)进入未划中心线的右转弯道前可适度靠中行驶，但不能影响对方车辆。

六 模拟隧道驾驶

模拟隧道驾驶，是在场地内设计的模拟隧道场景内，驾驶准驾车型模拟安全通过模拟隧道时灯光的使用、速度的控制。培养驾驶车辆通过隧道时，适应环境照度急剧变化的实际驾驶能力。

1 通过隧道

驾驶车辆行驶至隧道前，观察道路交通标志，按标志要求，将车辆速度降至规定车速。驶进隧道口时，鸣喇叭并开启前大灯。驶入隧道后，及时减速看清路况后再加速行驶。驶出隧道口时，鸣喇叭，关闭前照灯。

2 注意事项

(1)驶入隧道前要按标志指示减速、开启前照灯、鸣喇叭；

(2)驶入隧道后未达到暗适应时间，不能加速；

(3)驶入隧道后不能占道、超车；

(4)驶出隧道前鸣喇叭；

(5)驶出隧道口后，关闭前照灯。

七 模拟雨(雾)天驾驶

模拟雨(雾)天驾驶，是在场地内设计雨(雾)天场景内，驾驶准驾车型安全通过模拟雨(雾)天路段。培养雨雪天和湿滑路行驶时正确使用雨刮器的能力，在车辆侧滑时合理使用制动、转向的实际驾驶能力。

1 通过模拟雨(雾)天路段

驾驶车辆在驶入湿滑路面前，减速行驶，开启雾灯、示廓灯、近光灯、危险报警闪光灯，根据挡风玻璃上雨淋大小或雾的能见度情况，及时适度开启刮水器。进入湿滑路后，使用低速挡匀速行驶，并视雨淋量选择刮水器挡位，平稳控制车辆行驶方向通过湿滑路面，驶出。

2 注意事项

(1)进入模拟雨天路段前，提前减速并减挡，开启近光灯、示廓灯；进入模拟雾天路段，还要开启雾灯、危险报警闪光灯；

(2)进入模拟雨(雾)天路段时，及时开启刮水器，并能根据淋水或喷雾量调整刮水器挡位；

(3)通过进入模拟雨(雾)天路段时，不能急加速、急制动。

模块11 安全驾驶

一 车辆安全检视

检视车辆的习惯，是提高道路运输驾驶员自身安全意识的重要内容，对确保安全行车，具有非常重要的意义。

1 出车前检查

出车前，对汽车静止状态下能够发现的问题要及时解决，例如，发动机舱、驾驶室、客舱（客车）等部位，然后起动发动机，对各仪表、报警装置、发动机运转情况进行检视，发现异常或故障，及时排除。

2 行车中、收车后检查

行车中、收车后，检查汽车运行一段时间之后容易出现的问题。尤其是行车中，要及时检视，发现问题及时查处。根据不同的车型对车辆外部进行检视，检视的部位一般有车辆左中后部、后部、右中后部、前部等，发现问题或者故障，及时解决和排除。

3 安全检视的内容和要求

检视部位与时段	检视内容	要求和标准
驾驶室内部（出车前）	安全带	完好、有效
	灯光、喇叭、仪表	齐全、有效、指示准确
	内后视镜	完好、清晰
	刮水器	完好、有效
	门锁	齐全、灵活、可靠
	转向盘	最大自由转动量不大于20°
	制动踏板	自由行程为120～150mm
	离合器踏板	自由行程为30～40mm
	驻车制动器操纵杆	移动量为3～5齿
	发动机运转情况	运转平稳、无异响
左中后部（行车中、出车后）	油箱及油箱盖	完好、油量充足、无渗漏
	轮胎	气压符合标准、无夹石、无破裂
	轮胎螺栓	齐全、无松动（用手锤敲击检查无松动）
	半轴螺栓	齐全、无松动（用手锤敲击检查无松动）
	制动鼓及轮毂	温度正常，无变形
	制动管路	无漏气、无漏油
	储气筒	完好、无漏气

续上表

检视部位与时段	检视内容	要求和标准
左中后部（行车中、出车后）	钢板弹簧	无断裂、无错位、挠度正常
	U 形螺栓	齐全、无松动（用手锤敲击检查无松动）
	传动轴螺栓	齐全、无松动（用手锤敲击检查无松动）
	侧栏板	完好
后部（出车前）	号牌、灯光	完好、有效、清晰
	备胎	齐全、无松动
	驱动桥壳	温度正常、无漏油
	后栏板	完好、挂钩牢靠
右中后部（行车中、出车后）	轮胎	气压符合标准、无夹石、无破裂
	轮胎螺栓	齐全、无松动（用手锤敲击检查无松动）
	半轴螺栓	齐全、无松动（用手锤敲击检查无松动）
	制动鼓及轮毂	温度正常、无裂纹、无变形
	制动管路	无漏气、无漏油
	储气筒	完好、无漏气
	钢板弹簧	无断裂、无错位、挠度正常
	U 形螺栓	齐全、无松动（用手锤敲击检查无松动）
	传动轴螺栓	齐全、无松动（用手锤敲击检查无松动）
	驱动桥壳	无漏油
	侧栏板	完好
左前部、右前部（行车中、出车后）	横直拉杆及球头	不碰擦、不松脱
	轮胎	气压标准、无夹石、无破裂
	轮胎螺栓	齐全、无松动（用手锤敲击检查无松动）
	制动鼓及轮毂	温度正常
	制动管路	无漏油、无漏气
	储气筒	完好、无漏气
	钢板弹簧	无断裂、无错位、挠度正常
	U 形螺栓	齐全、无松动（用手锤敲击检查无松动）
前部（出车前）	号牌	完好、有效、清晰
	后视镜	完好、调整得当
客车车厢（出车前）	灭火器	齐全、有效
	应急反光牌	齐全、有效
	车门、应急出口	完好、开启灵活、有效
	栏杆及扶手	完好、有效
	车内灯	齐全、有效
发动机舱（出车前）	散热器	冷却液量充足、无泄漏
	风扇传动带	无起皮、无破损
	润滑油	添加量正常、色清、无杂质
	制动液	充足
	点火高压线	无松脱、不漏电
	蓄电池	外观清洁、连接牢靠、无漏液

注：不同车型应有所差异。

二 山区道路安全驾驶

1 上坡驾驶

上坡行驶前，为了保持车辆上坡有足够的动力爬坡，要提前判断坡道的坡度大小，换入中速挡或低速挡，切不可等到车速过低时再进行减挡。通过短而陡的坡道，采用加速冲坡的方法，在将近坡顶时提前松开加速踏板，利用惯性冲过坡顶。到达坡顶时，适时控制车速，防止对面的视线盲区突然出现车辆而措手不及。

上较长而陡的坡，提前减挡，保持发动机动力，在坡底加速冲坡。当车速开始降低，发动机声音由轻快变得沉闷时，迅速减入低一级挡位行驶，以保证有足够的动力驶上坡顶。在上坡道转弯前，减速减挡、鸣喇叭、靠右侧行驶，接近弯道时降低车速，急转弯处要给对面来车留出足够的路面，预防对面突然出现的车辆，转弯过程中不得换挡。

2 下坡驾驶

下坡行驶，尽量使用发动机的牵阻控制车速，避免过多的使用行车制动。下长而陡的坡道时，下坡前可先将车速降至即将停住后，挂低速挡下坡，防止因车速太快无法控制而发生危险。跟车行驶，要与前车保持充分的安全距离，不得超车。

③ 急转弯

在地势险峻的狭道急弯路段行车，要集中精力，降低车速，注意交通标志，及时准确地观察路面，尽量选择道路中间或靠山一侧安全行驶。

④ 会车

危险路段会车，做到“礼让三先”，选择安全地点会车。会车地点在弯道、悬崖或溪崖旁地势比较危险时，要停车观察路基情况，在确保安全的前提下缓慢会车。在靠山一侧会车，应尽量使车辆靠近峭壁，给对方来车留出足够的路面。

⑤ 通过便、险桥

通过便、险桥前，仔细观察便、险桥和桥面状况，必要时停车察看，确保通过安全。通过时，应注意选择行驶路线，提前减速，换入低速挡匀速通过，中途尽量避免停车或紧急制动。

三 高速公路安全驾驶

① 通过收费站

车辆驶近收费处时，要严格遵守限速规定，选择通道上方亮绿灯信号且车辆较少的通行口，依次排队通过，切勿争道抢行。在设有电子不停车收费系统(ETC)的收费站，持有电子标签的车辆可以在30km/h速度内不停车直接通过ETC专用收费车道，通过收费处。

进入收费入口处，尽量将车身靠近收费亭，停车时使驾驶室门窗对齐收费窗口，在入口处领到通行卡后，要妥善收存好，以备出口时交卡和通行费。

通过收费处后，注意观察指路标志，按照自己的行驶路线，正确选择驶入的匝道。进入匝道后，尽快的提高车速，但不能超过标志规定的速度。前方有行驶的车辆时，要保持足够的安全间距。

2 加速车道上行驶

车辆进入加速车道后，开启左转向灯，迅速提高车速，及时选择驶入行车道的时机。在加速车道跟车行驶，注意观察前车的加速情况，避免在加速车道上减速或停车。驶入行车道之前，先通过后视镜观察行车道上的车辆，正确估计车流速度，调整和控制好车速，根据车流情况确定汇入车流的时机，尽快驶入行车道。

3 行车道驾驶

车辆进入高速公路行车道后，严格遵守“分道行驶、各行其道”的原则和速度规定。根据车辆行驶速度选择行驶车道，不得随意穿行越线，不准骑、压分界线。有限速标志的路段，将车速控制到限速以内。

高速公路上，专门设有为驾驶员确认行车间距的行驶路段，在此路段上行驶，可检验车速在100km/h时与前车的行车间距，驾驶员可根据需要适时调整车速。正常情况下，在高速公路上的纵向间距（两车间的前后距离）略大于行驶速度值。

4 变更车道

高速公路上变更车道前，先通过后视镜提前观察进入车道的交通情况，在不影响其他车辆正常行驶的情况下，开启转向灯，缓慢转向，同时注意观察后视镜，加速变道。

遇前方道路上有障碍、因事故前方车道堵塞、道路施工占道及自然灾害造成前方路段损坏需变更车道时，注意观察道路上的标志或警示牌，按照标志或警示牌上要求行驶。

5 通过隧道

行至高速公路隧道入口前约50m左右，开启前照灯、示宽灯、尾灯，及时察看车速表，根据隧道口标志上规定的速度调整车速。

进入隧道后，将视线注视点移到隧道的远处，不要看两侧隧道壁，注意保持行车间距。严禁在隧道内变更车道、超车和随意停车。

驶出隧道前，不能凭直觉判断车速，要通过车速表确认行车速度。到达出口时握稳转向盘，以防隧道口处的横向风引起车辆偏离行驶路线。驶出隧道后，在亮适应过程中切勿盲目加速，以免因视力瞬时下降不适应而造成危险。

车辆在隧道内出现故障，只要还能继续行驶，应尽可能把车驶出隧道。当车辆无法驶出隧道时，要设法将车移到紧急停车带内，开启危险报警信号灯，在车后方150m以外设警告标志，车上人员必须迅速离开车辆，并迅速报警。

6 通过立交桥

行至高速公路立交桥，要根据右侧指路标志确认行驶车道、行驶路线和行驶速度。改变行驶路线时，距立交桥500m时，开始逐渐降低车速，根据预告标志适时地向右完成车道的变更，平顺的驶入预定车道。距出口

50～100m 时，开启右转向灯，按照指路标志的要求进入匝道，驶入新的高速公路行车道。

7 通过垮江、海大桥

通过跨江、海大桥前，注意观察标志标线，提前选定行驶路线，严格按标志限定的速度和标线行驶。通过高速公路跨江、海大桥时，握牢转向盘，控制好车速，各行其道。正常情况下，车速不要超过 100km/h。不得盲目加速或紧急制动，不得变更车道。

行经江面、海面、河口路段时，往往会受到强横向风影响，要握稳转向盘，以防江、海、河口处的横向风使车辆偏离行驶路线或翻车。冬季雨雪天后的早晚在高速公路上行车，遇见桥梁、高架、匝道，必须降低车速，防止桥面残有积雪、结冰。防止桥面结冰。

8 高速公路停车

车辆在高速公路上发生故障必须停车时，要控制好车速，看清车前车后的交通情况，开启右转向灯，尽快驶离行车道，停在紧急停车带或右侧路肩内。切不可采用紧急停车的方法，更不能在行车道直接停车。

停车后，立即打开危险报警信号灯，按规定在车后方设置警告标志，夜间还需同时开启示宽灯和尾灯。车上人员应迅速转移到右侧应急车道内或者护栏以外，必要时通过紧急电话求援或报警。

若车辆短时间内修复后返回行车道时，先在路肩或应急车道上将车速提高至 60km/h 以上，再开启左转向灯，在不妨碍其他车辆正常行驶的情况下驶入行车道。

9 驶入减速车道

高速公路的出口前 2km、1km、500m 及出口处都设有下一出口预告标志。行驶到距出口 2km 预告标志后，在左侧车道行驶的车辆，逐渐变道至最右侧行车道。在距出口 500m 时，开启右转向灯，适当调整车速，逐渐平顺地从减速车道口的始端驶入减速车道。

10 匝道行驶

驶入减速车道后，注意观察车速表，并逐渐减速，使车速在进入匝道前减至 40km/h 或标志牌规定的速度以内。不得未经减速车道减速，直接从主车道驶入匝道。进入匝道后，根据匝道的弯度掌握好转向盘。

如果误驶过出口，只能继续向前行驶至立体交叉桥掉头，或者在下一出口驶离。严禁在高速公路紧急制动、停车、倒车、掉头、逆行、穿越中心隔离带供紧急情况使用的缺口。

11 驶出收费口

驶离收费处后的一段时间内，由于长时间高速行驶，对速度的适应要有一个过程。一定要通过观察速度表来控制车速，使感觉逐渐适应一般道路行驶速度，不要单纯凭自己的感觉判断车速。

四 恶劣气象和道路条件下的驾驶

1 雨天驾驶

雨天路面湿滑，附着系数减小，制动距离增大，跟车行驶时的纵向安全距离是干燥路面上的 1.5 倍，车辆制动或减速时车轮容易发生横滑或侧滑，行车中应尽量保持较大距离。发生车辆横滑或侧滑情况，尽量利用发动机牵阻减速，免急转向或使用紧急制动。

蒙蒙细雨中的行人和骑车者，因头戴雨帽，致使视线、听觉都受到限制。一手握车把，一手撑伞骑自行车者更是左右摇晃，对交通情况不易看清，应预防车辆临近时，其

突然转向或滑倒。雨中遇到行人和骑车者时，要提前减速、鸣喇叭，应与其保持一定的安全距离通过，严禁争道强行或从行人身边急速绕过。

在大雨天行车，为避免发生“水滑”而造成危险，要控制速度行驶。暴雨天气驾车，刮水器无法刮净雨水时，应当立即减速靠边停驶。连续降雨天气，山区公路可能会出现路肩疏散和堤坡坍塌现象，行车时应选择道路中间坚实的路面，避免靠近路边行驶。

2 雾天驾驶

雾天，能见度降低，视野变窄，视线模糊，视距缩短，方向难辨，行车中很难看清前方障碍（行人、慢行车、故障车、事故车、凹坑等），极易发生交通事故。雾天行车，及时开启防雾灯、示宽灯，严格控制车速，低速靠右侧行驶，随时注意行人与其他车辆的动态，多鸣喇叭警告或引起其他车辆和行人注意；听到对方车辆鸣喇叭，也应鸣喇叭回应。雾较大时，可间歇使用刮水器刮净风窗玻璃上因雾气凝成的小水珠，风窗玻璃内侧凝成水珠可用风窗玻璃除霜功能清除或用干毛巾擦干。

进入浓雾区前，将车速控制在能及时停车的范围内，谨慎缓慢行驶。浓雾中行车可多鸣喇叭以引起行人和车辆注意，听到对方车辆鸣喇叭时，要及时鸣喇叭回应。发生道路堵塞时，立即停车，并开启紧急信号灯。浓雾中行车，要严格遵守靠右侧通行的原则，及时开启防雾灯及示宽灯来提高能见度，必要时可开启近光灯，以便看清前方车辆、行人及路况，同时提醒其他车辆和行人注意。

雾天能见度较低时,先将车开到路边安全地带或停车场,等能见度好转时再上路行驶。如果一定要在雾中行车,就要根据雾天的能见度情况,选择遇到情况时能迅速停车的行驶速度(视距必须大于制动停车距离)。

雾中会车要择宽阔的路段和地点会车低速交会。两车相会时,应关闭防雾灯,适当鸣喇叭,车辆之间及行人之间要保持充分的安全距离,以免发生碰撞和刮擦。发现可疑情况,立即停车让行。前方有障碍物时会车,要留出提前量和安全间距。遇对面来车车速较快,没有让路意图时,应主动减速让行或靠边停车。

雾天跟车行驶,要切注意前车动态,严格控制车速,适当加大与前车的纵向安全距离,以防与前方车辆保持的距离太近,误将前车停车开着的尾灯认为是行驶车辆的尾灯而紧跟行驶导致撞车。

雾天严禁超越正在行驶的车辆。发现前方车辆靠右边行驶时,不可盲目绕行,要考虑到此车是否在避让对面来车。超越路边停放的车辆,要在确认其没有起步的意图而对面确无来车后,适时鸣喇叭,从左侧低速绕过。

3 冰雪路驾驶

在冰雪地行车,有条件的要安装防滑链,用发动机的牵阻控制车速,低速行驶,有车辙的路段应循车辙行驶。减速、停车和处理情况,利用发动机的制动作用降低车速,不得使用紧急制动,也不能采取急转向的方法躲避,以免发生侧滑或转向失控。

冰雪路上超、会车,选择比较安全的地段靠右侧慢行,适当增大两车的横向间距,

且与路边保持一定距离，必要时，可在较宽的地段停车让行。跟车行驶与前车保持较大的纵向距离，遇前车制动减速时，及时采用间歇制动附以驻车制动的方法减速，切忌将行车制动器一脚踏到底或拉驻车制动器过急过猛。车辆发生侧滑时，立即缓慢、适当地向后轮侧滑的一方转动转向盘，可连续数次回转转向盘，以便调整车身。

积雪覆盖的道路，沟壑被积雪掩盖，道路的轮廓难以辨别。行车时根据道路两旁的树木、电杆等参照物判断行驶路线，控制车速，低速行驶。转向盘不可急打急回，以防车辆侧滑偏出道路。在弯路、坡道及河谷等危险地段行驶，更应注意选择好行驶路线。路况稍有可疑应立即停车，待察看清楚确认安全后再继续行驶。

山区冰雪道路上行车，发现前车正在爬坡时，选择适当地点停车，等前车通过后再爬坡；在山区低等级冰雪道路遇坡道时，上坡车让下坡车先行。

4 大风天气驾驶

大风天气扬起的尘埃会阻挡观察视线，行车时要适当放慢车速，正确的辨认风向，握稳转向盘，防止行驶路线因风力而偏移。同时，注意车辆的横向稳定性，尽量减少超车，鸣喇叭时应适当延长时间。风沙特别大时，要将车停靠在道路上风处，车头背向风沙，并关闭百叶窗，防止细微沙粒被发动机吸入汽缸而加速机件磨损。感到转向盘突然“被夺”或车辆产生横向偏移时，一定要双手稳握转向盘并适时减速，不得急转方向以恢复行驶方向。

逆风向行驶时，要注意风向突然改变或道路出现较大弯度，风阻突然减少，会使车速猛然增大。行车中，应预防行人为躲避车辆行驶扬起的尘土，在车辆临近时突然跑向

道路的另一边。

大风天夜间行车,要使用防眩目近光灯,不宜使用远光灯,以免因出现眩目的光幕而影响视线。

5 高温气象条件下驾驶

高温气候条件下行车,需要充分休息,保证有充沛的精力。夏季午后天气炎热,行车中极易瞌睡,当感到视线逐渐变得模糊、反应变得迟钝时,应停车休息。

行车中,发现水温上升或冷却液沸腾时,应立即停车降温,待温度适当下降后再补充冷却液。

行车途中要注意检查胎温和胎压变化,发现胎温、胎压过高时,应选择阴凉处停息,使胎温自然恢复正常,不可用放气或浇水的方法进行降温。

6 低温气象条件下驾驶

低温天气露天停放的车辆,润滑油黏度大,起步后应低速行驶一段距离,待温度升高时,再逐渐提高车速。挡风玻璃上形成冰霜时,应及时进行擦拭,不可勉强行驶。

临时停车,应选择干燥、避风和朝阳处,停留时间较长时,未加防冻液的车辆应间断起动发动机,以防冷却水结冰而冻裂机体、散热器等机件。

7 泥泞路驾驶

泥泞路面黏稠,行车中车轮极易出现滑转和侧滑。在泥泞路段上行车,要选用适当挡位(一般可用中低速挡),牢牢稳住转向盘,稳住加速踏板,匀速一次性缓缓通过。尽量避免在通过泥泞路面时使用行车制动器,以防止整车滑移。当车辆发生侧滑时,要冷静清醒,在松抬加速踏板的同时,将转向盘向后轮侧滑的一方适当缓转修正方向,切忌猛打转向盘或紧急制动。

行车中不慎陷入泥泞路段后，要先将车稍向后退出，然后改变车轮行进方向，挂入低速挡，利用发动机的动力驶出。车轮继续打滑时，应立即停车，挖去泥浆或设法支起车轮，铺垫柴草、碎石或在驱动轮上缠绕绳索等，以加大车轮的“抓地力”。

8 涉水驾驶

涉水前对涉水路线的深度、水流速度和水底情况进行调查，不可冒险涉水行驶。涉水时，要用低速挡，目视远处固定目标，不要看水流，以防因视觉上判断错误而导致行驶方向的偏移。

涉水中，保持车速均匀平稳且有足够动力，尽量不要中途换挡、停车和急转弯，要“一气”通过涉水路段。车轮在水中滑转时，切忌猛加速冲车，应在发动机不熄火的情况下，在专人指挥或其他人、其他车的协助下驶出水区。

涉水后，擦干被水浸湿的部位，保持低速行驶，并间断轻踩制动踏板，排干制动盘鼓中的水分，以恢复制动效果。

单元3 教学管理

模块12 旅客运输驾驶员从业资格培训《教学日志》

旅客运输驾驶员从业资格培训《教学日志》(以下简称《教学日志》),是《道路旅客运输驾驶员从业资格培训教学大纲》(以下简称《教学大纲》)的重要组成部分。《教学日志》是加强教学过程管理,规范教学行为,确保《教学大纲》落实到位的主要手段和载体。

一 《教学日志》的内容和作用

《教学日志》根据《教学大纲》规定的各车型或类别的培训学时、教学项目和教学目标的要求编制而成的,是驾驶员培训教学过程的有效记录,是《教学大纲》的重要组成部分。

1 主要内容

《教学日志》的主要内容有:日志编号,培训机构名称和学员姓名、类别,培训目标,教学项目和教学目标,教学过程记录(包括学员签字和教练员评价与签字),阶段考核意见(包括考核员签字),培训机构审核意见。

2 作用

通过使用《教学日志》,让学员明确所要学习的内容,监督教练员按照《教学大纲》的教学项目和教学要求进行教学,规范自身教学行为,是培训机构负责人全面检查教练员的教学质量和教学效果,对学员的的培训质量进行评估,系统考核教练员的教学工作,驾培管理人员监督、检查培训质量,作为考核培训机构的重要依据。

二 《教学日志》的填写

填写《教学日志》是道路旅客运输驾驶员从业资格培训教学过中的重要环节,可详实的记录从业人员培训和考核情况。

1 基本信息

培训机构名称、学员姓名及所要培训的类别，由培训机构在受理学员报名时填写，也可由教练员在第一次教学时填写。

2 教学记录

记录每一次教学日期、教学项目、实际所用学时、学员签字、教练员评价及签字，由教练员填写，学员签字确认。

教练员在填写本项内容的注意事项：

(1)次数/日期：每一次教学是指当天教练员对一名学员所进行的一个连续的教学过程。

(2)教学项目：填写理论知识和应用能力教学项目的排序数字。

(3)所用学时：每个学员的理论培训和应用能力培训时间均不得超过4个学时。

(4)教练员评价及签字：每次教学完成后，教练员客观真实地评价学员的学习效果。

(5)学员签字：每次教学结束后，必须经学员本人签字确认。

3 考核记录

在每个教学项目教学结束后，由考核员对学员进行考核。考核员根据考核情况填写考核意见并签字，决定学员是否可以参加结业考试。

在完成全部教学项目并经阶段考核合格后，培训机构负责人对教学日志所记录的教学情况和培训结果进行审核，签注审核意见并盖章。

4 填写要求

使用《教学日志》的关键是保证所有内容填写的真实性和有效性。

道路客货运输驾驶员从业资格培训教学日志

括号中标注“(客)”者——仅作为道路旅客运输驾驶员的教学项目或学时。

括号中标注“(货)”者——仅作为道路货物运输驾驶员的教学项目或学时。　　No.

培训机构名称：	学员姓名：	类别：

培训目标：树立驾驶员的社会责任，培养驾驶员的职业道德，熟知道路运输驾驶员的行为要求；掌握道路运输从业相关法律、法规和道路运输专业知识；养成安全、文明行车意识，掌握各种环境和条件下安全驾驶和应急处置方法；了解汽车使用技术知识；掌握汽车常见故障的识别方法；培养专业知识应用能力

	教学项目	教学目标
理论知识 学时：42(客) 48(货)	1. 驾驶员的社会责任、职业道德和职业心理 2. 道路运输从业相关法律、法规 3. 道路运输知识 4. 安全意识与安全行车 5. 汽车使用技术	1. 树立驾驶员的社会责任，培养驾驶员的职业道德，熟知道路运输驾驶员的行为要求，了解驾驶员心理健康知识，了解驾驶员心理调节方法； 2. 熟练掌握道路运输相关法律、法规的有关内容； 3. 掌握道路运输专业知识； 4. 养成安全、文明行车意识，掌握各种环境和条件下安全驾驶和应急处置方法； 5. 了解汽车使用技术知识

续上表

次数/日期	1/	2/	3/	4/	5/	6/	7/	8/
教学项目								
所用学时								
学员签字								
教练员评价及签字								

<table>
<tr><td rowspan="2">应用能力
学时:10(客)
8(货)</td><td colspan="3">教学项目</td><td colspan="3">教学目标</td></tr>
<tr><td colspan="3">1. 车辆安全检视
2. 旅客急救(客)
3. 轮胎更换(货)
4. 危险源辨识与防御性驾驶
5. 节能驾驶
6. 综合复习与考核</td><td colspan="3">1. 掌握车辆外观、发动机舱、客车车厢(客)、驾驶室内部(货)、发动机起动后及行车中、收车后的车辆安全检视内容和方法;
2. 掌握心肺复苏抢救法及常用止血法、包扎法、骨折固定法的方法;
3. 掌握车辆后轮外侧轮胎的拆卸、安装及千斤顶的使用方法;
4. 掌握车辆在各种天气条件和道路环境下的危险源辨识与防御性驾驶方法;
5. 掌握车辆运行过程中的节能驾驶要领;
6. 掌握专业知识应用能力</td></tr>
<tr><td>次数/日期</td><td>1/</td><td>2/</td><td>3/</td><td>4/</td><td>5/</td><td>6/</td></tr>
<tr><td>教学项目</td><td></td><td></td><td></td><td></td><td></td><td></td></tr>
<tr><td>所用学时</td><td></td><td></td><td></td><td></td><td></td><td></td></tr>
<tr><td>学员签字</td><td></td><td></td><td></td><td></td><td></td><td></td></tr>
<tr><td>教练员评价及签字</td><td></td><td></td><td></td><td></td><td></td><td></td></tr>
<tr><td colspan="7">考核意见:
考核人签字:</td></tr>
<tr><td colspan="7">培训机构审核意见:
(盖章)</td></tr>
</table>

模块13 教学车辆和场地管理

加强对客运教学车辆、场地及伤员救护器材进行定期维护,提高使用效率,是确保教学活动正常顺利进行的重要环节。

一 教学车辆管理

教学车辆管理的重点是正确的使用和维护教学用车,使车辆的技术状况保持完好,满足教学的需要,这既关系到教学安全,又关系到教学质量。教学车辆管理主要有档案建立与管理、使用前的管理和维护管理。

1 教练车档案建立与管理

教练车档案管理是驾校常规管理重要的组成部分,是提高教学质量,办好学校的基础。档案材料的形式、收集、整理、归档,建立预立卷制度,纳入档案归档工作程序。档案工作列入驾校工作计划及各处室计划管理,做到年初有计划,年终有总结。档案管理工作的有关要求,列入相关人员工作职责、考核内容中,做到考核结果与奖惩挂钩。对归档的案卷的完整、准确、系统有检查控制措施。建立和健全档案人员的岗位责任制,实行文件的收发文登记。

2 教练车使用前的管理

(1)选购经济性、可靠性好的车辆做教练车。驾校是一个经营实体,为减少成本,在购车时应当尽量选购价格低廉的汽车。汽车的可靠性很重要,学员在驾驶操作训练时,经常性地出现错误的动作,容易出现机件损坏的现象。

(2)安装辅助操作装置。为了保证教练车行驶安全,要在规定位置安装供教练员可操作的制动器副操纵装置和副后视镜。有条件的可安装副离合器踏板和副加速踏板。货车教练车车厢应配装车棚、座椅和上下扶梯等安全装置。

(3)新车要认真维护。按规定进行汽车的磨合期运行,使汽车各部件机能适应环境的能力得以调整提升。汽车磨合的好坏,会对汽车寿命、安全性和经济性产生重要影响。

(4)选择优质润滑油。低黏度和优质润滑油,能使摩擦表面得到良好的润滑,减缓机件磨损。

(5)正确选用燃油。按汽车出厂要求使用燃油,尽量添加质量比较好的燃油(燃油标号不一定非常高,但一定要清洁)。

(6)避免发动机高速运转,由于机件之间尚属于磨合期,过大的负荷和过高的速度,都会加剧对零件的冲击。不仅无法降低粗糙度,还会对零件造成损伤。发动机瞬间工作在大负荷下,很容易由于冲击造成磨损。

3 教练车的维护管理

为使教练车能持久的保持良好的技术状况,延长教练车的使用寿命,杜绝机械事故,应严格对教练车进行检查和维护。检查应采取教练员自检、驾校安全部门抽检的方法进行。教练员应带领学员一起进行车辆安全检查,并对学员进行必要的指导和监督。检查中发现故障要及时排除,确保教练车安全。

教练车由于主要由学员操作,长时间处于“非正常状态”行驶,所以教练车的转向机构、制动机构、传动机构、轮胎、座椅等机件磨损较大容易引起故障带来安全隐患。因此,要根据教练车的这些特点和车辆的行驶里程制订车辆维修重点和维护计划。并在具有二级维护作业资格的修理厂按二级维护技术要求规范接受全面作业,按时参加“安全技术性能检测”和“综合性能检测”。确保教练车技术状况应符合《机动车运行安全技术条件》(GB7258—2012)的要求。并达到《营运车辆技术等级划分和评定要求》(JT/T198—2004)所规定的二级以上技术条件。

教练车日常检查维护作业内容

维护时段	检查项目	要求
出车前	制动液、助力液、冷却液面;燃料、轮胎气压	进行检查补给;保证行车前燃料充足;轮胎气压正常
	制动、转向、传动、悬架、灯光、后视镜等安全部位和装置以及发动机运转状态	进行检查、调整、紧固,确保行车安全
行车中	仪表、灯光工作情况	确保工作正常
	轮胎磨损情况和车轮花纹间有无镶嵌物	及时进行清理
	检查车轮轮毂温度	若温度过高应停车散热,及时调修
收车后	对车辆进行清洁、检查、调修;记录行驶情况	保持车容和发动机外表清洁,如有故障应及时调修

相关链接

教练场管理规定

为了加强教练场的管理,提高考训场地的利用率,保证教练车按计划进行训练,特制定本规定。

一、教练场地实行封闭管理,休息区与教练场地设立分隔设施;

二、教练车实行进入登记、退出注销制度;

三、在场地内训练的教练车,必须服从管理人员的管理;

四、不参加训练的学员应在休息室休息或在规定区域等候;

五、进场教练车要严格遵守交通标志、标线等的规定;

六、教练车行驶中要保持安全车速,严禁超速行驶;

七、严格遵守道路交通安全法有关规定,在教练员随车指导下进行训练;

八、进行教学活动的教练员与学员必须系好安全带;

九、注重美化环境,不在训练场地乱扔垃圾,不破坏花木草坪。

二 场地和设备维护管理

旅客运输驾驶员从业资格培训场地,主要是用于满足道路旅客运输驾驶员从业资格培训应用能力培训教学。场地内训练用车和救护器材的维护管理,是保证学员训练学时和教学质量的关键。

1 场地维护管理

客运车辆训练(考试)场地的维护管理包括训练场的维护管理规定,训练车辆、教学设施设备及场地的卫生整理、安全检查等。场地维护管理主要有以下几个方面:

(1)建立训练场地、教学设施设备维护管理的文字和电子档案。

(2)训练场地、车辆和教学设施设备要有专人管理。

(3)场内教学设备、安全装置等设施不得随意移动。

(4)维修或检视用的工具要有序摆放，不得随地乱扔。

(5)每天都要对场地进行检查、清理，对设施设备进行维护、修理。

(6)训练结束后，对教学车辆都要进行检查、清洁、紧固或调整。

(7)及时更换有不能使用、无法修复或有安全隐患的教学设备和工具。

(8)训练车辆和设施设备一旦损坏，由专业人员进行修复，严禁非专业人员维修。

2 训练设施设备管理

场地内的设施设备，是完成驾驶训练的主要教学工具，完善场地封闭设施、训练区隔离设施、安全通道以及消防设施、设备，保证设施设备的完好和利用率，管好、用好教学实施设备，是保证学员训练学时和教学质量的关键。制订场地教学设施设备的管理规定，加强对教练员、学员爱护教练场的教育，督促其爱护场内的一切教学设施、设备，是教练场管理的重要环节。教练场地设施设备管理有以下几个方面：

(1)建立训练场地教学设施设备的文字和电子档案。

(2)任何人不得随意移动场内交通标志、教学设备、安全装置等设施。

(3)训练设施设备一旦损坏，由专业人员进行修复，严禁非专业人员维修。

(4)设施设备每月至少进行一次全面检查，根据使用情况及时进行维护。

(5)对超出使用寿命、不能使用或损坏后无法修复的教学设备，要及时登记报废、更新。

3 安全监督检查

加强训练场地的安全监管，对训练场地要进行日常及定期的事故隐患排查，制订应对措施，消除隐患，保障训练场地教学安全。监管内容包括：

(1)检查教练车的安全状态。

(2)纠正教练员和学员的不安全行为。

(3)关注训练设备设施的缺失、损坏等情况。

(4)禁止教学以外的人员和车辆进入场地。

(5)合理控制训练场内车流量，防止碰撞、刮擦、追尾等事故发生。

(6)对影响训练场地教学安全的因素进行监管。

模块14 教学实施设备管理

按照《教学与考试大纲》规定的教学内容教学，实现预期教学目标，教学过程中，教练员需要使用多媒体设备、教学磁板、驾驶模拟器、教学教具、教练车等教学实施设备。

一 教学实施设备管理与使用

教学实施设备的管理要坚持“责任明确、定期维护、台帐完善、修理及时”的原则。

制订《教学实施设备管理制度》,科学合理的管理教学实施设备,保持设备的性能完好,对保证培训教学正常进行、提高教学效率和质量非常重要。

1 教学设备管理

(1)教学设备应有明确的负责管理部门和教学设备负责人;每台设备都有明确管理责任人,负责对设备的维护、保管,确保教学设备的正常使用。

(2)制订设备检查维护计划,定期进行检查和维护,检查的项目应包括所有设施设备的数量、性能、维护、使用等情况。根据检查结果对设施设备及时维护、修理、更换。

(3)建立教学设备档案,对教学设备的使用情况进行登记。主要包括:设备基本信息、购置发票、说明书、合格证和维修记录。对使用过的教学设备要进行整理。

2 教学设备的使用及维护

教练员在使用教学设备进行教学时,要遵守教学实施设备管理制度,正确使用和爱护教学设备,提高设备的使用效率。教练员在领取和使用教学设备时,遵守以下规定:

(1)在使用教学设备前,要详细阅读使用说明书,按规定使用;

(2)没有使用说明书的教学设备,要先请教技术人员,切忌盲目使用;

(3)对教学设施设备按职责进行必要的维护,保持教学设备处于完好状态;

(4)在规定的场所使用教学设备,不随意搬运或移动,防止丢失损坏;

(5)未经批准,不得把所管理或使用的教学设备随意借与他人;

(6)不得随意改变教学设备的用途,严禁让无关人员使用教学设备;

(7)严禁学员单独使用教练车,要按照规定的场所和线路使用教练车;

(8)严禁与教练无关的人员搭乘教练车,教练车不得载人或载货;

(9)对使用完的教学设备要进行清理、清洁,保持教学设备的整洁、卫生。

二 常用教学设备的特点及应用

1 多媒体教学工具

多媒体教学工具可以把教学内容通过文字、图形、图像、声音、动画生动和直观的展现出来,使枯燥抽象的学习内容变得直观易懂,可充分调动学员的听觉、视觉、思维,提高学员的注意力和学习兴趣,增强学员对教学内容的理解和消化。多媒体教学能够将教学内容在较大的空间内进行展示,在学员众多的情况下,教练员授课效果也不会受到影响。运用多媒体进行教学,是作为理论课堂教学的最佳教学形式,可以充分利用科技手段,达到生动完美的教学效果,保证教学质量和提高教学效率。

教练员的理论授课要按照教学大纲的要求,结合采用多媒体进行备课。课堂教学中充分发挥多媒体教学的优势,根据教学内容和各阶段的教学要求,合理地以录像、教学软件、多媒体课件等形式进行展现。多媒体教学一定要与传统的教学手段有机结合,自始至终突出教练员的主导地位，适时使用各种教学方法完成教学过程。课堂理论教学不能过分依赖多媒体教学手段，关键还得靠教练员的讲解和指导。多媒体教学的优势是信息量大、展示方便快捷，但由于素材本身的缺陷，也容易出现教学重点不突出的问题。因此，教练员在进行教学准备时，要紧扣教学大纲，尽量搜集与教学紧密联系的素材，突出重点和难点，充分发挥自身的教学水平，用多媒体教学工具完成课堂教学。

2 教学磁板

教学磁板是将需要的文件投影到屏板工作区，利用磁板笔直接进行标注、修改、擦除、保存等操作。同时磁板笔可以代替鼠标，控制电脑主机的应用程序。使用教学磁板教学，教练员直接在教学磁板前和学员进行面对面的交流。各种交通环境信息（汽车、非机动车、行人及信号标志等）都可以体现在数码互动教学磁板上。无论是交通法规讲解或模拟操作、图解等，都能在教学磁板上进行修改、标注或擦除；也可以将内容存储、打印或 E-mail 给大家；理论教员的操作和声音都可以录制为 AVI 格式的视频文件供以后重复播放或培训后分发，让每个学员都感到学习更加生动、灵活。教学磁板既能替代黑板教学的功能，又有利于环保卫生和教练员的健康。

教练员可以利用磁板软件所包含的交通元素灵活组建交通场景，教学过程中，教练员可针对配置好的交通场景，设置各种问题，与学员共同探讨正确的驾驶行为方式，并通过交通元素位置的灵活变化，模拟出各种交通行为的后果，增强学员对知识的理解和应用，提高学员学习的主动性，克服“灌输式”教学导致的枯燥感。使用教学磁板教学，教练员可以借助画面演示等方式，促进学员的理解，教学内容直观、生动。教学磁板除了能利用已有的交通元素灵活地组建各种交通场景外，还有助于教练员对教学素材的拓展，能够保存教练员自行收集的教学背景图片，以增强教学磁板的地区适应和教学的灵活性。教学磁板的界面整洁，教练员操作时，更多的是采用点击或拖拽图标的方式，针对相对难以理解的功能进行详尽的操作执导。

3 汽车驾驶模拟器

汽车驾驶模拟器是一种驾驶训练的教学设备，它利用虚拟现实仿真技术营造一个虚拟的驾驶训练环境，学员通过模拟器的操作部件与虚拟的环境进行交互。汽车驾驶模拟器几乎完全“模仿”真实学车环境，能够消除驾驶初学者的恐惧心理，适时规范学员的操作，为驾校驾驶培训提供有力帮助。驾驶模拟器座舱由驾驶舱座、视景计算机、视屏、操作传感器、数据采集卡、耳机和话筒等组成。座舱包含与真实车辆相同的"五大"操纵机构：转向盘、离合器踏板、制动踏板、加速踏板和驻车制动操纵装置，与实车完全一样的灯光信号操纵装置：左转向灯、右转向灯、应急灯、喇叭、点火开关、总电开关、安全带、车门、风窗刮水器、远光灯、近光灯、远近光交替。座舱既可以进行联网训练，也可以进行单机训练。

驾驶模拟器能模拟各种道路场景,在视觉、听觉和操作感觉上为学员提供一种实际操作训练的仿真环境,能够训练和提高学员基本驾驶操作技能和心智技能。使用驾驶模拟器训练,学员心情比较放松,学习动作快,采取驾驶模拟器训练与实际操作训练相结合的培训模式,能够提高学员培训的效率;能克服实际操作训练的局限性,对"恶劣条件下的驾驶"、"山区道路驾驶"等教练员难以组织的教学项目进行训练,还能节约能源降低成本,提高教学的安全性。

驾驶模拟器主要用于学员培训初期的规范操作以及实际操作训练难以组织的特殊道路交通环境训练等,如《教学与考试大纲》第二阶段基础驾驶教学项目、第三阶段模拟驾驶项目。使用驾驶模拟器教学,教练员需要了解学员的训练情况,并对学员所犯的错误进行及时的纠正。每次训练结束后,教练员应当向学员做训练情况的讲评,让学员了解训练的难点和容易出现的错误。还要引导学员在训练过程中端正训练态度,并根据《教学与考试大纲》的要求,分阶段使用模拟器进行教学。

4 教学教具

教学教具包括按照比例模仿实物结构的模型、模拟实物工作原理的示教板以及教学挂图。教学模型能够以剖面和透明的方式展现出某总成的基本结构;示教板则利用彩色有机玻璃模型、线路流向灯光等方法展现出系统的工作原理;教学挂图能直观的反映车辆某总成的基本组成、车辆零部件的内部结构等。

驾校必须配置的教学教具:

(1)教学挂图:交通信号挂图、机动车结构及工作原理挂图;

(2)模型教具:透明或实物整车解剖模型、发动机透明或解剖模型;

(3)医学救护用具:心肺复苏训练模拟人、急救用品(包括止血带、三角巾、固定夹板、包扎纱布及汽车急救包等)。

教学教具主要用于第一阶段"机动车基本知识"和"法律、法规及道路交通信号"等教学项目。教学教具适用的教学项目学员理解难度较大,因此,要求教练员的讲解要有针对性,注意解说的顺序,根据结构、按照工作流程和组成部位进行讲解,以便在短时间内完成教学任务,达到预期的教学目标。

三 教练车管理

教练车是驾校专供驾驶培训教学使用的车辆,主要用于驾驶学员的实车驾驶培训。教练车技术状况应符合 GB 7258 的要求和 JT/T 198 所规定的二级车以上技术条件,并装有副后视镜、副制动踏板、灭火器及其他安全防护装置。道路训练教练车如果条件允许,可装有副离合器踏板和副加速踏板。大型货车教练车的车厢内,还需配装车棚、座椅和上下扶梯等安全装置。

为使教练车能持久的保持良好的技术状况,延长使用寿命,杜绝机械事故,从而保证教学任务的圆满完成，应制订教练车管理制度。

1 车辆三检制度

教练车每日例行三检，一是出车前由教练员带领学员对车辆的冷却液、机油、蓄电池的三查和灯光、喇叭、传动、制动、轮胎气压的六查。二是教练中停车检查，以检查上述部位为主；并检查发动机、传动机构、行驶机构是否有异常变化，并予排除。三是收车后上检车台，进行全面检查，对检查发现的一般故障和隐患随时以小修的方式予以排除，并做好卫生整洁和清理。

2 车辆的使用制度

教练员应在每天出车前，带领学员做车辆安全检查示范，进行三检六查，合格后方可上车教练，学员耐心听从教练员宣讲当日的教练科目和注意的操作要领，虚心听从教练员指出的违章操作和驾驶失误、失控现象，确保教练车使用的合理化、规范化。

教练车的使用：

(1)教练车必须达到牌证齐全，技术性能良好，并有交通部门规定的统一教练车标识。

(2)未经批准，不准挪用教练车进行客货运输。

(3)与培训无关的人员不准乘坐教练车。

(4)教练车必须在规定的路线进行训练。

教练车的维护：

(1)教练车坚持实行日常维护，一级维护和二级维护等。

(2)日常维护由教练员负责。

(3)一级维护由教练员协助学校修理厂进行。

(4)二级维护由学校修理厂负责。

(5)教练车维护内容按照交通部门的规定执行。

(6)教练车维护后要认真填写车辆技术档案。

教练车检查：

(1)教练车检查是指对教练车的车容、安全性能、安全状况及使用情况的人工检查。

(2)检查内容：车容车貌、转向、制动、灯光的技术状况；灭火器、副制动踏板、副后视镜、副加速踏板、副离合器踏板使用性能。

(3)教练车检查采取教练员自检、训练队内教练员互检、学校安全部门抽检的方法。

(4)教练员坚持训练前、训练中和训练后“三检”制。训练队每月组织一次互检，学校每季度组织一次抽检。

(5)检查中发现故障要及时排除，确保教练车安全。

单元4 教学培训指导

模块15 交通心理学基本知识

教练员掌握一定的交通心理学知识,可以在日常教学中帮助学员进行心理分析,根据自身的心理特点,有针对性的注意培养良好的心理素质,充分发挥主观能动性,增强适应能力,保持心理稳定。

一 驾驶员安全心理学知识

驾驶员安全心理学就是研究汽车驾驶员在驾驶汽车过程中的感知、经验、决策、驾驶行为风格等心理活动的规律及其影响因素的科学,针对人、车、路、环境之间的相互作用制定预防和干预交通事故的方案,培养驾驶员有效、安全的驾驶。

1 影响驾驶安全的生理因素

影响驾驶安全的生理因素有很多,包括年龄、疲劳程度和药物影响等。

(1)年龄因素对驾驶安全的影响主要在于驾驶操作的灵活性和对道路信息处理的速率,其次驾驶员驾驶技术的提高是需要累积一定驾驶经验。

年轻驾驶员的行为特点:安全带使用较少、超速驾驶的情况屡见不鲜、驾驶过程中使用手机的频率较高。

老年驾驶员的行为特点:保守驾驶、判断力下降、容易出现失控的情况、转弯困难。

(2)驾驶疲劳容易导致驾驶员整体机能下降,是一种重要的影响安全驾驶的因素。所谓的驾驶疲劳,是指驾驶员长时间驾驶车辆,引起的心理和生理上的疲劳以及出现的技能低落的现象。其特点是厌倦继续驾驶车辆、瞌睡、疲劳、动机降低。驾驶疲劳会导致认知和精神方面的表现下降,容易导致事故的发生。

小知识

驾驶疲劳后，生理机能下降，随之出现下列症状

(1)视觉系统：视觉模糊、眼睛发涩、眼眶下陷发黑、眼球颤动，眨眼次数增多、目光呆滞；

(2)听觉系统：听力下降，辨不清声音方位和大小；

(3)呼吸系统：气喘、胸闷，呼吸困难，呼吸道、咽喉干燥；

(4)循环系统：心跳减慢，血压改变。如果心跳次数低于标准值的20%，就属于驾驶疲劳；

(5)面部表情：面部表情呆板、肌肉松弛，颜面无光、不活泼；

(6)肌肉骨骼：肌肉疼，关节痛，腰酸、背痛、肩痛，手脚酸胀；

(7)中枢神经系统：中枢神经系统代谢及功能下降，导致心智活动水平下降。

驾驶员疲劳程度严重时，会出现头脑不清欲睡、打哈欠、闭眼时间延长等现象。

(3)驾驶员在服用了某些可能影响驾驶安全的药物后，依然驾驶机动车出行，这些药物易得、常用，服用后容易产生一些不良反应，对驾驶员造成一定影响，因而容易导致车祸的发生。我们常说的药驾还包括吸食毒品后驾驶车辆。

2 影响驾驶安全的视觉因素

(1)在我们的实际生活中，有一部分人因为先天遗传、后天病变或者是药物影响等导致不能很好的识别颜色，这就是我们常说的色弱和色盲。

色弱的人，在正常光线下可以识别颜色，但是在光线刺激较少的环境下几乎分别不出颜色。色盲主要指的是红绿或黄蓝色盲，不能分辨出红绿或者黄蓝颜色。存在这两种视觉缺陷的人，在日常驾驶汽车的时候，分辨不出暗色汽车和信号灯的情况，极易造成交通事故。

(2)驾驶汽车由光线好的地方，驶入一个光线昏暗的地方，如，隧道，驾驶员会暂时性的看不清前方道路的情况，需要过一会才能看清，这种现象我们称作暗适应。教练员要了解这种生理上的现象，要指导学员在这种现象出现的情况下要提前减速，谨慎驾驶。

(3)夜间驾驶汽车的时候，有一个突出的问题就是迎面而来车辆的前灯，这种突然增加的亮光，容易使驾驶员的视觉出现短暂受损，而这种光成为眩光。驾驶员被迎面而来车辆的前灯眩晕后，需要花费大约10s的时间才能回复，对安全驾驶十分不利。

防止车灯眩光，主要从两方面入手，一是减少光的照射强度，二是改变前灯光束与眼睛的投射角度。我国《道路交通安全法》中明确规定，夜间会车应当在距相对方向150m以外改用近光灯。

3 驾驶员情绪对驾驶安全的影响

(1)不同的情绪表现会对交通安全产生影响,如,酒精不仅能直接影响驾驶员对汽车的控制,也可诱导驾驶员产生不良情绪,从而增加了驾驶过程中的安全隐患。影响交通安全的常见情绪表现主要有:愤怒、抑郁、焦虑、压力。

小知识

路怒症,顾名思义就是带着愤怒去开车。指汽车或其他机动车的驾驶员有攻击性或愤怒的行为。"路怒"(roadrage)一词被收入新版牛津词语大辞典,用以形容在交通阻塞情况下开车压力与挫折所导致的愤怒情绪。据搜狐网的调查结果,我国有60.72%的车主有怒路症。

调查结果显示,因堵车和路况不佳导致动怒的有48.1%;因看到别人违章,影响到自己行车动怒的有39.8%;因周边车辆加塞或者超车动怒的为29.7%;还有别人违章,即使没有影响到自己也动怒的有26.6%;因新手开车不懂规则动怒的有22.9%。

患了路怒症怎么办呢?专家指出,开车上路减压,避免坏情绪伴随的方式有很多种,各位驾驶员一旦觉得心烦气躁,不妨尝试以下做法:

- 学会为自己减压,切勿将不良情绪带至车内;
- 保持车内适宜温度,有助于控制情绪;
- 出门前准备周全,避免因匆忙出门忘记物品而导致不安情绪;
- 开车别在路上争吵,退一步海阔天空;
- 播放一些平淡一些的车内音乐。

(2)为了能够安全的驾驶汽车,驾驶员要经常进行情绪调节以适应复杂的交通环境。情绪调节的方法可分为内部调节和外部调节两类,内部调节主要是驾驶员通过积极的语句自我暗示,将注意力转移到驾驶以外的任务中;外部调节是指由专业人士或者心理咨询师进行专业的咨询、指导和培训,旨在解决驾驶员及其家庭成员的心理问题并调节好情绪。

二 教练员的职业心理

职业心理是人们在职业活动中表现出的认识、情感、意志等相对稳定的心理倾向或个性特征。在职业心理中,性格影响着一个人对职业的适应性,一定性格的人适于从事一定性格特质的职业;同时,不同的职业对人也有不同的性格要求。

教练员从事的一项具有特殊性要求的职业教学工作,教学对象、教学环境、教学条件,都需要教练员有健康的职业心理。教练员在教学过程中,运用教育心理学的基本知识，根据自身的心理特点，有针对性的注意培养良好的心理素质，充分发挥主观能动性，增强适应能力，保持心理的稳定。

1 关注职业心理健康，阳光执教

人在职场，心理健康很重要。良好的心理素质，不但能在社交中如鱼得水，在工作中也能起到助推的作用。相反，心理状态不佳，会形成某些隔膜和屏障，在一定程度上阻碍了工作效率和适应社会。因此，教练员在工作生活中要注重自身修养，避免病态心理，做职场心理健康人。

(1)怯懦心理。怯懦心理常见于新教练员，由于刚刚到达工作岗位，工作经验很少，阅历较浅，执教过程中底气不足。怯懦会阻碍自己计划与设想的实现，不能有效的教学和完成教学任务，怯懦心理是束缚思想行为的绳索。新教练员在执教前可以多和有丰富经验的教练员取经，多备课，多钻研，对于教学中会出现的常见问题有所准备。正式教学前，可在老教练员的带领下，模拟上课，做到胸有成竹，克服怯懦心理。

(2)排他心理。人类已有的知识、经验以及思维方式等，需要不断地更新，否则就会失去活力，甚至产生副效应。排他心理恰好忽视了这一点，表现为抱残守缺，拒绝拓展思维，促使人们只在自我封闭的狭小空间内兜圈子。执教多年的教练员对自己的教学方法非常自信，要每个学员都完全遵循他的教学模式，拒绝改变自己。但是，每个学员都有其自己的学习和行为特点，教练员要懂得因材施教，虚心接受学员的意见和建议，使自己的教学更加高效。

(3)贪财心理。有的教练员把社会上一些功利的想法带入教学中，教学的目的是为了给自己建立“有用的”人脉，因此乐于结交对自己有用、能给自己带来好处的人。对于能给自己带来好处的学员和一般的学员区别对待。也不乏一些教练员的贪财心理，表现在教学中“吃”、“拿”、“卡”、“要”，使得教练员队伍附上功利的色彩，也会为自己的职业发展道路埋下隐患。

(4)冷漠心理。有些教练员对与自己无关的人和事一概冷漠对待，甚至错误地认为言语尖刻、态度孤傲，高视阔步，就是自己的“个性”，致使别人不敢接近自己，学员更加不敢提出问题。科目考试通过率低，学员众多，工作强度大，职业倦怠等诸多因素都会让教练员出现冷漠心理，工作没有热情，不积极，应付了事。此时，教练员需要对自己进行积极的心理调试，可以找专业的心理顾问咨询，或者休假一段时间，调整自己，以饱满的热情和积极的态度迎接每一个学员。

(5)挫败心理。由于学员的个体差异，有些学员在操作能力上接受的比较慢，教练员会面临有的学员怎么教也教不会的情况。尤其是当教练员使出浑身解数来教学，但学员还是进步慢，甚至学不会。教练员难免有挫败心理，常常会怀疑自己的教学能力，影响了教学的自信心。这时候，教练员要懂得积极的自我调节，积极的寻求其他渠道寻求解决办法。

2 影响教练员职业心理健康的因素

(1)工作的内在因素。教练员工作时间长,劳动强度大,环境多变(冬季练车寒冷,夏季练车恰逢酷暑),工作时需要高度专注、时间长、精神压力大等是驾驶教学工作的内在因素。选择教练员这份职业的时候,就要意识到所面临的这些问题和挑战。既然选择了教练员这份职业,就要用积极的心态去面对。

(2)个人性格的缺陷,职业角色冲突。有些教练员自身的性格有缺陷,如:自卑,怯懦,冷漠,自私,自我封闭等。这种性格的人,不适合教练员的工作岗位。因为教练员的工作,处处需要与学员沟通,担负着传道、授业、解惑的责任,如果本身是自我封闭不爱与人沟通的人,是不能胜任教练员工作的。教练员同时在家里是父亲,儿子,丈夫等不同的角色,如果由于工作强度大,时间长,得不到家里人的理解和支持,造成角色的冲突或不相容,导致自己的心理压力过高,影响了心理健康。

(3)工作中的人际关系。教练员每天都要与学员打交道,如果协调不好和学员之间的人际关系,教学的质量和效果都要大打折扣。教练员除了搞好和学员之间的人际关系,还要协调好领导、家人的人际关系,才能保证在和谐友爱的氛围中工作,每天执教时不会有紧张和紧绷的不和谐气氛。

(4)职业发展目标。选择教练员作为职业,就要有职业发展目标和完善的职业生涯规划。让这份职业提供给教练员安全感,归属感,满足自我实现的需要。

3 职业心理健康的标准

(1)智力正常,智商在 80 以上。智力正常是人正常生活最基本的心理条件,是心理健康的重要标准。智力是人的观察力、注意力、记忆力、想象力、思维力、创造力及实践活动能力等的综合,包括在经验中学习或理解的能力,获得和保持知识的能力,迅速而成功地对新情境做出反应的能力,运用推理有效地解决问题的能力等。这是胜任一项工作的一般基础。

(2)能协调和控制情绪,心境良好。表现为情绪稳定和心情愉快。包括的内容有:愉快情绪多于负性情绪、乐观开朗、富有朝气,对生活充满希望;情绪较稳定,善于控制与调节自己的情绪,既能克制又能合理宣泄自己的情绪,情绪的表达既符合社会的要求又符合自身的需要,在不同的时间和场合有恰如其分的情绪表达;情绪反应与环境相适应。反应的强度与引起这种情境相符合。

(3)意志健全。意志是人在完成一种有目的的活动时进行的选择、决定与执行的心理过程。意志健全者在行动的自觉性、果断性、顽强性和自制力等方面都表现出较高的水平。

(4)人格完整和谐。人格是个体比较稳定的心理特征的总和。人格完善就是指有健全统一的人格,个人的所想、所说、所做都是协调一致的。人格完善包括人格作为人的整体的精神面貌能够完整、协调、和谐地表现出来；具有正确的自我意识，不产生自我同一性混乱，以积极进取的人生观作为人格的核心，并以此为中心把自己的需要、目标和行动统一起来；思考问题的方式是适中与合理的，待人接物常常采取恰当灵活的态度，对外界刺激不会有偏颇的情绪和行为反应；能够与社会的步调合拍，也能和集体融为一体。

（5）自我评价正确。正确的自我评价是心理健康的重要条件。自我观察、自我认定、自我判断和自我评价能使自己恰如其分地认识自己，摆正自己的位置，既不以自己在某些方面高于别人而自傲，也不以某些方面低于别人而自卑；对自己不会提出苛刻的、非分的期望与要求；对自己的生活目标和理想也能定的切合实际；面对挫折与困境，能够自我悦纳，喜欢自己，接受自己，自尊、自强、自制、自爱适度，正视现实，积极进取。

（6）人际关系和谐。良好而深厚的人际关系，是事业成功与生活幸福的前提。其表现为：乐于与人交往，既有广泛而深厚的人际关系，又有知心朋友；在交往中保持独立而完整的人格，有自知自明，不卑不亢；能客观评价别人和自己，善取人之长补己之短，宽以待人，乐于助人，积极的交往态度多于消极态度，交往动机端正。

（7）适应正常。个体应与客观现实环境保持良好秩序，既要进行客观观察以取得正确认识，以有效的办法应付环境中的各种困难，不退缩；又要根据环境的特点和自我意识的情况努力进行协调，或改变环境适应个体需要，改造自我适应环境。

4 教练员职业心理健康的自我调试

（1）学会情绪管理。情绪是个体对外界刺激的主观的有意识的体验和感受，具有心理和生理反应的特征。情绪的特点主要有自我觉察能力、自我调控能力、自我激励能力、对他人情绪的识别能力、处理人际关系的能力。教练员在教学中，要注意监控自己的情绪变化，控制自己的情绪活动以及抑制情绪冲动，学会自我激励、自我把握，有效地摆脱焦虑、沮丧、激动、愤怒或烦恼等因为失败或不顺利而产生的消极情绪的能力，尽力发挥出自己的创造潜力，及时调整自己在教学中的不良情绪。另外，注意觉察学员的情绪变化，调节与控制学员情绪反应，并能够使学员产生自己所期待的反应的能力。

（2）学会压力管理。压力是当人们去适应由周围环境引起的刺激时，身体或者精神上的反应。压力有以下三方面内涵：一是一种主观的反应。二是由压力源引起。三是压力的大小与压力源的大小成正比，与个人身心承受压力的强弱程度成反比。例如：学员因为不满意教练员的教学方式和效果，要求驾校办理退学手续，这对教练员而言就会产生压力。压力可以分为预期的压力，情境的压力，慢性的压力，残留的压力五种类型。预期的压力是由对未来的忧虑所引起的；情境压力是现在的压力；是由于情景环境而导致的压力；慢性压力是长时间积累的压力；残留的压力是过去的压力。这些压力有消极的一面，同样也有积极的一面。教练员要充分考虑到教学中来自各方面的压力，利用压力的积极性一面，学会化解和疏导压力，使压力变为激励教练员把工作的动力。

小知识

教练员日常减压妙方

1. 运动减压

运动分为有氧运动和无氧运动。有氧运动:是指人体在氧气充分供应的情况下进行的运动,如步行、慢跑、滑冰、游泳、骑自行车、打太极拳、跳健身舞、做韵律操等。它的特点是强度低,有节奏,持续时间较长。无氧运动:是指肌肉在"缺氧"的状态下高速剧烈运动,如赛跑、举重、投掷、跳高、跳远、拔河、肌力训练等。它的特点是时间短、强度大。

运动之所以能缓解压力,让人保持良性、平和的心态,与腓肽效应有关。腓肽是身体的一种激素,被称为"快乐因子"。当运动达到一定量时,身体产生的腓肽效应能愉悦神经,甚至可以把压力和不愉快带走。通常来说,有氧运动能起到很好的缓解压力的作用。

生活、工作中遇到压力,可以选择去运动。但是,带着太大的压力或不良情绪去运动,在运动中会思绪杂乱,注意力不集中,这样不仅起不到减压的作用,反而会适得其反,导致精神紧张、身体疲劳,压力也变得更大了。

2. 呼吸放松

控制呼吸有良好的压力疏解作用。如果你的呼吸是从胸部和肩部开始的,说明你还没有利用肺的全部容量,最有效的呼吸方式是从腹部开始的。下面介绍一种顺腹式呼吸放松的方法:

(1)坐在一张舒适的椅子上(不能是软沙发)。

(2)背部微贴椅背,肩部自然下垂。

(3)尽量扩胸并扩大肺活量。

(4)深呼吸,吸气时小腹微微凸起,呼气时小腹凹下。

3. 肌肉放松

身体紧张会导致精神紧张,学会放松身体可以促进精神放松,降低紧张程度。

(1)安排一个方便的时间、地点并定期练习。

(2)穿宽松的衣服,平躺在沙发或床上,最好将膝部适当垫高,使背部后仰,放松脊柱。

(3)交替做肌肉收缩、肌肉放松。由上往下依次是:前额、眼睛、头皮、下巴、嘴、颈部、肩部、胸部、胳膊、腰、臀、大腿、小腿。

(4)紧张的动作做10~15s。放松的动作做15~20s。一次做两组。

4. 改善睡眠

压力会导致人们长期睡眠不足或睡眠质量低下。良好的睡眠是缓解压力的重要保证。改善睡眠要做到以下几点：

(1)作息要有相对固定的时间表，养成有规律的睡眠习惯。

(2)不要吃催眠药物，少摄入咖啡因和酒精。一杯热牛奶或一些草本植物制剂也会有助于睡眠。

(3)睡前放松。睡前两小时之内停止一些令人兴奋的活动或工作，可以听听音乐、读读小说、看看电视或闭目养神。

模块16 汽车新技术、新能源

随着汽车电子技术、通信技术、代用燃料使用技术的不断进步以及新材料的运用，进一步提升了汽车使用过程中的安全、节能与环保状况。充分了解这些新技术和新知识，才能更加合理地使用汽车，保持车辆良好的技术性能，发挥新技术的作用。

一 汽车新技术

1 废气涡轮增压技术

废气涡轮增压技术，是指通过涡轮回收部分发动机排气能量，驱动压缩机对发动机进气进行压缩，使小排量发动机获得更多的进气量，从而达到与较大排气量自然吸气发动机相当功率水平的技术。涡轮增压技术在保证发动机动力性的前提下，减小了发动机排量，大幅改善了发动机的经济性，进而降低了 CO_2 气体的排放。在具有相同功率的前提下，增压发动机的排量可比自然吸气式发动机排量减小 18% ~35%，燃油经济性可提高 10% 左右。

使用涡轮增压发动机应注意的事项：

(1)起动发动机后，原地保持发动机怠速运转 1min 以上(发动机转速表显示降至最低怠速状态)；冬季气温较低时可适当延长怠速运行时间，使冷却液温度升高，润滑油流动性变好，从而使涡轮增压器得到充分润滑，延长涡轮增压器的使用寿命。

(2)停车后，保持发动机怠速运转 3min 以上，待发动机温度充分冷却后再熄火。发动机长时间高速运转后，涡轮增压器处于高温状态。此时突然熄火，涡轮增压器内部的热量无法被润滑油带走，这样会损坏涡轮增压器。

(3)为了保证涡轮增压器在高温和高速环境下的有效润滑，必须选择抗磨性好、耐高温的合成机油或半合成机油。

(4)保持空气滤清器、机油滤清器等的清洁,防止灰尘和杂质进入涡轮增压系统,造成磨损。

2 高压共轨技术

高压共轨技术是指,在高压油泵、压力等传感器、共轨管、喷油器和电控单元组成的闭环系统中,将喷射压力的产生和喷射过程彼此完全分开的一种供油方式。这种供油方式可以大幅度减小柴油机供油压力随发动机转速的变化,从而克服传统柴油机的缺陷,提高柴油机的燃烧效率,降低尾气排放。相对传统的柴油发动机,高压共轨发动机的燃烧效率提高8%,二氧化碳排放降低10%,噪声下降15%。

高压共轨系统各部件的精密度要求非常高,在驾驶装有高压共轨发动机的汽车时,应该注意选用清洁度高的柴油,加装柴油滤清器,缩短油箱中油水分离器的更换周期。

3 尾气后处理装置

尾气后处理技术是选择性催化还原技术(SCR 技术),在原来的尾气净化系统的基础上,加装一套调节尾气处理液喷射量的喷射和控制系统(简称 SCR 系统)。SCR 系统包括装载柴油机尾气处理液(俗称车用尿素)的尿素罐、SCR 催化反应罐。

排气管中有氮氧化合物(NOx)时,SCR 系统尿素罐会自动喷出尿素水溶液,尿素水溶液和氮氧化合物(NOx)在 SCR 催化反应罐中发生氧化还原反应,生成无污染的氮气和水蒸汽排出。采用尿素—SCR 净化方案的发动机,可以降低 NOx 排放量50%以上,而且还可节省5%~7%的燃油消耗,扣除因使用尿素而增加的费用,还有2%~3%节油优势。

驾驶安装 SCR 系统车辆的注意事项:

(1)在发动机熄火后,SCR 系统计量喷射装置还需要在供电状态下抽干喷射管道中的残渣,以防尿素结晶堵塞。因此,熄火后仍应保持通电状态1min 以上,再拔取车钥匙。

(2)虽然 SCR 系统的故障不会影响发动机的正常工作,但系统不正常工作或停止工作时,车辆尾气排放将不能达到标准,因此,应严格按发动机厂家的规定做好系统维护。

二 汽车卫星定位系统

汽车卫星定位系统(简称卫星定位系统)是指以提供车辆实时位置和状态信息为特征,提供车辆实时动态数据,能对服务范围内的汽车进行管理和控制的综合性信息处理系统。

卫星定位系统由车载终端、监管平台、计算机通信网络等组成,通过系统各组成部分之间互联互通,实现业务管理以及数据交换和共享,是加强车辆监管,预防和减少道路交通事故、有效遏制重特大事故、实现道路交通科学发展、安全发展的重要工具。

1 卫星定位系统车载终端

车载终端是指安装在道路运输车辆上满足工作环境要求，具有卫星定位系统、移动网络接入、道路运输车辆行驶记录、道路运输车辆相关信号采集和控制，与其他车载电子设备进行通信，提供监管平台所需的信息，完成卫星定位系统对车辆控制功能的装置。驾驶员通过按键、触摸屏或遥控器等方式操作终端，终端通过语音报读设备与显示设备，结合信号灯或蜂鸣器等设备向驾驶员提供信息。

车载终端具有自检功能、定位功能、通信功能、信息采集功能、行驶记录功能、电召服务功能、多中心接入功能。

(1)自检功能：通过信号灯或显示屏明确表示车载终端当前主要状态，若出现故障，则显示故障类型等信息，存储并上传至监控中心。

(2)定位功能：提供实时的时间、经度、纬度、速度、高度和方向等定位状态信息，同时通过无线通信方式上传至监控中心。

(3)信息采集功能：终端可采集驾驶员身份、电子运单、车辆 CAN 总线数据、车辆载货状态、车辆运营数据、收费结算数据、图像、音频、视频等信息。

(4)行驶记录功能：可记录行驶状态数据、车辆行驶里程等信息。

(5)监听功能：终端具有车辆 ACC 点火检测功能。当车辆熄火后，终端向监控中心发送车辆熄火信号并自动进入休眠状态。

(6)警示功能：分为人工报警与自动提醒，人工报警是指驾驶员根据现场实际情况触发的报警，包括：当遇到抢劫、交通事故、车辆故障等紧急情况，驾驶员通过触动应急报警按钮向监控中心上传报警信息，同时关闭语音报读模块。如果终端具有图像、视频、音频采集功能，应立即启动该功能。自动提醒指驾驶员不对终端进行任何操作，终端根据监控中心设定的条件触发，包括：区域提醒、路线偏离提醒、超速提醒、疲劳驾驶提醒、蓄电池欠电提醒、断电提醒、超时停车提醒、终端故障提醒。

2 卫星定位监控平台

监控平台是指以计算机系统及通信信息技术为基础，通过卫星定位技术等手段，实现对管辖范围或服务范围的车载终端和用户进行管理的系统平台。主要实现对平台中的车辆安全运营的实际监控，具备报警及警情处理、车辆监控、路线监控、行驶状态监控、统计分析、终端管理等功能。

三 汽车新能源

汽车新能源是指除汽油、柴油发动机之外其他能够驱动汽车行驶的能源。包括混合动力、纯电力(包括太阳能汽车)、燃料电池、燃气汽车、生物乙醇等。

1 混合动力

混合动力是指采用传统燃料的汽车,同时配以电动机来改善低速动力输出和燃油消耗。按照燃料种类的不同,主要又可以分为汽油混合动力和柴油混合动力两种。

混合动力汽车可按平均需用的功率来确定内燃机的最大功率,此时处于油耗低、污染少的最优工况下工作。需要大功率内燃机功率不足时,由电池来补充;负荷少时,富余的功率可发电给电池充电,由于内燃机可持续工作,电池又可以不断得到充电,故其行程和普通汽车一样。可关停内燃机,由电池单独驱动,实现"零"排放。

2 电力

采用电力驱动汽车,大部分车辆直接采用电机驱动,有一部分车辆把电动机装在发动机舱内,也有一部分直接以车轮作为四台电动机的转子。电动汽车本身不排放污染大气的有害气体。

3 燃料电池

燃料电池汽车是指以氢气、甲醇等为燃料,通过化学反应产生电流,依靠电动机驱动的汽车。其燃料电池的能量是通过氢气和氧气的化学作用,而不是经过燃烧,直接变成电能或的。燃料电池的化学反应过程不会产生有害产物,因此燃料电池车辆是无污染汽车,燃料电池的能量转换效率比内燃机要高 2 ~ 3 倍。

4 燃气

是指用压缩天然气、液化石油气、液化天然气、二甲醚等气体作为燃料驱动汽车行驶的燃气。燃气汽车由于其排放性能好,可调正汽车燃料结构,运行成本低、技术成熟、安全可靠,所以被公认为当前最理想的替代燃料。

5 生物乙醇

乙醇俗称酒精,在汽车上使用乙醇,可以提高燃料的辛烷值,增加氧含量,使汽车缸内燃烧更完全,可以降低尾气有害物的排放。使用乙醇可采取掺烧和纯烧两种应用方式。掺烧,指乙醇和汽油掺合应用。在混合燃料中,乙醇的容积比例以"E"表示,如乙醇占 10%,15%,则用 E10,E15 来表示。纯烧,即单烧乙醇,可用 E100 表示。

模块 17 驾驶教练员培训教学计划

机动车驾驶教练员培训教学计划是培训课程设置的整体规划,教练员在教学中要根据教学计划开展教学活动。培训机构在培训前,要制订详细的培训计划,内容包括培训目标、培训对象、课程设置和顺序、培训方式、培训方法、培训时间与学时分配。

培训总计划表

序号	计划项目	内容				
		理论教学	基础驾驶学	场地驾驶教学	道路驾驶教学	教学管理
1	培训项目	机动车驾驶培训				
2	培训时间	年 月 日	年 月 日	年 月 日	年 月 日	年 月 日
3	培训人数					
4	培训课时					
5	培训班次					
6	培训教材					
7	培训大纲					

(理论、实操)培训教学计划表

序号	培训时间	培训地点	教练员	培训项目	内容及要求	课 时
1						
2						
3						
4						
5						

一 教学计划内容

1 培训目标

通过培训,学员应掌握驾驶教练员的职业特点、工作内容、技能要求和相关知识;具备驾驶教练员的专业知识,符合驾驶教练员的职业资格条件。

2 培训对象

符合驾驶教练员申请条件的人员。

3 课程设置和顺序

理论教学、基础驾驶教学、场地驾驶教学、道路驾驶教学、教学管理。

4 教学要求

掌握教练员的职业特点、工作内容、技能要求和相关知识等内容。

5 培训方式

按照“保证质量、方便学员”的原则,集中培训和自学相结合。

6 教学方法

理论教学采用课堂多媒体及网络等相结合的方法。驾驶操作教学采用模拟设备、教练车相结合的方法、教练员讲解和示范,重点指导学员操作。突出重点,联系实际,借助教练车、驾驶模拟器等教学设备。

7 培训时间与学时分配

培训时间按学时计算,每个学员的培训时间四级不少于150学时,三级不少于120学时。学时分配根据四级教练员工作要求中的内容进行安排。

二 四级机动车教练员教学计划

1 理论知识教学

主要设计了教学准备、道路交通安全法律法规、道路交通信号、车辆基本常识、安全驾驶理论、常见危险化学品知识、伤员救护基本知识、车辆消防知识、道路交通事故的预防、节能减排、文明和安全教育等内容。

2 基础驾驶教学

主要设计了教学准备、基础驾驶常识、车辆基本结构实习、上下车动作及驾驶姿势、驾驶操纵装置和仪表、发动机起动、起步和停车、制动、转向、换挡倒车、车辆行驶和停车位置判断、模拟驾驶等内容

3 场地驾驶教学

主要设计了场地道路驾驶、场地项目驾驶、场地模拟驾驶等内容。

4 道路驾驶教学

主要设计了一般道路驾驶、恶劣条件及复杂道路驾驶等内容。

5 教学管理教学

主要设计了学员管理、学时和质量评估、教学设施设备管理和维护等内容。

理论教学计划表

授课内容	教学重点	课时安排
教学准备	理论教案、教学计划的编写、教学设备、网络教学知识	8学时
道路交通安全法律法规	车辆和驾驶人规定 道路通行条件及规定 高速公路特别规定 交通违法处罚种类、处罚标准 机动车登记相关知识 道路交通事故处理相关知识 机动车驾驶证申领与使用相关知识 交通违法行为处罚知识 交通肇事罪、危害公共安全罪构成要素 交强险知识 道路运输基本知识	6学时

续上表

授课内容	教学重点	课时安排
道路交通信号	交通信号灯的分类和含义 交通标志的分类和含义 交通标线的分类和含义 交通警察指挥手势的分类和含义	4 学时
基础驾驶常识	汽车发动机、底盘、电气设备和车身的组成与功能 车辆性能评价指标知识 影响车辆制动性能的原因及危害 油料、轮胎的种类及使用要求 车辆日常检查和维护的内容和方法	8 学时
安全驾驶理论	一般道路的特点、行车方法和注意事项 城市道路的特点、行车方法和注意事项 典型道路及恶劣气象条件的特点、安全驾驶方法和注意事项 驾驶中紧急情况的处置原则和措施 高速公路行车中的紧急避险方法和要求 险桥、险路的危险程度预测方法和处置知识 保护行人、乘车人和非机动车的安全知识	10 学时
常见危险化学品知识	常见危险化学品的种类、特性知识 常见危险化学品运输审批和通行要求 常见危险化学品爆炸、失火事故处理原则和方法	2 学时
伤员救护基本知识	自救的方法和要求 互救的方法和要求	2 学时
车辆消防知识	车辆火灾原因和预防知识 车辆火灾扑灭方法 灭火器的使用知识	2 学时
道路交通事故的预防	超速行驶、酒后驾驶、疲劳驾驶、客车超员、货车超速的事故成因 交通事故预防知识 典型事故分析方法与警示	4 学时
节能减排	车辆技术对节能减排的影响 驾驶技能与节能减排的关系 节能驾驶操作知识 环境保护相关知识	2 学时
文明和安全教育	驾驶道德规范知识 交通文明出行基本知识 安全驾驶理念知识 客货运输服务规范内容和要求	4 学时
合　计		48 学时

基础驾驶教学计划表

授课内容	教学重点	课时安排
教学准备	编写驾驶操作教案、教学计划的依据、方法和要求 检查教学车辆和驾驶模拟器的方法和要求	2 学时
基础驾驶常识	汽车驱动力和各种阻力知识 汽车行驶条件知识 练习次数与技能形成关系 基础驾驶不安全因素分析	4 学时
车辆基本结构实习	整车基本结构知识 发动机动力传递方向和路线知识 更换车轮的方法和要求	4 学时
上下车动作及驾驶姿势	上车前绕车安全检查知识 上、下车观察和动作要领 座椅、头枕、后视镜、安全带检查和调整的方法和要求 正确的驾驶姿势	2 学时
驾驶操纵装置和仪表	驾驶操纵装置识别和操作方法 各种仪表和报警装置的含义 残疾人汽车驾驶迁延装置的功能和操作方法	2 学时
发动机起动	发动机起动前检查的内容和方法 发动机起动、升温和停熄方法及要求	1 学时
起步和停车	起步操作方法 停车操作方法	2 学时
制动	发动机牵制作用知识 预见性制动、紧急制动的方法和要求 ABS 装置使用知识	1 学时
转向	最小转弯半径、内(外)轮差和车辆行驶轨迹知识 各种弯道的操作内容和要求	1 学时
换挡	挡位的区分和运用知识 换挡的操作内容和要求	1 学时
倒车	各种倒车操作内容和要求 “L”、“S”形倒库(位)操作要领	2 学时
车辆行驶和停车位置判断	参照点选择和运用 车辆行驶和停车位置的判断方法	2 学时
模拟驾驶等内容 车辆消防知识	驾驶模拟器的分类和使用常识 使用驾驶模拟器训练的方法	2 学时
合计		26 学时

场地驾驶教学计划表

授课内容	教学重点	课时安排
场地道路驾驶	安全平稳起步、停车的操作方法 加速、减速行驶和换挡、倒车的安全操作要领 判断安全状况，保持车辆沿正确的位置和路线行驶	2学时
场地项目驾驶	倒车入库场地设置、驾驶操作方法 坡道定点停车和起步场地设置、驾驶操作方法 侧方停车场地设置、驾驶操作方法 曲线行驶场地设置、驾驶操作方法 直角转弯场地设置、驾驶操作方法 通过限宽门场地设置、驾驶操作方法 通过连续障碍场地设置、驾驶操作方法 起伏路行驶场地设置、驾驶操作方法 通过单边桥场地设置、驾驶操作方法 窄路掉头场地设置、驾驶操作方法 侧方移位、倒车进库场地设置、驾驶操作方法	10学时
场地模拟驾驶	模拟高速公路驾驶操作 模拟连续急弯山区路驾驶操作 模拟隧道驾驶操作 模拟雨(雾)天驾驶操作 模拟湿滑道路驾驶操作 模拟紧急情况处置操作 跟车速度感知操作 独立在场内安全驾驶车辆操作	10学时
合计		22学时

一般道路驾驶教学计划表

授课内容	教学重点	课时安排
起步和靠边停车	实际道路起步、停车的观察、操作方法、注意事项	2学时
直线行驶	实际道路上控制车辆直线行驶的操作方法、注意事项	2学时
变更车道	实际道路上安全变更车道观察、操作方法、注意事项	2学时
通过路口	实际道路上安全通过路口的观察、操作方法、注意事项	2学时
会车、超车、让超车	实际道路上会车、超车、让超车的观察、操作方法、注意事项	2学时
通过人行横道	通过人行横道的观察、操作方法、注意事项	2学时
通过学校区域	通过学校区域的观察、操作方法、注意事项	2学时
通过公共汽车站	通过公共汽车站的观察、操作方法、注意事项	2学时
掉头	掉头前的观察 掉头地点和行驶路线的选择	2学时
夜间驾驶	夜间灯光的使用、路面情况判断、驾驶方法和注意事项	2学时
行驶路线选择	行驶路线的自行选择和独立地安全驾驶	2学时
合计		24学时

恶劣条件及复杂道路驾驶教学计划表

授课内容	教学重点	课时安排
恶劣条件驾驶	摩擦系数、附着能力、能见度基本知识 恶劣条件驾驶心理承受能力知识 恶劣条件驾驶知识	4 学时
山区道路驾驶	山区道路车速控制和行驶路线选择 山区道路驾驶的要领和方法 山区道路视线盲区、消除恐惧感的知识	4 学时
高速公路驾驶	高速公路特点 高速公路驾驶的要领和方法	4 学时
合计		12 学时

教学管理教学计划表

授课内容	教学重点	课时安排
学员管理	学员服饰、饮食和计时卡使用知识 学员检查、擦洗车辆的方法和要求 安全训练措施的内容和落实要求	4 学时
学时和质量评估	《教学日志》填写的方法和要求 《驾驶培训记录》填写的方法和要求 驾驶培训计时卡使用知识 培训质量评估方法和要求	4 学时
教学设施设备管理和维护	检查和调试计算机、投影仪、教学磁板、教学模型	2 学时
合计		10 学时

三 三级机动车教练员教学计划

1 理论知识教学

主要设计了教学准备、道路货运及道路运输从业人员管理规定、安全装置、汽车使用技术、汽车常见故障、一般货物运输知识、道路危险货物与运输知识、货运安全生产知识等内容。

2 专业知识应用教学

主要设计了教学准备、牵引车的连接与分离、牵引车停靠货台、货运车辆安全检视、货运车辆更换轮胎等内容。

3 教学管理教学

主要设计了学员管理、学时和质量评估、教学设施设备管理等内容。

理论教学计划表

授课内容	教学重点	课时安排
教学准备	《道路货运及道路运输从业人员管理规定资格培训教学大纲》知识 《道路危险货运输驾驶员从业资格培训教学大纲》知识 简单多媒体课件脚本的基本要求、方法	8 学时
道路货运及道路运输从业人员管理规定	道路运输经营和道路运输业务知识 道路运输从业人员的资格、考试和行为管理知识 道路货物运输经营许可、货运车辆管理和货运经营管理知识 道路运输企业和驾驶员诚信考核的方法、内容和记分知识	10 学时
安全装置	牵引车(汽车列车)制动系统结构特点和工作情况	6 学时
汽车使用技术	汽车维护分类和作业内容 车辆外廓尺寸、轴荷及质量限制要求 道路运输车辆改装管理规定 影响轮胎使用寿命因素和正确使用方法 燃料消耗影响因素及营运车辆节能驾驶方法 汽车行驶记录仪和车用导航系统使用方法	8 学时
汽车常见故障	汽车发动机、底盘和电器常见故障的成因、现象、判断、处理方法	10 学时
一般货物运输知识	《汽车货物运输规则》相关知识 运输价格、质量和效率等基本知识 限运、禁运、凭证运输物品的种类、特点知识 鲜活、易腐货物运输的特点及在装卸、运输中的要求 集装箱、冷藏保鲜设备、罐式容器等专用运输要求 道路运输合同种类和主要内容 外商投资道路货物运输经营许可和经营行为要求 国际道路货物运输经营许可和经营行为要求	6 学时
道路危险货物与运输知识	《汽车运输危险货物规则》相关知识 《危险货物品名表》及其适用知识 危险货物包装常识 道路运输危险货物车辆标志 道路运输危险货物运输托运及承运知识 道路运输危险货物运输驾驶员、押运员、装卸管理人员基本要求 道路运输危险货物运输装卸条件及基本要求 道路运输危险货物运输、装卸和押运事故应急预案知识 道路危险货物运输、押运、装卸安全及事故应急措施 危货承运人责任险费率和理赔知识	6 学时
货运安全生产知识	道路交通安全法规中关于货物运输和货运驾驶员的规定 货运驾驶员安全驾驶行为规范和知识 货运安全生产操作规范知识 货运车辆、事故隐患排除、事故应急预案等管理制度 货物运输和货运驾驶员违法事故典型案例分析 应急中的驾驶员响应知识	6 学时
合计		60 学时

专业知识应用教学计划表

授课内容	教学重点	课时安排
教学准备	编写货运驾驶员教学实施计划的依据、方法和要求 更换车轮专用工具的要求	4 学时
道路货运及道路运输从业人员管理规定	道路运输经营和道路运输业务知识 道路运输从业人员的资格、考试和行为管理知识 道路货物运输经营许可、货运车辆管理和货运经营管理知识 道路运输企业和驾驶员诚信考核的方法、内容和记分知识	6 学时
牵引车的连接与分离	牵引车与挂车连接的操作方法和要求 牵引车与挂车分离的操作方法和要求	2 学时
牵引车停靠货台	牵引车倒车尾靠货台的驾驶操作方法和要求 牵引车倒车侧靠货台的驾驶操作方法和要求 牵引车前进侧靠货台的驾驶操作方法和要求	8 学时
货运车辆安全检视	货运车辆安全检视的顺序规定和方法 货运车辆安全检视部件的技术标准和要求	4 学时
货运车辆更换轮胎	更换车轮的要求和方法 更换车轮工具实用知识	6 学时
合　　计		30 学时

专业知识应用教学计划表

授课内容	教学重点	课时安排
学员管理	学员结业考试的内容、方法和要求 考核用车辆和场地的检查和准备 结业考核成绩评定标准	6 学时
学时和质量评估	货物运输驾驶员从业资格培训《教学日志》的填写方法和要求 货运驾驶员从业资格培训质量评估方法	6 学时
教学设施设备管理	货物运输驾驶员从业资格培训车辆、场地和设备的维护和管理知识 危险货物运输从业资格培训场地和设备的维护和管理知识	6 学时
合　　计		16 学时

模块 18　实操教学法运用知识

在实际操作训练中，常用示范教学法、模拟教学法、练习教学法和训练与复习教学法等教学方法进行教学。教练员在教学中应随时根据教学项目、教学内容、教学目标、学员特点和教学条件等因素灵活地、创造性地选择和使用这些教学方法，并通过观察、了解教学效果和学员的反应，对教学方法进行不断调整，以达到教学效果的最优化。

一 示范教学法

示范教学法是按照学员操作技能形成的规律，遵循由易到难、由简到繁、循序渐进的原则，通过对训练项目动作的分析，将其分解为若干相互衔接的简单基本动作，向学员进行讲解、示范；让学员在熟练掌握这些基本动作的基础上，进行协调训练而形成连贯动作，最后熟练掌握动作，并形成动作定势的教学方法。

1 示范教学法的特点

示范教学法能够培养学员的感性认识，教练员通过讲解和示范，使学员对动作获得感性认识；便于理解和模仿，示范教学法强调学员的观察能力和领悟能力，在实施过程中，教练员先给学员做示范动作，学员在旁边观察、理解并加以模仿，通过反复练习掌握该动作。

2 示范教学法的应用

示范教学法是教练员在实际操作教学中常用的方法之一，主要的形式有连贯动作示范、分解动作示范、对比动作示范。

连贯动作示范：将《教学与考试大纲》中某个训练项目动作进行完整的、连贯的示范。如：对倒车入库的操作进行示范。

分解动作示范：将某个复杂的训练项目动作分解成为若干相互衔接的简单动作，分别向学员进行的示范称之分解示范。如：在对学员进行倒车训练时可将操作动作分解成在车辆静止状态下的倒车驾驶姿势示范和在倒车过程中控制车辆接近倒车目标的示范。

对比动作示范：将学员练习时经常出现的错误操作动作和正确的操作动作分别进行示范，使学员能够直观、清晰的进行观察和对比，从而促进教学质量的提高。如：在进行转向盘操作教学时，将掏转向盘、窜转向盘等错误操作动作和正确操作转向盘的操作动作进行对比示范。

示范动作和讲解要领，是相辅相成的。在开始训练时，教练员首先要向学员说明本次训练的项目、内容、基本要求、训练的难点和训练安排，并对复杂动作进行合理分解，帮助学员了解本次训练的内容和应达到的目标，领会动作要领，建立正确的操作技术概念。在给学员讲解动作要领时，应介绍动作的名称、作用、基本原理和技术要求等，抓住操作要点和规范，并指出学员操作中易犯的错误。讲解的主要形式有集体讲解、单独讲解、车上讲解、车下讲解。

集体讲解，是教练员对多名学员进行的讲解，常应用于一车多人式的小组训练教学。

单独讲解，是教练员单独对一名学员进行的讲解，常用于一对一的驾驶训练教学。

车上讲解，是教练员在教练车上对学员进行的讲解，常用于场地驾驶（第二阶段）和实际道路驾驶(第三阶段)训练教学。

车下讲解,是教练员在教练车下对学员进行的讲解,常用于训练前、训练结束后在车下进行的讲解。

3 示范教学法应用时的注意事项:

(1)教练员对训练科目的动作本身要有深刻的认识,具备分解动作的能力。

(2)教练员在进行动作示范前,先要对动作进行简单讲解,在学员练习过程中,要及时指导。

(3)教练员应当正确无误和清楚地进行示范,也可以适当夸张地示范某个动作过程,便于学员观看。

(4)教练员进行示范教学时,动作训练的进度和难度要考虑学员的心理特点和掌握程度。

二 模拟教学法

模拟教学法是利用某种教学手段创造一种情景,让学员在这种情景下反复练习,进而获得驾驶知识和驾驶技能的方法。模拟教学法包括模拟设备教学、模拟情境教学和模拟场地教学。

模拟设备教学以硬件模拟设备或多媒体动画模拟软件为教学支撑,如采用驾驶模拟器进行雨、雪、雾天等特殊天气下的驾驶模拟训练。

模拟情境教学是根据教学内容,模拟某一活动,如模拟事故现场,让学员掌握现场急救知识。

模拟场地教学是在教练场上进行模拟高速公路、模拟连续急弯山区路、模拟隧道、模拟雨雾天、模拟湿滑道路、模拟紧急情况等教学项目的教学。

1 模拟教学法的特点

教学过程安全,模拟设备教学可避免学员因操作失误而产生不安全的后果;采用情景教学,模拟情境教学使学员获得感性认识,并在形成一定的经验,帮助学员更牢固的掌握知识;理论联系实际,模拟教学法是一种以教学手段和教学环境为目标导向的行为引导型教学模式,学员通过模拟角色,模拟操作程序等,达到理论与实际操作的统一。

2 模拟教学法的应用

模拟教学法是在教练员指导下,让学员在接触和感受近似于真实驾驶环境和条件中进行操作的教学方法。例如,使用驾驶模拟器、多媒体动画模拟软件,向学员提供模拟训练情境的方式来提高学员技能,常用于实际操作训练,某些理论课教学也可以采用。模拟教学法可用于学员的基本动作训练、恶劣条件下的驾驶等教学项目。例如《教学与考试大纲》第二阶段基础基础驾驶项目以及第三阶段部分教学项目。

3 模拟教学法应用时的注意事项

(1)教练员要在进行模拟教学的过程中应当对学员的训练进行监督,发现错误及时纠正。

(2)教练员要对学员的训练效果进行平价,及时调整训练。

(3)教练员要在模拟训练过程中培养学员的安全意识,引导学员在训练过程中形成严肃、认真的训练态度,避免不良习惯的养成。

三 练习教学法

练习教学法是在教练员的指导下,为巩固知识、形成驾驶技能而进行反复训练的教学方法。学员通过不断的、独立的训练,运用已经具备的知识解决问题,掌握驾驶技能并养成良好习惯。

1 练习教学法的特点

动作练习是学员牢固掌握操作技能的基本途径。学员通过不断的练习,许多动作经由感官肌肉经常性的活动反应与认知观念的配合,能够形成习惯性动作,进而转化成熟练的驾驶技能,并运用自如。

2 练习教学法的应用

学员良好的实际操作技能需要通过大量的练习才能达到,因此,练习教学法可用于教学大纲中实际操作训练的各个教学项目。例如,制动操作、倒车入位等训练,学员通过反复练习,养成习惯动作。

3 纠错教学

教练员在运用练习教学法时,纠错教学是重要的环节。纠错教学是指教练员为纠正学员在驾驶汽车时出现的错误而采用的教学方法。及时纠正学员驾驶错误,对提高培训效率,保证培训质量、降低培训成本、保证训练安全,降低培训成本具有重要意义。

学员在练习时出现的错误主要表现在“驾驶技能错误”和“驾驶行为错误”两个方面。“驾驶技能错误”指的是错误的操作动作,如换挡响挡、行驶中跑方向等错误操作动作;“驾驶行为错误”指的是违法道路交通安全法律法规的行为,如连续变更两条车道、通过路口不减速等行为。

纠错要分三个步骤进行,即:指出错误现象、分析出错原因、讲解纠错方法。以纠正学员挂挡响挡错误为例来说明纠错的教学步骤,第一步指出错误现象:挂挡响挡了;第二步分析出错原因:原因是离合器踏板未踩到底就挂挡;第三步讲解纠错方法:用脚的前脚掌踩离合器踏板,直到踩不动为止,然后再进行挂挡。

如果“驾驶技能错误”不能得到及时纠正,会影响教学质量,错误重复多次会形成顽疾动作;如果“驾驶行为错误”不能得到纠正,学员就不会养成“遵章守纪”的驾驶习惯。这样一来,即使学员通过考试,还是会为以后驾驶留下安全隐患,难免不发生交通事故。所以教练员在训练中,不仅要纠正学员在技能上的错误,更要纠正学员行为上的错误,使学员牢固树立守法意识、安全意识、文明意识。

4 练习教学法应用时的注意事项

(1)教练员要使学员明确练习的目的和要求,掌握与练习相关的基本知识。在练习过程中,要实时监督并加以适当指导,发现学员出现错误时,要及时纠正。

(2)教练员要指导学员系统地练习,要循序渐进,先求动作准确性,再求动作速度,每次练习时间和次数要适量。

(3)练习教学法需要重复性的记忆或者操作,学员容易对学习过程感到枯燥乏味,因此,教练员组织练习要顾及个体差异,因材施教。

(4)每次练习完成后,教练员应当及时对练习效果做出评价,使学员了解训练的效果。

四 训练与复习教学法

训练与复习教学法是通过综合训练,让学员综合运用和检验所学的知识和技能,尽可能的使学员的技能掌握速度达到培训要求的教学方法。

1 训练与复习教学法的特点

训练与复习教学法是对学员训练效果的一种阶段性总结。学员训练完成一个阶段后,应及时对学员进行考核,以便了解学员的的训练效果,确定学员能否转入下一个阶段的训练,或者在下一个阶段训练中还需要做哪些改进,从而实现教学阶段协调性与持续性。

训练与复习教学法能提高训练的准确性和巩固所学的知识。学员通过阶段行动综合训练,可以认识到自己存在的不足,以便在后续阶段提高训练的针对性,做到有的放矢。通过阶段性的综合训练、复习已经学过的科目,学员可以巩固所掌握的知识并在大脑中形成深刻记忆,将所学过的东西长期存储到大脑中并由此将机械动作转变成下意识的动作。

2 训练与复习教学法的应用

《教学与考试大纲》把学员的驾驶培训分为三个阶段,并在每个阶段规定了一定学时的综合复习及考核。教练员可根据教学大纲的安排,在每个阶段结束或者更为灵活在每个训练科目结束时,结合先进教学手段,采用训练与复习教学法。例如,教练员采用教学磁板或多媒体动画模拟软件考核学员对“优先通行权与礼让”知识的掌握程度

3 训练与复习教学法应用时的注意事项

(1)教练员选择综合复习的时间要适当。

（2）每次综合复习完成之后，要进行分析，以便在下一个阶段中能有针对性的进行训练。

（3）综合复习的内容要与学员培训的目的和要求吻合。

模块19　驾驶培训组织

驾驶培训教学的组织是一种教学活动过程，要以一定的形式来实现教练员、学员、教学内容及环境等因素之间的关系和结构，这样就形成了教学组织形式的特点范畴。驾驶培训分为理论教学组织、模拟教学组织和实际操作教学组织。

一　理论教学组织

理论教学组织，是教练员在第一阶段、第三阶段按照《教学与考试大纲》进行的理论教学组织活动。

1　精心进行备课

教练员依据《教学与考试大纲》的要求，按照教学规律和教学规范，选择适合自己的教学习惯，使用自己设计的制作素材，制作教学多媒体课件，也可使用符合教学大纲要求的其他多媒体软件进行理论教学。

2　用好教学实施设备

教学实施设备和专业教具是重要的理论教学辅助手段，使用教学教具，让理论知识教学与教学模型进行对照，理论与实际相结合，可调动学员的学习兴趣，增加学员的感性认识和动手能力，让教学直观、形象，使学员学到的知识更加实际、扎实。

理论教学使用多媒体进行教学，可图文并茂、声像并举、能动会变、形象直观的为学员创设各种情景，激起学员的各种感官的参与，调动学员强烈的学习欲望，激发学习动机和兴趣，帮助学员提高思维能力和理解能力，培养学员的学习主动性。

教学磁板可以方便教练员再现学员培训场景，便于讲评和学员的理解，主要用于讲解交通场景的教学项目。在教学过程中，教练员应对教学场景进行精心准备，围绕教学主题设计好场景，提前设计教学场景的变换程序，根据各种问题，合理地安排教学场景中各元素地变换方法和变换地顺序，从而可以很好地控制教学地过程。

3　调节课堂气氛

课堂教学的组织和调动课堂气氛，是教练员的基本功。由于培训学员的年龄和成分比较复杂，听课注意力不稳定，起伏性大，很难保持长久。教练员要注意丰富与充实教学内容，讲课要生动活泼，案例要精彩、有吸引力，运用灵活多变的多种教学方法和手段活跃课堂气氛，促使学员的思维活动，不断处于兴奋状态，保持听课注意力。

4 重视语言表达

讲课语言的表述,是衡量教练员授课水平的一个重要因素。严肃、认真的授课姿态,亲切、幽默的语言,活跃、和谐的课堂气氛,亲切、信任的教学秩序,启发、鼓励的教学方式,设疑、提问、讨论、指导的教学互动,会让课堂的教与学生动、有吸引力,教练员和学员的感情沟通默契,教学效果明显。

5 注重自身形象

教练员给学员的外在印象非常重要,能够直接影响到学员的听课效果。教练员走进教室的良好精神状态和饱满热情的言谈举止,可以调动学员的学习热情,让学员精神振奋,产生听课激情,为专心听课做好铺垫。精彩的开场白会引起学员的注意,激发学员的听课欲望,巧妙的引入课题。教练员要用自己的热情,诚恳的态度,深厚知识,崇高的人格魅力,去教育学员,去感化学员,去影响学员。对学员耐心细致,循循善诱,心诚意恳,让学员看到教练员的风采,感受到教练员的热情,营造出良好的学习氛围。

二 模拟驾驶教学组织

模拟驾驶教学组织,是教练员在第二阶段、第三阶段按照《教学与考试大纲》的要求进行的模拟驾驶教学组织活动。

1 驾驶模拟器教学

第二阶段的基础驾驶教学必须在模拟器上组织教学,完成学员基础动作的训练教学。第三阶段复杂道路和特殊气象条件下的模拟驾驶教学,可使用模拟器组织教学,完成实际道路无法进行的训练科目。采用模拟器进行教学时,教练员要进行充分的讲解和示范,并监督学员的练习情况及时纠正学员在练习过程中出现的问题。

2 场地模拟驾驶教学

第二阶段的模拟城市街道驾驶、模拟高速公路驾驶、模拟连续急弯山区路驾驶、模拟隧道驾驶、模拟雨雪雾天驾驶、模拟湿滑道路驾驶、模拟紧急情况处置等教学内容在模拟场地组织完成教学。教练员要指导学员在场地模拟环境中,用实车进行规定科目的训练。

三 实际操作教学组织

实际操作教学组织,是教练员在第二阶段、第三阶段按照《教学与考试大纲》的要求进行的实际操作教学组织活动。

1 组织教学的风险性

场地驾驶和实际道路驾驶训练,是一门技术性较强、具有安全风险的实际操作课程，直接关系到学员的生命安全。教学组织需要严密、有序，确保教学安全，教学过程要严格遵守程序和规范，稍有疏忽就有可能造成教学事故，甚至危及生命。

2 训练前的准备

训练前的准备，对教学效果有很大的影响，教练员、教练车、教学场地是实际操作教学必备的。教练员在训练前对教练车进行必要的安全检查，熟悉教练场的设施设备和安全注意事项，排查教学过程中的所有安全隐患，确保驾驶训练教学安全、顺利进行。

3 实际驾驶操作训练教学

训练过程中的组织工作对提高教学质量，保证训练安全，使训练工作有序的进行尤为重要。教练员要制定科学的训练计划，认真组织驾驶操作训练教学，精心施教，严格要求，加强对学员的安全意识教育，严格安全训练程序，随时解决训练过程中出现的问题，及时排除安全隐患，保证驾驶训练教学的顺利完成。

对场地驾驶各科目和实际道路驾驶训练要科学安排，教学组织重点是保证学员训练时间和训练安全。教练员要严格按照训练要求和进度，合理的进行不同科目的穿插训练，提高教练车、教练场地、教学设备的利用率，保证每个学员按照规定时间完成各阶段的科目训练。

4 认真组织考核

训练项目的考核，是检验项目训练质量和巩固训练效果的重要一环。平常科目训练考核可由教练员自己进行，主要是考核学员掌握技能的情况，找出训练中存在的问题。阶段考核，是教学大纲规定的进入下一阶段的门槛，由驾校考核员对每个学员的阶段训练项目进行综合检验。学员只有在阶段考核合格后，才能进入下一阶段的训练。

模块20　驾驶培训远程教育

随着计算机网络技术的不断发展，网上学习正迅速地在全世界范围内得到普及。许多行业已经开发了较完善的远程教育平台。远程教育具有随时随地学习、内容丰富多彩的特点，恰好可以有效解决驾驶员培训过程中遇到的师资力量不足，专业水平不高，教学方法枯燥单调，难以调动学习积极性等问题。

1 驾驶培训远程教育的优势

驾驶员远程培训是以网络为载体，多媒体为教学方式，提供的一种新型驾驶培训模式。这种教育主要教学形式灵活多样、教育对象多元化、提供信息沟通平台、实现学习增值服务等优势。

(1)远程教育依靠网络平台，采用多媒体技术(文字、图片、漫画、声音、示意动画、

Flash 动画、3D 动画、视频等)将交通安全知识形象生动的表现出来。鲜活的画面、恰当的声效可以加深学员对交通安全知识的认识、理解和记忆,丰富教学课程安排,为教练和学员提供丰富多彩的教学与学习方式。能让学员体会到安全文明驾驶具体操作方法的重要性,帮助学员树立安全文明驾驶意识,提高驾驶员的整体素质。

(2)在传统理论教学中,教育对象受到年龄、地域等多种因素的制约。网络学习则把学员由传统教学的特定人群扩大到全体社会成员。任何人都可以依据需要自由选择理论驾驶知识的内容和形式,使优质教育资源得到共享。网络学习以其跨地域、跨文化、跨时空的优势,最大限度的满足各类学员学习驾驶知识的要求。

(3)行业管理部门、驾培机构可以通过互联网教学平台发布相关行业资讯、通知公告等信息,实现行业管理部门的信息公开、透明,方便学员及时了解行业动态。驾校可以实现在线预约报名、在线理论模拟预约、学时信息即时查询等功能,方便学员轻松掌握整个学习驾驶流程和进度。

(4)互联网远程教学平台分版块提供安全教育、驾驶相关知识、车辆维护保养知识、特殊情况下的驾驶注意事项等,这些知识方便学员拿到驾驶证后继续巩固学习,是驾驶学习的增值服务,可以为驾驶员安全驾驶提供良好的基础和保障。

2 驾驶培训远程教育课程体系

(1)远程教育课程建设的主要目的是建设一个有益的、有效的教学体系,使学员切实学到安全驾驶知识和技能,培养安全驾驶的道德规范,形成安全驾驶意识。

建立的课程体系,要加强学员自学能力和思考能力地培养,提高学员的互动性,提高学员学习效率。

(2)根据教学大纲等梳理出现行理论教学的课程体系,结构示意如图。

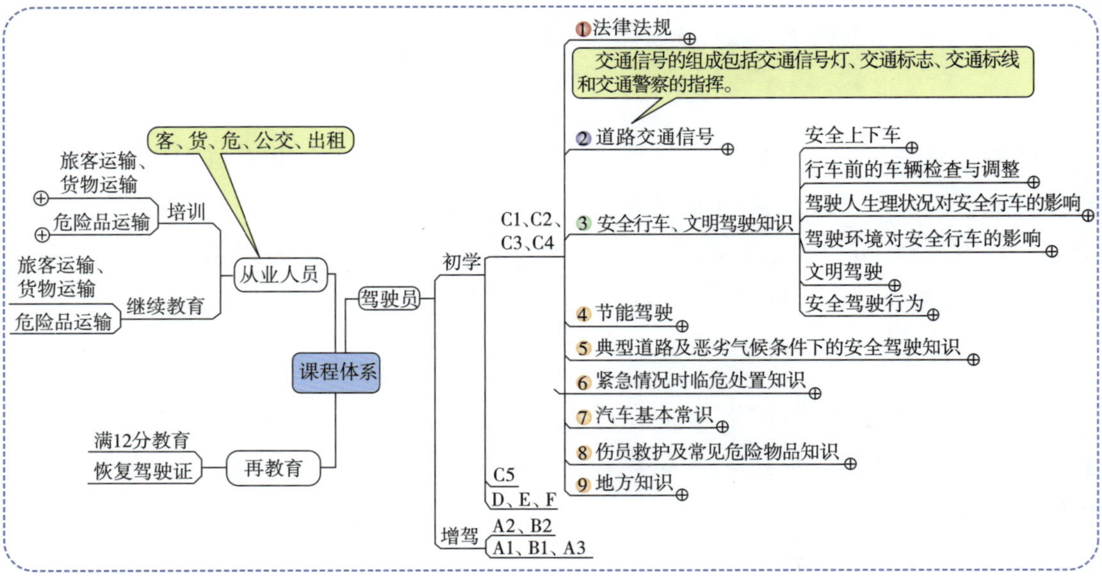

3 如何参与驾驶培训远程教育

用户根据需求仔细填写用户信息，注册会员。注册成功后，用户可输入注册名和登录密码登陆学习网站，接下来就可以根据自己的学习要求选择课程进行学习。为了检测自己的学习结果，熟练考试环境还可以在线进行模拟测试。

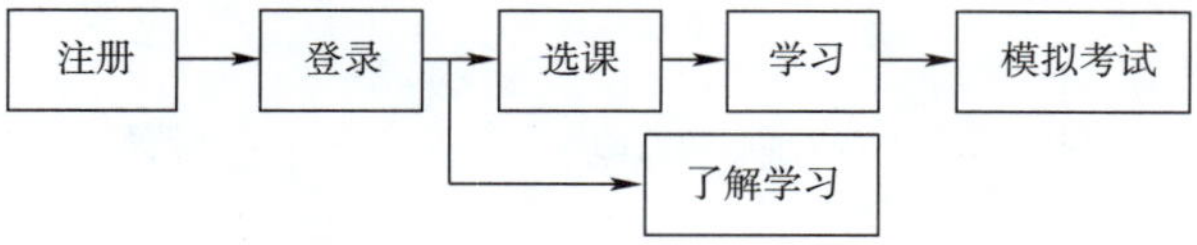

模块 21　示 范 讲 解

教示范讲解，是教练员根据自己编写的教案进行示范讲解，为其他教练员提供学习和参考的模仿，教练员教学水平和教学能力的展现。

一 理论课示范讲解

理论课示范讲解主要是课堂授课，也是教练员教学的一项基本方法。教练员根据教学大纲规定的教学内容和要求，按照教学计划编写教案，使用多媒体教学工具进行备课。通过课堂的形式，结合自己的教学经验，给三、四级教练员进行示范讲课或给学员进行教学。

1 课前准备

教练员依据教学大纲的内容、目的和要求进行备课，编写理论课教案。示范课的备课要充分，教学内容符合教学大纲的要求，教案中授课要点要清晰，内容要详细，重点要突出。教练员在认真备课的基础上，必须会使用多媒体进行课堂教学。教练员授课时的仪表仪容、语言表达都要符合要求，衣着得体、整洁，仪容规范，语言规范、表述严谨、吐字清晰、尽量使用普通话。

教案一

驾驶操纵机构理论知识

教学科目	驾驶操纵机构	教学学时	1
教学目的	系统学习驾驶操纵装制的基本原理，培养安全规范使用各驾驶操纵装置的意识		
教学要求	了解驾驶操纵装置的基本原理；掌握驾驶操纵装置的作用		
教学内容	一、转向盘 1. 基本原理 转向盘是操纵汽车行驶方向的装置，通过转向机构控制转向轮。 2. 作用 正确的运用转向盘，是保证车辆沿着正常路线安全行驶的主要因素。		

续上表

教学内容	二、加速踏板 1. 基本原理 加速踏板设置在驾驶室底部,用右脚进行操作。用以控制进入发动机汽缸内燃油和空气的量。 2. 作用 踏下踏板,发动机转速提高,动力增加。抬起踏板,发动机转速和动力下降。 三、制动踏板 1. 基本原理 踏板设置在驾驶室底部,是行车制动器的操纵装置,控制车辆减速和停车。 2. 作用 踏下制动踏板,产生制动作用,同时接通制动开关,制动灯亮。抬起制动踏板,制动解除。 四、变速器操纵杆 1. 基本原理 手动变速器操纵杆是变速器的操纵机构,通过变换变速器内不同齿轮的啮合,改变传递的转矩和转速。 2. 作用 操纵变速器操纵杆,进行加挡、减挡操作,可改变汽车的动力、速度;挂入倒挡,可使汽车实现倒车。 五、离合器踏板 1. 基本原理 离合器踏板设置在驾驶室左侧底部,是离合器的操纵装置,用以控制发动机与传动系动力的相接与脱开。 2. 作用 踏下离合器踏板,离合器分离,抬起离合器踏板,离合器结合,常用于起动发动机、车辆起步、换挡及停车。 六、驻车制动操纵装置 1. 基本原理 驻车制动器操装置,控制驻车制动系统,可使汽车可靠地停住而不溜滑。 2. 作用 驻车制动器操纵纵杆,供驻车时制动使用,拉紧制动杆起制动作用,放松制动杆,制动作用解除。
重点难点	转向盘、离合器、行车制动、加速装置、变速器、驻车制动器操纵机构的作用
教学方法	理论教练员讲解
教学工具	多媒体课件

教案二

教学科目	汽车主要安全装置理论知识	教学学时	1
教学目的	正确认识安全装置的作用,培养安全驾驶的意识		
教学要求	熟悉各主要安全装置的配置;掌握各主要安全装置的作用		
教学内容	教学步骤及参考要点: 一、安全头枕 1. 安全头枕的作用 汽车座椅上安全头枕的主要作用是汽车在被追尾时,能有效保护驾乘人员的颈部不受伤害。 2. 安全头枕的调整方法 调整安全头枕高度时,保持头枕中心与后脑中心平齐,才能发挥保护作用。 3. 安全头枕使用注意事项 如果行车前人不根据自己身高调整头枕高度,头枕就不能发挥保护作用,一旦发生追尾事故,即存在被严重伤害的危险		

续上表

教学内容	二、安全带 1. 安全带的形式和结构 安全带有两点式、三点式和全背式三种形式。安全带主要由织节、带扣锁、导向件及卷收器等组成 2. 安全带的作用 (1)安全带是一种极有效的防护装置，一旦车辆发生碰撞或使用紧急制动，预紧装置就会瞬间收束，绷紧佩带时松弛的安全带，将乘员牢牢地拴在座椅上，以防止意外 (2)安全带的缓冲作用还能吸收大量动能，可有效地防止二次碰撞，减轻对人的伤害程度 3. 三点式安全带的系法 (1)右手缓慢平顺拉出安全带，从肩部与颈部之间通过胸部适当位置，安全带下端同横跨在骨盆和胸腔之上，将搭扣插头插入插座 (2)由左手握住安全带上端，向前拉用力猛拉，检查锁止机构是否有效 4. 安全带使用注意事项 (1)经常检查安全带的技术状态，发现有损坏应及时更换。 (2)三点式安全带，腰带应系得尽可能低些，系在髋部，不要系在腰部；肩部安全带不要放在胳膊下面，应斜挎胸前 (3)不能让安全带压在坚硬的或易碎的物体上，如衣服里的眼镜、钢笔和钥匙等 (4)一个安全带只能一个人使用，严禁双人共用。不要将安全带扭曲使用 (5)不能让安全带与锋利的刀刃摩擦，以免损伤安全带；不能让座椅靠背过于倾斜，否则安全带将不能正确地伸长和收卷。 (6)座椅上无人时，要将安全带送回卷收器中，将扣舌置于收藏位置，以免在紧急制动时扣舌撞击到其他物体上 (7)不能给儿童使用成人的安全带，而应使用特别安装的儿童汽车安全座椅。 三、安全气囊 1. 安全气囊的位置 安全气囊是辅助安全系统，简称SRS。驾驶员气囊安装在转向盘中间罩盖下，乘员气囊安装在小贮藏箱内，很多车辆还装备了侧气囊 2. 安全气囊的作用 车辆发生碰撞时，气囊在极短的时间内迅速膨胀，可以防止驾乘人员撞击转向盘、风窗玻璃或车辆侧门窗 3. 安全气囊使用注意事项 (1)安全气囊必须与安全带配合使用，当安全气囊在汽车发生剧烈碰撞迅速打开时，有安全带的束缚，驾乘人员前冲的距离受到限制，力量就会减缓，气囊对人身的伤害也会降低 (2)儿童勿坐前排。由于气囊的安装位置及打开的力度都是按照成人来设计的，气囊打开后的位置正好在人的头胸之间，这样才能对成人起到最大的保护作用。如果儿童坐在前排，气囊打开后的位置就到了头部，强大的冲击力会造成儿童颈椎骨折甚至死亡 (3)由于气囊打开时的力度很大，驾乘人员应保持正确的坐姿，与气囊保持一定的安全距离，胸部离方向盘至少10cm以上，以免被打开的气囊伤害 (4)不要在气囊罩盖上放香水、小摆设之类的装饰，以免气囊迅速打开时，驾乘人员受到四处飞溅的物体的伤害 (5)尽量不要戴眼镜，气囊迅速打开时，眼镜在气囊的冲击下会造成驾乘车人面部损伤
重点难点	安全头枕、安全带、安全气囊对驾乘人员安全保护作用的关系
教学方法	理论教练员课堂讲解
教学工具	多媒体课件

教案三

教学科目	道路交通信号理论知识	教学学时	2
教学目的	识别道路交通信号灯种类和作用,培养遵守道路交通信号灯的安全意识		
教学要求	熟练掌握道路交通信号的种类、识别和作用		
教学内容	教学步骤及参考要点: 一、信号灯通行规则 1. 红灯信号 2. 绿灯信号 3. 黄灯信号 二、车道信号灯通行规则 1. 绿色箭头灯信号 2. 叉形灯信号 三、方向指示信号灯含义 1. 方向指示信号灯 2. 黄色闪烁信号灯 3. 道路与铁路平面交叉道口信号灯 四、交通标志 1. 警告标志 2. 禁令标志 3. 指示标志 4. 指路标志 五、交通标线 1. 指示标线 2. 禁止标线 3. 警告标线 六、交通警察手势信号 1. 停止信号 2. 直行信号 3. 左转弯信号 4. 变道信号 5. 左转弯待转信号 6. 减速慢行信号 7. 右转弯信号 8. 示意车辆靠边停车信号		
重点难点	道路交通信号的识别		
教学方法	理论教练员课堂讲解		
教学工具	多媒体课件		

2 示范讲解

示范讲解包括教学科目、教学学时、教学目的、教学要求、教学内容、重点难点、教学方法、教学工具几个要素。每个要素都要按照教案的内容进行讲解,要把自己的知识、经验、体会、总结融汇到一起来讲。这就要求在编写教案时,针对教学大纲要求,结合统编教材和考试要点，搜集大量的素材，有重点的进行准备，尤其是教学内容，不能只讲要点，要把每一个要点中核心内容讲清楚、讲明白。

二 实际操作示范讲解

教练员在驾驶教学中，用动作示范讲解为学员提供模仿，是驾驶技能教学的一种基本方法。教练员通过给学员做示范动作和讲解，可以把高深、抽象、难以理解的理论问题简单化。教练员在进行示范讲解时，按照学员操作技能的形成规律，遵循由易到难、由简到繁、循序渐进的原则，通过对训练科目动作的分析，将其分解为若干相互衔接的简单基本动作，向学员进行讲解、示范；符合操作性强的技能课教学特点，是学员模仿的重要途径之一。

1 课前准备

教练员依据教学大纲的内容、目的和要求进行备课，编写实际操作课教案。实际操作课的备课要充分，教学内容符合教学大纲的要求，教案中授课要点要清晰，内容要详细，重点要突出。教练员在认真备课的基础上，必须会熟练使用模拟器和实车进行具体操作的教学。教练员授课时的仪表仪容、语言表达都要符合要求，衣着得体、整洁，仪容规范，语言规范、表述严谨、吐字清晰、尽量使用普通话。

教案一

<table>
<tr><td>教学科目</td><td>侧方停车</td><td>教学学时</td><td>1</td></tr>
<tr><td>教学目的</td><td colspan="3">培养驾驶准驾车型正确停入实际道路右侧车位(库)的能力</td></tr>
<tr><td>教学要求</td><td colspan="3">了掌握在运动中操纵车辆正确停入右侧车位(库)的方法</td></tr>
<tr><td>教学内容</td><td colspan="3">教学步骤及参考要点：
一、场地设置及尺寸
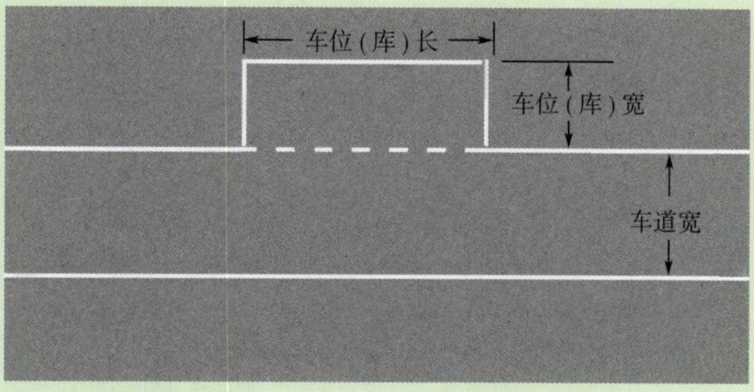

(1)车位(库)长：大型客车为 1.5 倍车长减 1 米，小型车辆为 1.5 倍车长加 1 米，其他车辆为 1.5 倍车长。
(2)车位(库)宽：车宽加 80cm。
(3)车道宽：1.5 倍车宽加 80cm。
二、操作要求
车轮不轧碰车道边线、库位边线的情况下，通过一进一退的方式，将整车移入右侧位(库)中。</td></tr>
</table>

续上表

教学内容

三、侧方停车

(1)车辆沿右侧道边缘线,相距 15 ~ 20cm 低速直线行驶,过库边线后,观察右侧车窗,当从车尾过边线停车,注意车辆要停正(图 1)。

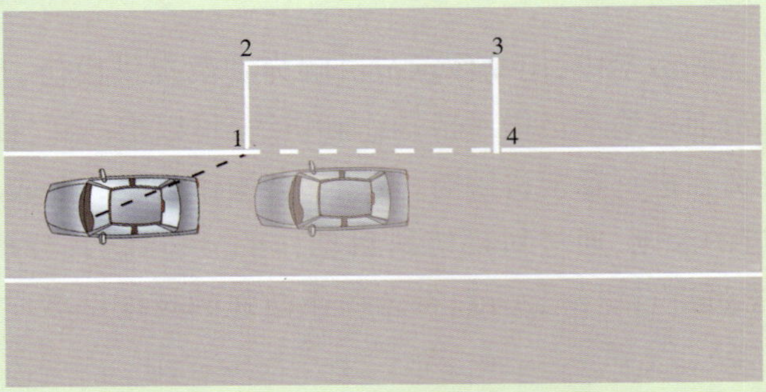

(2)挂倒挡,按一下喇叭,起步后倒,利用离合器半联动控制车速;当车尾与边线平行时,向右将转向盘转到底(图 2)。

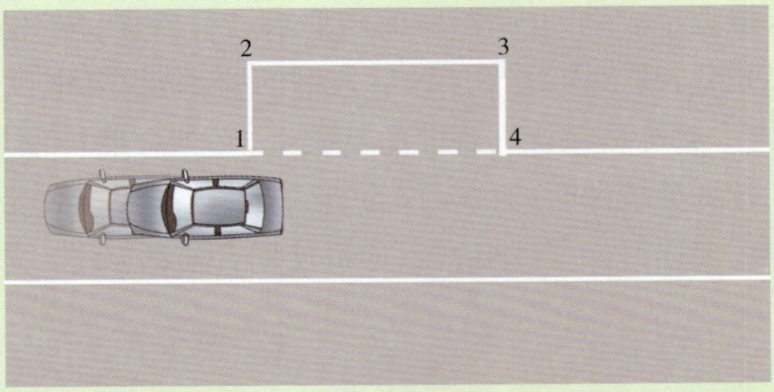

(3)从左侧后视镜刚看到车库右侧边线,当车身 2/3 进入车库时,将转向盘向左转到底(图 3)。

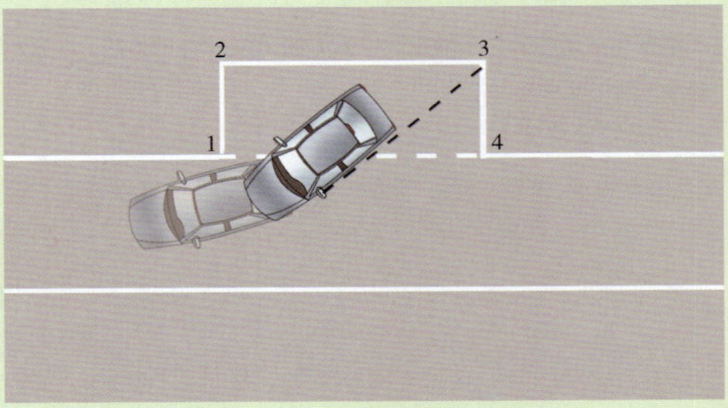

(4)当车右侧与右侧边线平行时,向右回正转向盘,随即停车,拉紧驻车制动器,挂空挡(图 4)。

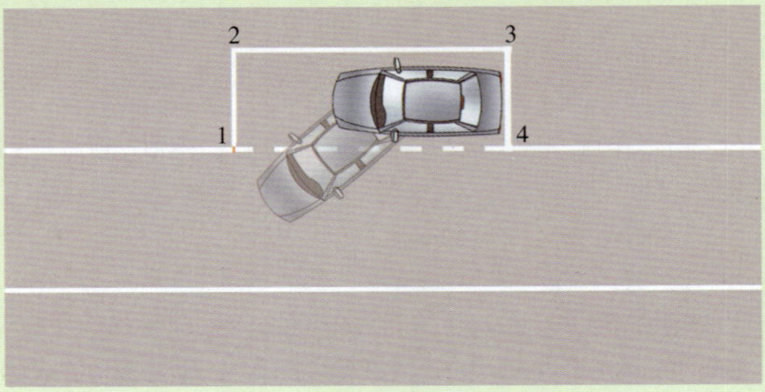

续上表

<table>
<tr><td>重点难点</td><td>(1)倒车进库时,车辆尾部右侧进库时与库边线距离的判断
(2)进库后,向左回转转向盘的时机
(3)利用离合器半联动控制低速平稳行驶能力
(4)车速与转向速度的匹配及观察目测能力</td></tr>
<tr><td>教学方法</td><td>教练员随车讲解、指导学员训练</td></tr>
<tr><td>教学工具</td><td>教练车(C1)在实车场地操作</td></tr>
</table>

教案二

<table>
<tr><td>教学科目</td><td>坡道定点停车和起步</td><td>教学学时</td><td>1</td></tr>
<tr><td>教学目的</td><td colspan="3">培养在实际道路坡道上判断停车位置,平稳起步的能力</td></tr>
<tr><td>教学要求</td><td colspan="3">掌握上坡路定点停车和坡道起步的方法,准确判断停车位置,正确使用驻车制动、挡位和离合器,在上坡路段能准确停车和平稳起步</td></tr>
<tr><td>教学内容</td><td colspan="3">教学步骤及参考要点:
一、场地设置及尺寸
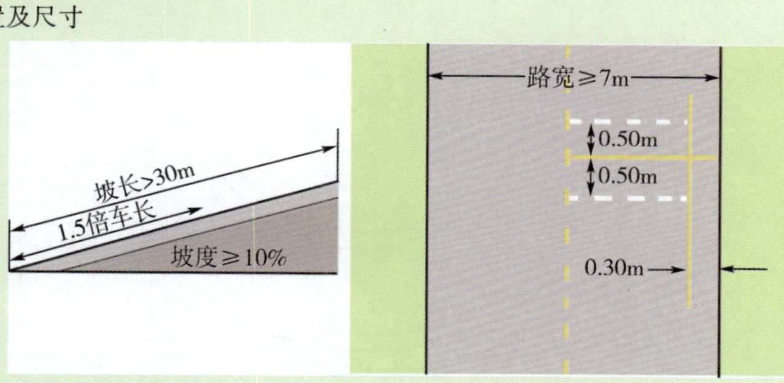

二、操作要求
通过视觉和感觉及时判断坡道的陡坦、长短及路宽等道路情况,采取恰当操作方法,控制车辆平稳停车和起步。做到转向正确,换挡迅速,方向、制动、离合器三者配合准确协调
三、坡道定点停车
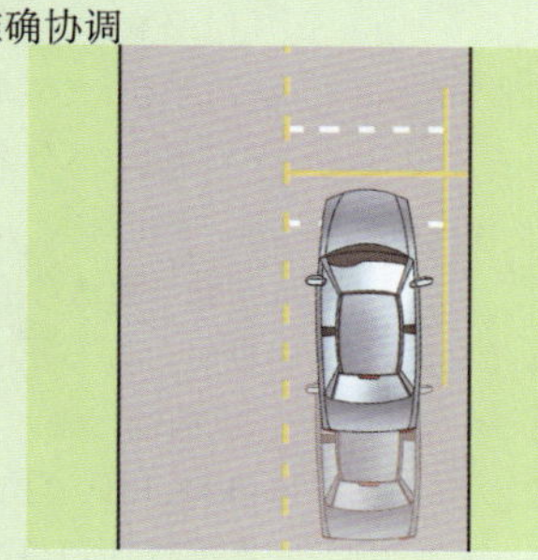
(1)在进入上坡道前,开启右转向灯,向右转动转向盘靠道路右侧行驶。
(2)接近右侧边缘线时,向左小幅修正方向,再迅速向右回正,使车右侧与路右侧边缘线保持平行,并距离边线30cm内。
(3)慢速靠近停车点,当发动机盖右前角与停车线平行时,踏下离合器踏板、制动踏板停车,随即拉紧驻车制动器、挂空挡,关转向灯。
四、坡道起步
(1)开启左转向灯,踏下离合器踏板,挂一挡,按喇叭,向上稍拉驻车制动器操纵杆,按下按钮。
(2)抬离合器踏板至离合器半联动(发动机声音有变化),踏加速踏板提高发动机转速至1500~2000r/min时。
(3)放松驻车制动器的同时,缓抬离合器踏板,待车轮完全转动后,逐渐松开离合器踏板。
</td></tr>
</table>

续上表

重点难点	(1)在设定目标定点停车的准确性 (2)起步时,制动、挡位和离合器的配合
教学方法	教练员随车讲解、指导学员训练
教学工具	教练车(C1)在实车场地操作

教案三

<table>
<tr><td>教学科目</td><td>曲线行驶</td><td>教学学时</td><td>1</td></tr>
<tr><td>教学目的</td><td colspan="3">培养驾驶准驾车型在运动中操纵转向盘在曲线路段,控制车辆曲线行驶的能力</td></tr>
<tr><td>教学要求</td><td colspan="3">熟练操纵转向装置,控制车辆曲线行驶的方法</td></tr>
<tr><td>教学内容</td><td colspan="3">教学步骤及参考要点:
一、场地设置及尺寸
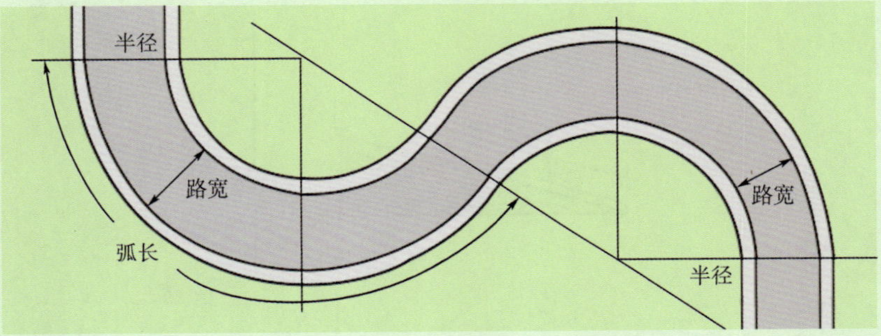

(1)路宽:大型车辆为4m,小型车辆为3.5m。
(2)半径:大型车辆为12m,小型车辆为7.5m。
(3)弧长:八分之三个圆周。
二、操作要求
驾驶车辆从弯道的一端前进驶入,减速换挡,以低挡低速从另一端驶出,行驶中不轧弯道边缘线,转向自如。
三、曲线行驶
(1)使用低速挡行驶,进入弯道后,适时调整转向盘,使右侧车轮尽量靠外侧边线行驶,车辆进入第一弯道时,将车头右前角压住右边线行驶。
</td></tr>
</table>

续上表

<table>
<tr><td>教学内容</td><td>（2）进入第二弯道时，将车头左前角压住左边线行驶；进入下一弯道时，适时调整转向盘，左车轮外侧始终沿弯道边缘线内从出口处驶出。
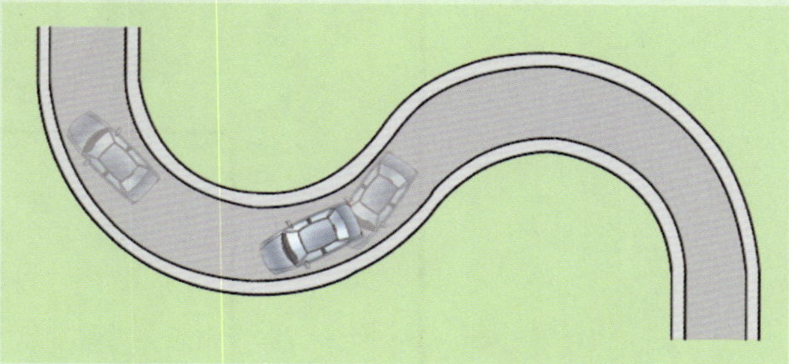</td></tr>
<tr><td>重点难点</td><td>（1）转向盘的准确运用和时机把握。
（2）车轮行驶轨迹的判断和控制。
（3）转弯时车轮的行驶轨迹和内轮差。
（4）车身空间位置的判断。</td></tr>
<tr><td>教学方法</td><td>教练员随车讲解、指导学员训练</td></tr>
<tr><td>教学工具</td><td>教练车（C1）在实车场地操作</td></tr>
</table>

教案四

<table>
<tr><td>教学科目</td><td>直角转弯</td><td>教学学时</td><td>1</td></tr>
<tr><td>教学目的</td><td colspan="3">培养驾驶准驾车型在运动中正确操纵转向盘在直角路段，准确判断内外轮差的</td></tr>
<tr><td>教学要求</td><td colspan="3">在急转弯路正确操纵转向装置，准确判断内外轮差</td></tr>
<tr><td>教学内容</td><td colspan="3">教学步骤及参考要点：
一、场地设置及尺寸
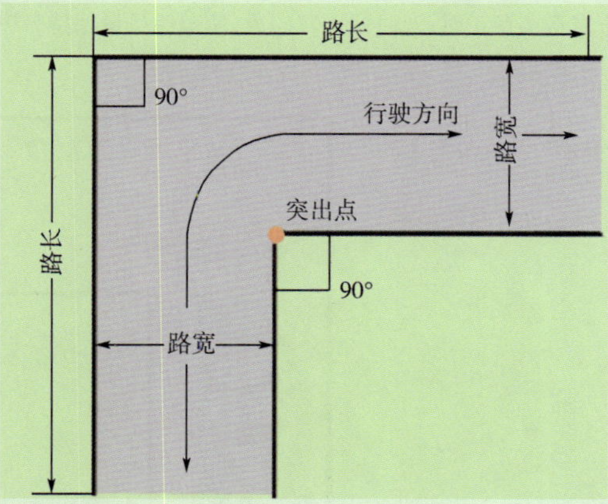

（1）路长：大于等于1.5倍车长。
（2）路宽：小型车辆为轴距加1m，半挂牵引车为牵引车轴距加3m，其他车辆为轴距加50cm。
二、操作要求
驾驶车辆按规定的线路低速行驶，由左向右或者由右向左直角转弯，一次通过，中途不得停车。
三、直角转弯
（1）低速进入直角弯前，向外侧转动转向盘调整，使车身尽量远离突出点，靠外侧边缘线平行行驶，使外侧车轮距边线30cm（图1）。</td></tr>
</table>

续上表

<table>
<tr><td>教学内容</td><td>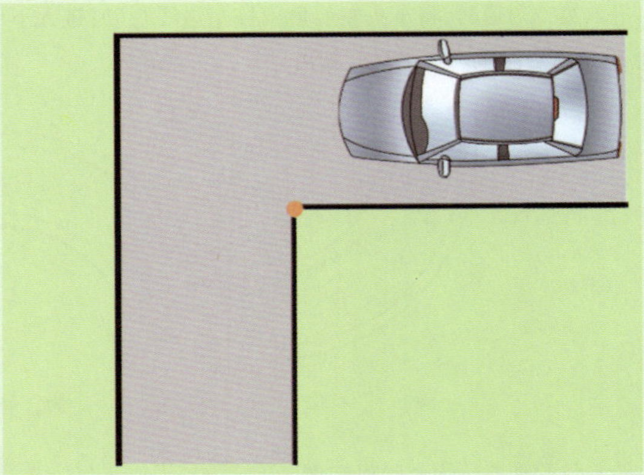
(2)当车辆后视镜与突出点平行时或车前端与边缘线叠合时，向突出点一侧将转向盘迅速转动到底(图2)。
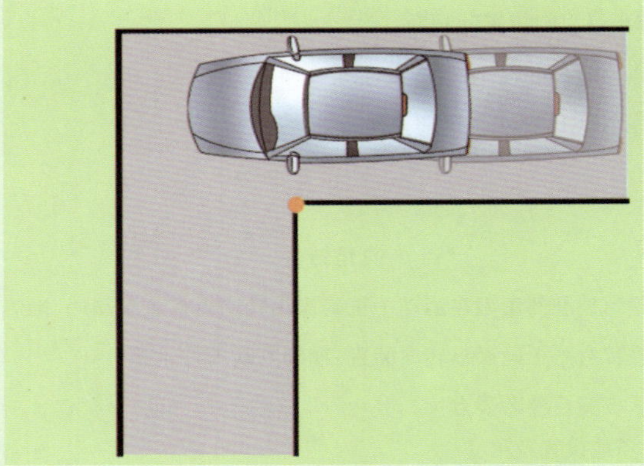
(3)车身将要摆正时，及时回正转向盘，使车辆尽量保持与边线平行驶出直角弯路(图3)。
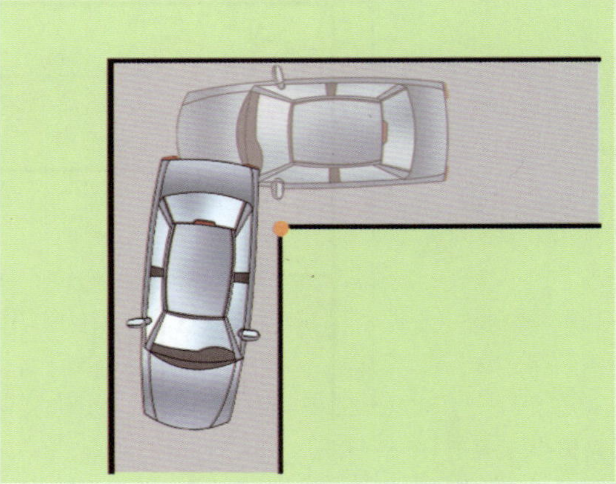</td></tr>
<tr><td>重点难点</td><td>(1)转向盘的准确运用和时机把握。
(2)车轮内外轮差的判断和控制。</td></tr>
<tr><td>教学方法</td><td>教练员随车讲解、指导学员训练</td></tr>
<tr><td>教学工具</td><td>教练车(C1)在实车场地操作</td></tr>
</table>

教案五

<table>
<tr><td>教学科目</td><td>模拟城市街道驾驶</td><td>教学学时</td><td>2</td></tr>
<tr><td>教学目的</td><td colspan="3">培养驾驶准驾车型在城市街路安全驾驶车辆的能力</td></tr>
<tr><td>教学要求</td><td colspan="3">掌握通过城市街道典型路段安全驾驶的操作要领</td></tr>
<tr><td>教学内容</td><td colspan="3">教学步骤及参考要点：
一、通过人行横道
(1)看到人行横道警告标志、标线时，要提前减速。
(2)通过人行横道时，将车速控制在能随时停车的范围内。
(3)仔细观察左右两侧及人行道上的情况。
(4)有行人、非机动车横过时要停车让行。
二、通过交叉路口
(1)看到交叉路口标志警告时，要减速行驶，提前选择行驶车道。
(2)驶入交叉路口前，降低速度或停车瞭望，注意观察交通标志和标线。
(3)按选择方向的车道行驶，按交通信号灯指示通行。
(4)遇其他车辆通行时，正确判断道路优先通行权，礼让通行。
三、通过环形路口
(1)看到环形路口警告标志时，提前减速慢行。
(2)驶近环岛时，注意观察已在环岛内车辆的动态。
(3)在不影响环岛内正常车辆行驶的情况下，适时汇入车流。
(4)驶出环岛前，开启右转向灯，逐渐变更至外侧车道，注意观察右侧车辆动态，适时缓慢驶出环岛。
四、通过学校区域
(1)看到注意儿童警告标志、校车停靠站点标志或前方有学校提示标志时，提前减速。
(2)通过学校区域时，遵守交通标志标线行驶，同时要注意观察两侧情况，遇学生横过道路时，要停车让行。
五、通过居民小区
(1)看到限速警告标志或居民小区提示标志时，将速度降到限速以下缓慢行驶。
(2)通过居民区域时，注意观察各出入口处的行人和非机动车动态，及时礼让过往的居民。
六、通过公交车站
(1)看到公交线路专用车道标线、公交车站提示标志时，提前变更车道，避开公交车专用车道。
(2)通过公交车站时，低速行驶，与停在车站内的公交车保持足够横向间距，随时准备停车。不得占用公交车道、车站行驶。
七、通过医院、商店
(1)看到医院、急救站、商店标志时，提前减速行驶。
(2)通过医院、急救站、商店区域时，注意观察两侧情况，做好随时停车准备。
(3)遇到救护车驶出或行人横过人行道、街道，及时减速避让或停车让。
八、通过铁路道口
(1)看到有人看守、无人看守铁路道口警告标志时，根据标志提示的距离控制速度。
(2)驶近铁路道口时，要减速行驶。通过道口时，要在道口停止线外停车观察，做到，一停、二看、三通过。不得在铁路道口内停车、换挡。</td></tr>
<tr><td>重点难点</td><td colspan="3">(1)对城市街情况的观察和判断。
(2)通过城市街道时的车速控制。
(3)城市街道危险因素的预测。</td></tr>
<tr><td>教学方法</td><td colspan="3">教练员随车讲解、指导训练</td></tr>
<tr><td>教学工具</td><td colspan="3">教练车(C1)在实车场地操作</td></tr>
</table>

教案六

教学科目	安全变更车道	教学学时	1
教学目的	培养在实际道路上合理选择变道时机,正确使用转向灯,安全变更车道的能力		
教学要求	掌握变更车道时观察、判断安全距离,控制行驶速度,使用灯光信号的驾驶方法		
教学内容	教学步骤及参考要点: 一、安全变更车道的方法 (1)变更车道前,通过内、外后视镜观察后方道路交通情况,确认安全后提前3秒钟开启转向灯,再次观察道路两侧有无车辆超越,在不妨碍其他车辆正常行驶的情况下逐渐将车辆变更到所需车道后,关闭转向灯。 (2)每次变更车道,只能变更到相邻的车道;需要变更到相邻以外的车道,应提前变更到相邻的车道,行驶一段距离后,再变更到另一条车道。 (3)在车道与界线为实虚线的路段,实线一侧的车辆严禁越实线变更车道。 (4)每变更一次车道,就会隐含着一次风险,禁止随意变更车道。 二、超越障碍物或停放车辆变更车道 (1)借道绕过前方障碍物时,应提前变更车道,临近时突然变道是很危险的。 (2)发现有对向来车已接近障碍物时,应及时降低速度靠边行驶或停车,让对向来车优先通行。 (3)不得加速提前抢行或鸣喇叭示意对向车辆让道,更不得迅速占用车道,迫使对向来车停车让道。 三、转弯变更车道: (1)在有导向车道的路口转弯前,要提前观察导向标志或路面导向箭头。 (2)进入实线区前,按导向箭头根据选择的行驶路线变更车道。 (3)右转弯,向右侧变更车道进入右转弯导向车道,左转弯向左变更车道进入左转弯导向车道。 (4)变更时避免急转转向盘驶入相邻车道,防止与突然出现的车辆相碰撞。 四、车流量大的路段变更车道 (1)在车流量大的路段尽量不要变更车道,确需变更车道时,应提早打开转向灯,通过后视镜观察变更车道一侧行驶车辆的情况。 (2)确认尾随车辆减速时,缓慢向变更车道一侧转向,随时注意尾随车辆的动态,做好减速或驶回原车道的准备。		
重点难点	(1)变更车道时速度的控制和时机的掌握。 (2)变更车道时对道路情况的观察。		
教学方法	教练员随车讲解、指导		
教学工具	教练车(C1)在实际道路操作		

教案七

教学科目	安全会车	教学学时	1
教学目的	培养在市道路上正确判断会车地点,与对方车辆保持安全间距的能力		
教学要求	掌握正确判断会车地点,会车有危险时,控制车速、提前避让、调整会车地点及与对方车辆保持安全间距的驾驶方法		
教学内容	教学步骤及参考要点: 一、无中心线路段会车 (1)根据双方车型、车速、装载及道路状况和交通情况,选择正确的会车地点,降低车速靠道路右侧进行会车。 (2)跟车会车,与前车保持足够的距离,同速行驶,避免跟车太近或遇到情况就停车待会。		

续上表

<table>
<tr><td>教学内容</td><td>二、有中心线路段会车
(1)在各自的行车道内行驶,不得越过中心线。
(2)根据双方车型、车速及道路状况和交通情况,选择正确的会车地点和车速进行会车。
(3)会车前选择的交会位置不理想时,立即减速,低速会车或停车让行。
(4)夜间遇对面来车没有关闭远光灯时,应减速或停车让行,不得高速行驶或开启远光灯对射。
三、有障碍路段会车
(1)注意合理控制车速,及时将车速降到安全速度以下,并尽量避开在障碍物处会车。
(2)有障碍物一侧道路的车辆应当减速或停车,让对面车辆先行通过,会车后再超越障碍。
(3)来车速度较慢或距前方障碍物较远,应开启左转向灯,加速超越障碍物后驶回右侧会车。
(4)对方车辆已加速强行超越或开启转向灯示意占道行驶时,应立即靠边减速或停车让行;不能认为有优先通过权,而赌气抢行。
四、狭窄路段会车
(1)根据路面的宽度降低车速,同时保持两车间足够的横向安全距离,低速通过。
(2)会车有困难时,有让路条件的一方应主动让对方先行,如果前方有较宽的路段,先到达道路宽阔处的车辆主动停车让行。
(3)会车后,注意从后视镜中观察确认无车辆超越时,再缓缓驶回正常行驶路线。
(4)在道路宽度仅能容纳一辆车通过的路段、窄桥会车时,距狭窄处距离近、车速快的一方先行,距离较远、车速慢的一方应主动让行。
(5)在狭窄坡道上会车时,下坡车应让上坡车先行;下坡车已行至中途而上坡车还未上坡时,下坡车先行;在狭窄的山路上会车,不靠山体一方的车辆先行。</td></tr>
<tr><td>重点难点</td><td>(1)会车时车速的控制。
(2)横向间距的掌握。
(3)会车地点的合理选择。</td></tr>
<tr><td>教学方法</td><td>教练员随车讲解、指导</td></tr>
<tr><td>教学工具</td><td>教练车(C1)在实际道路操作</td></tr>
</table>

教案八

<table>
<tr><td>教学科目</td><td>安全通过路交叉路口</td><td>教学学时</td><td>2</td></tr>
<tr><td>教学目的</td><td colspan="3">培养在交叉路口合理观察交通情况,安全直行、转弯的实际能力</td></tr>
<tr><td>教学要求</td><td colspan="3">掌握合理观察交叉路口交通情况,减速或停车瞭望,正确使用转向灯,直行、左右转弯安全通过的方法</td></tr>
<tr><td>教学内容</td><td colspan="3">教学步骤及参考要点:
一、通过路口时速度的控制与观察
(1)提前减速,按限速速度行驶。
(2)根据标志、标线指示选择行驶车道。
(3)注意路口交通信号灯的变化。
(4)观察路口周边的交通行情况。
二、直行通过交叉路口
(1)有交通信号灯的路口,绿色信号灯亮或交通警察发出直行手势时,及时观察左、右方交通情况,缓速通过。</td></tr>
</table>

续上表

教学内容	(2)无交通信号灯的路口,在距路口 50 ~ 100m 减速,行至路口时应仔细观察左右两侧道路上的情况,做到“一看,二慢,三通过”。 (3)通过时应注意避让正在路口通行的各种动态,随时做好停车的准备。 (4)不得以有优先通行权,而忽视对面有来车抢先左转弯或左右车道车辆抢行带来的危险。 三、左转弯通过交叉路口 (1)提前减速进入左转弯车道或靠道路左侧行驶等待。 (2)有左转待转区的路口,应在直行绿灯亮时进入待专区。 (3)绿灯亮或绿色左转箭头灯亮时,靠近交叉路口中心内侧缓速左转弯。 四、右转弯通过交叉路口 (1)提前减速进入右转弯车道或靠道路右侧行驶。 (2)注意观察后方和右转弯方向道路交通动态,同时注意观察对面是否有左转弯的车辆。 (3)确认路口无影响通行的障碍后,沿右侧慢速向右转弯。 (4)在有箭头灯控制的路口,应在绿色箭头灯亮时右转弯。 五、通过复杂交叉路口 (1)低速行驶,按规定避让行人和优先通行的车辆,做好随时停车准备。 (2)在视线不好的路口,要谨慎驾驶,预防视线盲区内出现突然情况而措手不及。 (3)遇有路口交通阻塞时,即便是绿灯,也应将车辆停在路口外等候,以免被夹在路口内进退两难。
重点难点	(1)通过路口时速度的控制。 (2)通过路口时的观察。 (3)路口左转弯时路线的选择。 (4)路口右转弯时的避让。
教学方法	教练员随车讲解、指导
教学工具	教练车(C1)在实际道路操作

教案九

教学科目	夜间安全驾驶	教学学时	2
教学目的	培养夜间在实际道路行驶中根据各种照明情况和道路情况正确使用灯光的能力		
教学要求	掌握夜间起步、会车、超车、通过急弯、通过坡路、通过拱桥、通过人行横道或者没有交通信号灯控制的路口时正确使用灯光的驾驶方法		
教学内容	教学步骤及参考要点: 一、夜间灯光的使用 (1)起步时灯光的使用。 (2)在照明良好的道路上行驶光灯使用。 (3)在没有路灯或照明差的道路上行驶光灯使用。 (4)停车时光灯使用。 (5)会车灯光的使用。 (6)跟车灯光的使用。 (7)超车灯光的使用。 (8)让超车灯光的使用。 (9)通过交叉路口灯光的使用。 (10)通过急转弯灯光的使用。 (11)通过坡、拱桥灯光的使用。		

续上表

<table>
<tr><td>教学内容</td><td>(12)通过人行横道灯光的使用。
(13)发生故障或交通事故灯光的使用。
二、夜间道路的判断与识别
(1)灯光照射距离由远及近判断与识别。
(2)灯光照射距离由近变远判断与识别。
(3)灯光照射离开路面判断与识别。
(4)灯光照射由路中移到路侧判断与识别。</td></tr>
<tr><td>重点难点</td><td>(1)正确使用灯光和信号装置。
(2)对路面的识别和判断。
(3)夜间驾驶方法。</td></tr>
<tr><td>教学方法</td><td>教练员随车讲解、指导</td></tr>
<tr><td>教学工具</td><td>教练车(C1)在实际道路操作(可借助驾驶模拟器或多媒体进行教学)</td></tr>
</table>

教案十

<table>
<tr><td>教学科目</td><td>雨天安全驾驶</td><td>教学学时</td><td>1</td></tr>
<tr><td>教学目的</td><td colspan="3">培养雨天道路条件下能够根据不同的道路交通状况安全驾驶的能力</td></tr>
<tr><td>教学要求</td><td colspan="3">掌握雨天道路条件下灯光和刮水器的正确使用,路面选择和速度的控制方法,跟车、会车、制动和停车的安全驾驶方法</td></tr>
<tr><td>教学内容</td><td colspan="3">教学步骤及参考要点:
一、雨天灯光、刮水器的正确使用
(1)灯光的使用。
(2)刮水器的使用。
二、雨天行驶路面选择、速度控制
(1)行驶路面选择。
(2) 行驶速度控制。
三、雨天安全行车
(1)雨天安全跟车。
(2)雨天安全会车。
(3)雨天制动和停车。
(4)横滑或侧滑应急处置。
(5)大暴雨或特大暴雨安全驾驶。
(6)雨中遇到行人时安全驾驶。
(7)通过泥泞路。
(8)涉水驾驶。</td></tr>
<tr><td>重点难点</td><td colspan="3">(1)对雨天道路的险情预测。
(2)雨天安全驾驶方法。</td></tr>
<tr><td>教学方法</td><td colspan="3">教练员随车讲解、指导</td></tr>
<tr><td>教学工具</td><td colspan="3">教练车(C1)在实际道路操作(可借助驾驶模拟器或多媒体进行教学)</td></tr>
</table>

教案十一

教学科目	冰雪道路安全驾驶	教学学时	1
教学目的	培养冰雪道路条件下能够根据不同的道路交通状况安全驾驶的能力		
教学要求	掌握冰雪道路条件下行驶路面选择和速度控制方法、跟车、会车、制动、停车的安全驾驶方法		
教学内容	教学步骤及参考要点： 一、雪天行驶路面选择、速度控制 (1)行驶路面选择。 (2)行驶速度控制。 二、冰雪路驾驶 (1)防滑链的安装和使用。 (2)雪天安全跟车。 (3)雪天安全超、会车。 (4)雪天制动和停车。 (5)雪天行车注意事项。		
重点难点	(1)对雪天道路的险情预测。 (2)雪天安全驾驶方法。		
教学方法	教练员随车讲解、指导		
教学工具	教练车(C1)在实际道路操作(可借助驾驶模拟器或多媒体进行教学)		

教案十二

教学科目	山区道路安全驾驶	教学学时	1
教学目的	培养在山区道路上能够根据不同的道路交通状况安全驾驶的能力		
教学要求	掌握山区道路跟车、超车、会车、停车、坡道和弯道行驶的安全驾驶方法		
教学内容	教学步骤及参考要点： 一、山区道路速度控制和路线选择 (1)速度控制。 (2)路线选择。 二、山区道路跟车、超车、会车。 (1)安全跟车。 (2)安全超车。 (3)安全会车。 三、山区道路坡道的安全驾驶 (1)上坡安全驾驶。 (2)下坡安全驾驶。 (3)短而陡的坡路驾驶。 (4)长而陡的坡道驾驶。 四、山路弯道的安全驾驶 (1)一般弯道驾驶。 (2)急弯道驾驶。 (3)上坡弯道驾驶。 (4)下坡弯道驾驶。		

续上表

教学内容	五、山区危险路段安全驾驶 (1)急弯狭道行车。 (2)地势险峻路段行车。 (3)危险路段会车。 (4)通过便、险桥前。 六、山区道路安全停车 (1)停车位置的正确选择。 (2)上坡路段停车。 (3)下坡路段停车。
重点难点	(1)速度的控制。 (2)道路情况观察。 (3)坡道、弯道安全行驶。 (4)险情的预测。
教学方法	教练员随车讲解、指导
教学工具	教练车(C1)在实际道路操作(可借助驾驶模拟器或多媒体进行教学)

2 驾驶示范讲解

教练员的动作示范讲解是驾驶教学中最常用的教学方法,动作示范是在讲解要领后,学员操作前进行的。从初学开始教练员在每个实际操作阶段都需要为学员做大量动作示范的同时进行讲解。教练员的示范和讲解,使学员对动作获得感性认识,培养学员的观察能力和领悟能力。让学员在熟练掌握基本动作的基础上,进行协调训练而形成连贯动作,最后熟练掌握动作,并形成动作定势。

教练员的动作示范是给学员的第一印象,直接影响学员以后的动作规范、驾驶姿势和驾驶技能。教练员的动作示范要规范、准确、明显。规范动作不能做错,要明显、是一步一动、有节奏感、使学员看的清。这就提要求教练员在做示范动作前,自己要做好充分的准备,示范动作必须规范、准确、熟练、轻松,注意示范的位置和方向,便于学员边观察、模仿。示范要与讲解相结合,只示范不讲解,学员只会机械地进行动作模仿,不知道为什么这样做,这种没有理解只有模仿的学习,会严重影响教学效果。只有模仿和讲解相结合、理论与实践相结合,才能有效的提高教学效果。

在组织驾驶学员进行基础驾驶、场地道路驾驶和项目训练前,教练员对每一个动作、操作方法和行驶路线都要进行示范、讲解,将动作的要点和分解动作展示给学员面,让学员逐渐地感觉、模仿、熟练。实际道路驾驶训练中,教练员做示范时的动作、驾驶姿势和风格,都会对学员产生重要影响,甚至会成一种习惯。因此,教练员把示范教学法与模仿学习法二者有机结合起来,达到提高教学质量的目的。

3 示范教学法实施步骤:

第一步:教练员将第一个复杂驾驶动作进行分解;

第二步:教练员对分解后的动作进行简单的讲解;

第三部:学员边听讲解,边观察教练员的示范动作;

第四步:学员进行模仿练习,掌握基本动作要领;

第五步:教练员将分解动作组合,示范连贯动作;

第六步:学员在熟练分解动作的基础上,模仿练习连贯动作;

第七步:学员经反复模仿练习。熟练掌握驾驶动作;

第八步:教练员继续实施下一个动作的示范教学。

4 示范讲解教学注意事项:

(1)教练员对训练科目的每一个动作本身有深刻的认识,具备分解动作的能力。

(2)教练员进行动作示范前,先对动作进行简练的讲解,在学员练习过程中要及时跟进指导。

(3)教练员要正确无误和清楚地进行示范,也可以适当夸张地示范某个动作过程,便于学员看清来龙去脉。

(4)教练员进行示范教学时,动作训练的进度和难度要考虑学员的心理特点和掌握程度。

第二部分

机动车驾驶教练员一级（高级技师）

单元1　驾驶培训教学

模块1　驾驶培训理论教学

理论来源于实践，是前人经验的结晶。向社会输送安全合格的驾驶员，培养驾驶员的安全理念比训练驾驶技能更重要。据测试，一个人一生能安全驾车，安全意识占40%，安全常识占30%，操作技能占30%。在世界发达国家，对驾驶学员的最初理论教育非常重视，如美国驾驶培训上理论课的时间是40小时。由此可见，理论知识对于驾驶员的一生安全驾驶非常重要。驾驶理论培训可分为普通机动车驾驶员理论培训和道路客货运输驾驶员从业资格理论培训。

一　普通机动车驾驶员理论教学

普通机动车驾驶员理论培训，是学员获得道路法律法规、交通知识、专业知识的启蒙阶段，也是养成安全意识和文明行车习惯的关键期。上好驾驶培训理论课，是对学员负责、是对社会负责、是对生命负责。

1　理论教学分类

按照准驾车型机动车驾驶员理论培训分为小型客货车，大型货车、大中型客车（城市公交车）、摩托车（三轮汽车）四类。理论培训的内容主要是机动车基本知识、法律法规及道路交通信号、安全文明驾驶常识。每种车型的理论培训的内容，根据其特点有所不同。客车侧重于乘客的安全和驾驶安全及专业知识，货车侧重于货物的运输安全和驾驶安全及专业知识,摩托车侧重于驾驶员的安全和稳定性安全驾驶知识。

2 理论教学重要性

驾驶培训教学主要是让学员掌握过硬的驾驶技术,驾驶技术包括心智技能和操作技能,心智技能又包括安全意识和安全常识。安全意识的内容有:法律意识、对安全的认识、职业道德和文明驾车。安全常识的内容有法律常识和安全知识。心智技能是安全驾驶的核心,只会操作技能,不具备心智技能的驾驶员,必然是“马路杀手”。学员心智技能的培养,主要是通过理论知识的传授。理论教学是驾驶培训不可缺少的重要环节,也是学员获取知识的关键渠道。系统接受驾驶专业知识、交通法律法规教育,让每个学员真正理解掌握交通法律法规、安全驾驶基本知识,是保障今后安全驾驶的基础。

驾驶培训上理论课的内容非常之多,是从事这项具有危险性行为所必备的。人的一生往往都是在学习汽车驾驶的时候,才开始接触交通法律法规和相关理论知识。这种启蒙阶段教育,对学员印象最深,会影响一个人一生的驾驶生涯。每个教练员都有教育学员学习掌握交通法规、安全文明行车知识的责任和义务,课堂理论教学是不能用其他形式代替的。

3 理论教学内容

《大纲》规定,第一阶段理论根据不同的准驾车型设有 12 ~ 14 个学时的理论知识教学。这一阶段的教学要在课堂使用多媒体进行理论教学,内容包括:道路通行、交通信号、交通安全违法行为和交通事故处理、机动车驾驶证申领和使用、机动车登记等规定以及其他道路交通安全法律、法规和规章。这一阶段以学习知识为目的,为下一步的驾驶学习打下基础。

《大纲》规定,第二阶段有 2 个学时的理论知识。这里规定的理论知识不作为课堂授课内容,主要用于训练中的指导和讲解。在进行基础、模拟器、场内道路和项目驾驶前,教练员要讲解相关的理论知识,让学员掌握起步前准备、起步、加速、换挡、减速、停车、倒车、行驶位置和行驶路线选择等相关理论,明确项目训练和模拟训练的目的和作用,从理论上解决学员的专业知识,有助于理论与实际操作相结合。

《大纲》规定,第三阶段根据不同的准驾车型设有 16 ~ 20 个学时的理论知识教学。教学内容包括安全文明驾驶、恶劣气象和复杂道路条件下的安全驾驶知识、爆胎等紧急情况下的临危处置方法以及发生交通事故后的处置知识等内容。主要是让学员掌握安全文明驾驶知识,了解行人、非机动车的动态特点及险情的预测和分析方法。让学员学会正确辨识和遵守交通信号和相关知识,同时结合典型事故案例、驾驶行为综合分析与判断,把安全文明驾驶常识与实际道路环境紧密结合。通过强化学员安全文明驾驶和遵守交通信号意识的教育,培养对安全文明常识的感性认识,提高学员的安全文明意识。

二 道路客货运输驾驶员从业资格理论培训

道路客货运输驾驶员从业资格培训，是对申请从事客货道路运输职业的驾驶员进行系统的业务培训，驾驶员必须经过规定时间和内容的培训，经考试合格后才能获得从业资格。

1 理论教学分类和内容

道路客货运输驾驶员从业资格理论培训分为道路旅客运输车辆和道路货物运输车辆两类，涉及法律法规、车辆技术与使用、运输与管理等专业知识。道路旅客运输驾驶员从业资格培训，侧重于道路旅客运输法律法规、客运职业道德与安全行车知识、客运汽车使用技术和常见故障处理、道路旅客运输等专业知识。道路货物运输驾驶员从业资格培训，侧重于道路货物运输法律法规、货运驾驶员的职业道德与安全行车知识、载货汽车使用技术与常见故障处理、道路货物运输等专业知识。

2 理论培训的重要性

道路客货运输从业人员所从事的工作直接关系道路运输安全等公共利益，部分从业岗位还必须具备特殊的知识和技能，需要从业人员有一定的文化水平，掌握相关的业务技术知识。但由于受到我国初学驾驶员培训体制和考试内容的局限性影响，获取机动车驾驶证的驾驶员本身的驾驶技能、安全意识和专业知识，根本就不具备从事专业运输的能力，需要通过更高一层次的培训来完善专业知识，提高专业运输能力。道路客货运输从业驾驶员培训的重点是按照培训大纲的规定，完成规定学时和内容的学习，内容只要有道路运输法律法规、客货运输专业知识、业务技术知识及相关的专业知识等。主要通过理论课的教学形式来完成，上好理论课是从业资格培训的重要手段。

道路运输服务的对象是广大旅客和托运人，道路运输必须要保障旅客的生命安全和托运人的财产完好，这就要求道路运输驾驶员必须具有较高的职业道德素养、安全驾驶意识和职业知识以及技术能力。加强道路运输从业人员培训，提高道路运输从业人员整体素质，是保障道路运输安全发展的需要，对强化道路运输管理、实现道路运输又好又快发展具有重要意义。

三 理论培训教学方式

驾驶理论教学主要有课堂理论教学和指导理论教学两种方式。课堂理论教学是使用多媒体在教室课堂上进行的教学，与传统的课堂教学形式和工具有所不同，但效果是一样的。指导理论教学是在使用驾驶模拟器和教练车训练过程中进行的理论指导教学，是理论与实践结合的教学方式，理论知识更容易让学员接受。

1 多媒体课堂理论教学

多媒体课堂教学是驾驶员理论培训的主要教学形式,采用影视表现手法,形象生动,丰富多彩,喜闻乐见,便于学员接受和理解。使用多媒体教学,可以改变传统的教学模式,充分利用提前制作的统一多媒体教学课件进行授课,既减轻了驾驶学员学习的强度,又提高了驾驶教学的效率,调动学习兴趣爱好。

2 驾驶指导理论教学

指导理论教学是实际操作中不可缺少的教学形式。任何一种技能和知识,都必须有一定理论基础,驾驶实际操作教学中,理论联系实际,让学员知其然,知其所以然,理论知识比操作更重要。驾驶实际操作没有了理论指导,就不能称之为教学,实际操作教学必然要伴随着理论讲解。实际驾驶操作前的讲解、训练途中的传授,训练结束后的总结,都是理论教学的形式之一,只不过是教学工具的不同。只有理论指导的教学,才具有科学性。

3 理论规范化教学

理论规范化教学,是根据驾驶员培训规范教学教程中设置的理论教学程序规范和规定的教学内容,按照教学设计和要求,进行的教学活动。教练员要熟知理论规范化教学程序、内容、要求和方法,编写规范理论教学教案,按照规范教学步骤进行教学。

理论教学模式:

(1)导入新课。教练员为讲解新的教学内容作铺垫,激发学员的学习兴趣,建立学习动机。教练员可以利用生动的案例或直观的教学手段为学员提供感性认识,引导学员产生学习新知识的强烈愿望,为后续的教学活动打下良好的基础。导入新课的方法和形式主要有:采取案例导入、前节知识总结、明确教学目标、提出具体的学习要求、上节作业讲解、主要内容介绍、重点和难点剖析的形式。

(2)讲解内容。教练员根据理论知识教学的内容,结合教材,通过应用各种教学技巧,激发学员的学习主动性,引导学员牢固掌握所学知识。讲解内容时要注意做到:条理清晰,层次脉络分明;堂课信息量恰当;理论联系实际;重点、难点突出;结合知识和内容内在逻辑;语言生动、规范、有感染力;围绕和突出主题,深入浅出;教学方法得当,教学手段先进;教与学积极互动;教学安排符合认知规律;时间控制合理。

(3)总结练习。教练员在一节课结束前对当堂课讲授的内容进行归纳总结、练习和巩固,让学员对当堂课的内容做到当堂理解、掌握,并通过实际应用加深记忆,为后续的教学做准备。总结练习的形式主要有:当堂知识点归纳总结;重点、难点点评;师生问答;重复难点、回答疑问;了解教学效果。

(4)布置作业。教练员设计一些与本次课内容相关的习题,也可以就科目一和科目三考试的相关试题,让学员去思考和回答,引导学员的学习自觉性和主动性,使学员通过自学,进一步理解和巩固所学知识,从而培养学员独立运用知识解决实际问题的能力。

四 理论课的教案编写

编写理论教案要紧扣教学大纲规定的教学内和教学要求,遵守教案的编写规范,按照教案编写原则、格式和教学规律进行编写。编写理论教案,重点要突出、针对性强,在涵盖考试大纲的考试要点的同时,拓宽教学的知识面,始终将守法教育和安全意识教育贯穿始终,满足学员安全驾驶知识的需要。

1 理论教案编写规范和要求

(1)教学项目:课程名称;

(2)教学目的:所要完成的理论教学任务;

(3)教学要求:需要熟悉、掌握、了解的理论知识;

(4)教学内容:教学知识点和具体授课内容;

(5)教学学时:所需学时及学时分配;

(6)重点难点:关键性问题和难理解知识;

(7)教学方法:授课时采用的教学方法;

(8)教学工具:讲课使用的教学设备。

2 理论教学教案编写

(1)客车示范教案。

教学科目	客车制动系统及车门	教学学时	1
教学目的	系统学习所驾客车制动系统及车门的基本结构,培养正确规范使用制动系统及车门的常识		
教学要求	了解客车行车制动装置、缓行器和驻车制动装置、客车乘客门、安全出口、客车外推式安全窗的结构特点		
教学内容	要点: 一、制动系统 1. 行车制动装置 2. 缓行器 3. 驻车制动装置 二、车门 1. 乘客门 2. 安全出口 3. 外推式安全窗		
重点难点	客车制动装置、缓速器、安全窗口的结构特点		
教学方法	理论教练员讲解		
教学工具	多媒体课件		

(2)道路运输驾驶员示范教案。

教学科目	道路运输驾驶员的社会责任与职业道德	教学学时	2
教学目的	树立驾驶员的社会责任,培养驾驶员的职业道德		
教学要求	熟知道路运输驾驶员的行为要求		
教学内容	要点: 一、驾驶员的社会责任 1. 道路运输驾驶员的社会责任感 2. 道路运输驾驶员的责任和义务 二、驾驶员的职业道德 1. 遵章守法 2. 依法营运 3. 诚实守信 4. 公平竞争 5. 优质服务 6. 规范操作		
重点难点	社会责任和职业道德		
教学方法	理论教练员讲解		
教学工具	多媒体课件		

模块2 专业知识应用教学

一 普通机动车实际操作培训

驾驶实际操作教学,是机动车驾驶员技能培训的主要方法,用于培养机动车驾驶学员掌握驾驶技能,是不同类型驾驶学员驾驶技能教学的主要手段。普通驾驶员实操培训分在第二、三阶段,第二阶段是场地驾驶训练,第三阶段是实际道路训练,根据不同的车型,每个阶段设置了具体的培训项目、内容、学时和要求。

1 场地内实际操作教学

第二阶段实际操作设置了基础驾驶、场地道路驾驶、场地项目驾驶和模拟驾驶训练。通过基础驾驶操作教学,让学员掌握规范的基础驾驶动作、正确的驾驶姿势和驾驶操纵机件的使用方法;掌握行车前的检查与调整的内容和方法。通过场内道路、场地项目、场地模拟项目的训练,让学员熟知速度控制、转向控制、空间位置控制对安全行车的影响。掌握上下车观察、上下车动作、起步、停车、变速、换挡、倒车、行驶位置和路线安全操作方法。小型客货车的场地项目训练有曲线行驶、直角转弯、侧方停车、坡道定点停车和起步、倒车入库5项,场地模拟驾驶有模拟城市街道驾驶。大型客货车的场地项目有坡道定点停车和起步、侧方停车、曲线行驶、直角转弯、通过限宽门、通过连续障碍、起伏路行驶、通过单边桥、窄路掉头、倒桩16项,场地模拟驾驶有模拟高速公路、连续急弯山区路、隧道、雨(雾)天、湿滑道路驾驶和紧急情况处置,货车设置停靠货台,客车设置了停靠站台。

2 实际道路驾驶操作教学

第三阶段实际操作设置了上车准备、起步、直线行驶、加减挡位操作、变更车道、通过路口、路口左转弯、路口右转弯、靠边停车、通过人行横道线、通过学校区域、通过公共汽车站、会车、超车、掉头、夜间行驶、模拟驾驶等训练项目。主要是让学员掌握安全文明驾驶知识,具备对车辆综合控制能力;了解行人、非机动车的动态特点及险情的预测和分析方法;熟练掌握一般道路和夜间驾驶方法,能够根据不同的道路交通状况安全驾驶;形成自觉遵守交通法规、有效处置随机交通状况、无意识合理操纵车辆的能力。训练项目按照准驾车型,对初学和增加规定了不同的学时,训练内容也根据车型有所侧重。

3 不同车型驾驶操作的特点

普通机动车实际操作培训,主要是从培养驾驶技能角度出发,根据不同车型的特点和考试项目要求进行训练,在掌握驾驶技能的基础上,满足驾驶证考试的需要。由于不同车型的驾驶操作各有异同,根据不同车型,培训教学的侧重点有所不同,对同一个项目的训练要求和标准都有所不同。小型客货车驾驶员教学的重点是训练能够完成一般条件下驾驶需要的驾驶技能,教学项目学时相对要少,标准要求相对低一些。大型客货车驾驶员教学的重点,是侧重于训练能够驾驶大中运输车辆需要的驾驶技能,教学项目多、难度大、针对性强、标准高。

二 道路客货运输驾驶员专业知识应用教学

道路运输驾驶员从业资格培训专业知识应用教学，是客货运输驾驶员应用能力教学的主要手段，用于培养道路运输驾驶员掌握专业知识的应用能力。根据客货运输车辆的特点和不同，应用能力培训分为道路旅客运输驾驶员从业资格应用能力和道路货物运输驾驶员从业资格应用能力教学，并设置了具体的教学项目、内容、学时和目标。

1 道路旅客运输驾驶员从业应用能力教学

道路旅客运输驾驶员从业资格应用能力设置了车辆安全检视、旅客急救、危险源辨识与防御性驾驶、节能驾驶 4 个教学项目。安全检视针对客车的特点，在出车前、行车中、收车后对客车进行安全检查，重点是让驾驶员掌握客车车辆外观、发动机舱、驾驶室、客车车厢及发动机起动后的安全检视内容和方法。旅客急救的教学内容有心肺复苏抢救法、止血、包扎、骨折固定法，让驾驶员掌握心肺复苏抢救法、指压止血法、加压包扎止血法、加垫屈肢止血法、绷带包扎法、三角巾包扎法、骨折固定法的方法。危险源辨识与防御性驾驶的教学内容有危险源辨识与防御性驾驶方法，培养驾驶员掌握驾驶客车在一般天气、雨天、雪天、雾天等条件下通过高速公路、山区道路、桥梁、隧道等道路环境，以及在交叉路口、城乡结合部、上下坡道、冰雪路面等路段行驶时的危险源辨识与防御性驾驶方法。节能驾驶的主要内容是节能驾驶要领，让驾驶员掌握驾驶客车运行过程中的节能驾驶要领。

2 道路货物运输驾驶员从业应用能力教学

道路货物运输驾驶员从业资格应用能力设置了车辆安全检视、轮胎更换、危险源辨识与防御性驾驶、节能驾驶 4 个教学项目。安全检视针对大型货车的特点，在出车前、行车中、收车后对货车进行安检视，让驾驶员掌握货车车辆外观、发动机舱、驾驶室内部及发动机起动后的安全检视内容和方法。轮胎更换的教学内容是轮胎的更换步骤和要求，让驾驶员掌握车辆后轮外侧轮胎的拆卸、安装及千斤顶的使用方法。危险源辨识与防御性驾驶的教学内容有危险源辨识与防御性驾驶方法，培养驾驶员掌握驾驶大型货车在一般天气、雨天、雪天、雾天等条件下通过高速公路、山区道路、桥梁、隧道等道路环境，以及在交叉路口、城乡结合部、上下坡道、冰雪路面等路段行驶时的危险源辨识与防御性驾驶方法。节能驾驶的主要内容是节能驾驶要领，让驾驶员掌握驾驶大型货车运行过程中的节能驾驶要领。

单元2 教学管理

模块3 教学质量评估与教学改革

对机动车驾驶培训机构,《机动车驾驶培训机构资格条件》中规定:“教学管理制度应包括落实国家统一的教学大纲的措施,教学实施计划的制定、检查,培训学时记事管理、教学日志与培训记录的使用、管理,教学现场检查与质量评估等”。

教学质量通常被定义为教学达到既定要求或培养目标的程度。机动车驾驶培训机构教学管理工作的根本任务与目的在于提高教学质量,培养合格的驾驶员。而要保证这一任务与目的顺利完成与达到,就必须建立符合机动车驾驶培训机构发展的教学管理制度。但是,要对培训教学实行卓有成效的管理,完全依靠过程控制是不够的,还必须加强教学质量评估工作。科学的教学质量评估可以有效地促进培训教学工作水平和教学质量的提高。

一 教学质量评估

所谓教学质量评估,就是根据教学培训的目的和要求、运用科学方法对教与学的质量进行衡量和判断的过程。教学质量评估是机动车驾驶培训教学管理制度的重要组成部分,是保证机动车驾驶培训教学质量的基础,也是机动车驾驶培训教学质量管理的主要环节。驾驶培训教学质量评估的主要目的是掌握机动车驾驶培训教学的实际情况,加强教学管理,规范教学和指导教学。

1 教学质量评估的作用

教学质量评估往往以教学为对象、以一定的教学价值观为指导、以实现教学目标为核心,对教学的作用、教练员完成教学任务以及学员学习质量作出客观的科学的衡量判定。

良好的教学质量评估,可以判断驾驶培训的有效性,发现驾驶培训中的问题。如学员的技能水平是否达到培训的标准、行为是否有所改变、培训管理和教学活动是否科学有序等，通过对这些问题的评估，不仅可以促进工作的改善，还能发现新的培训需求。无论从哪些方面来看，教学质量评估工作都是十分重要的。教学质量评估有以下几个方面的作用：

(1)信息反馈与调节作用。通过教学质量评估进行驾驶培训教学信息的反馈与调节、总结并提高培训效能，可以对下一轮次的培训教学提供可靠的参考数据和信息以及建设性意见，准确地分析和全面掌握培训教学的基本情况，为改进培训教学工作提供客观根据，防止决策失误。

(2)目标导向作用。教学质量评估的内容具有对驾驶培训教学工作的导向、定位功能，评估的内容有什么，标准如何，都对培训教学产生直接的影响。一个良好的评估，应该能体现出培训机构的教学管理宗旨、策略。

(3)指导与促进作用。通过教学质量的评估，可以为教练员培训教学的改进提供一些具体的、具有鲜明目标导向性的指导。通过教学质量评估，可以建立培训信息网络，规范和指导驾驶培训教学活动，推动驾驶培训教学研究、经验交流。通过教学质量评估树立驾驶培训机构的品牌形象，教学质量高的培训机构更好地发挥其作用，促进驾驶培训机构乃至我国驾驶培训工作整体的进步与提高。

(4)激励与鞭策作用。通过教学质量的评估，能够发现教练员教学质量的优劣和教学工作的好坏，并通过原因的分析作出客观的评判。若将评估结果与奖优罚劣结合起来，与教练员今后的聘任、晋升结合起来，必然会使教练员产生压力、动力和活力，直接起着激励先进、鞭策后进、调动教练员教学的积极性、增强机动车驾驶培训教学工作竞争力的作用。

2 教学质量评估方案

制订教学质量评估方案是驾驶培训教学质量评估准备工作中最具实质性的工作之一。驾驶培训教学是一种复杂的社会劳动，教学质量评估是对培训教学活动的价值作出判断的过程，要求这一过程是在有计划地、系统地、全面地收集驾驶培训教学活动信息的基础上进行判断。因此，在教学质量评估活动之前，必须进行周密地计划、设计，以确保评估活动有效、顺利进行。

(1)制订教学质量评估方案的基本要求：

①评估方案的目的性要求。指评估方案要明确规定评估活动的目的，并从各个方面努力保证评估目的的实现。同时，根据评估目的，确定评估内容、评估方法，并最终得出评估结论。

②评估方案的规范性要求。指评估方案所规定的程序、标准和方法，对所有评估对象都具有统一的规定性和指导作用，从而保证评估结果的客观性和可比性。

③评估方案的可操作性要求。指评估方案一定要具有较强的可操作性。因为教学

质量评估方案是对被评对象进行考核评估的标尺，是被评对象自我评估以及评估专家进行评估时评定等级的标尺，这就内在地要求教学质量评估方案在使用中一定要易于操作、便于操作。否则，它就不能在教学评估中发挥其应该发挥的作用。操作性原则要求教学质量评估方案中的指标等级标准不能只是笼统的、原则的、抽象的规定，也不能都是定性的内容，要尽可能具体化、细化、量化。

（2）教学质量评估方案的内容：

教学质量评估方案是根据一定目的和教学活动及评估活动的一般规律，对评估的内容、范围、方法、手段、程序和组织领导等加以规范，作出规定的基本文件，是评估活动的先行内容。评估活动规定性的基本文件，其主要内容一般包括以下几方面：

①评估目的和指导思想。评估方案开始就应交代评估的目的、评估的对象、评估的指导思想和原则、预期达到什么目的。方案的编写要紧紧围绕机动车驾驶培训教学目的和教学大纲，既要简练，又要明确、切合实际。

②评估内容。是指对特定的评估对象评估哪些方面的内容。评估内容是为目的服务的，哪些方面内容的信息能实现评估目的，它就应该是评估的内容。它规定了评估什么、不评估什么，是对评估内容的具体化，直接影响机动车驾驶培训工作的价值取向，具有定向作用。它是评估方案的核心部分，是方案准备中技术性最强的部分，对整个评估工作及其质量产生影响。评估内容是否科学合理，直接影响评估的方向和评估结果的有效性。

③评估权重集。权重就是各评估标准的重要性程度，既表示它们在评估标准中的地位，又表示与其他标准的关系。

④量表和评判依据。是必要的测量尺度和评判依据，是事物质变的临界点，是事物质变过程中量的规定性。比如学员的技能训练达到什么程度才是合乎要求的，达到什么程度可以算是优良水平。这是评估方案制定中的一个难点，对评估结果产生直接影响。

⑤各类表格。根据评估标准和量表的需要，制定各类表格，有助于规范地采集、整理和分析各种信息资料，实现科学测量与评估。表格的设计要本着方便使用的原则，力求简明、规范、统一。

（3）影响教学质量评估方案的因素：

教学质量评估方案是实施评估的依据，它决定评估结果的可信度。为了制订出一个最佳的教学质量评估方案，要注意以下可能影响教学质量评估方案质量的因素：

①教学质量评估方案的针对性因素。所谓教学质量评估方案的针对性因素，也可称之为教学质量评估方案的重点。即评估的核心目的、目标是否通过方案明确地体现出来。这是引导评估工作朝着正确方向发展的关键因素。

②教学质量评估方案的全面性因素。主要指教学质量评估方案是否将所要评估的

内容全部涵盖进去,没有遗漏。教学质量评估方案的全面性因素对于评估工作的准确性、权威性有着重要的影响,如果评估内容有所遗漏,将直接影响评估结果的准确,进而使人对评估的权威性产生怀疑。

③评估人员构成的合理性因素。在教学质量评估工作方案中,人员构成是必不可少的因素。通过方案的文字表述,可以看出参与评估的人员在工作经历、专业、技术职务、年龄等方面的信息,这些信息也能够反映出,在人员构成方面,方案是将人员的信息进行了合理的、符合评估工作需要的组合搭配。

④选择方法、时间安排的科学性因素。教学质量评估工作需要一定的时间,并通过一定的操作方法来实现。而时间的确定、方法的选择通常要与机动车驾驶培训教学的目的、内容,以及教学质量评估的目的、内容紧密联系起来。

⑤方案设计者个人的特性因素。任何一个方案都是由人设计而成的,因而方案设计者个人的性格特点,特别是其平时在工作中的习惯、容易在工作中产生的问题,以及其对培训项目及评估工作的具体理解,也都会对评估方案的形成产生一定的影响。

⑥评估所需的相关物质保障的合理性因素。在教学质量评估方案中,会体现评估工作所需要的经费、设备及其他物质方面的保障,这些客观条件如果超出现实情况,可能无法实现,从而影响评估工作的实施。另外,也会对评估方案其它的项目产生影响,从而影响整个评估方案的质量。

3 教学质量评估实施的一般步骤与任务

(1)评估实施的一般步骤:

①预评估。预评估通常是被评估对象的自我评估。被评估者对自己的情况最为熟悉,因此他们提供的自评材料是后续评估的基础信息。自我评估的过程就是被评估者自我反省、自我诊断、自我提高的过程,不仅对评估工作具有重要意义,而且对促进和提高培训工作的水平具有实质性的作用。

②再评估。再评估也称为确定性评估,一般是由专门的专家组对被评估对象进行的评估。其作用在于提高评估的可靠性,提高评估结论的客观性和权威性,使被评估对象了解自己相对于其他对象的水平,明确努力方向。

(2)评估实施阶段的主要任务:

①进行教学质量评估的动员与宣传。这是实施阶段带有战略性意义的工作,它不仅为全面地检查问题提供信息、提供条件,而且也为以后的评估结果反馈奠定了基础。只有使被评估对象深刻地理解评估的意义、内容,得到他们的支持和响应,才能实现评估工作的预期目标,才能使评估的作用得到全面地发挥。

②收集信息。在收集信息过程中,应把握全面与重点相结合的原则。全面的信息是做出科学判断的基础,因此信息力求详实准确。但是为了突出评估的重点,反映事物的本质特征,不能平均地分配人力和物力,要重点收集与评估目标直接相关的重要信息,

即全面又有重点地抓住评估对象的主流特征。

③评分。这是评估活动的关键性工作任务之一，结论是否符合被评估对象的实际情况，将对被评估对象下一步工作发生影响。因此，在评分时要慎重从事，讲求科学，同时还要力求简便，方便被评估者的理解和使用。

④汇集整理有关资料。迅速而又准确地汇集整理资料是评估活动的带有全局性意义的工作，在这一环节发生的误差有可能使前面的工作功亏一货，造成不良后果。迅速地汇总资料，是为了保证信息的时效性，有利于尽快纠正工作中的问题。准确地汇总资料，可以使工作减少误差，有利于评估工作的真实性和可信度。

4 教学质量管理与教学质量评估的关系

教学质量评估是进行教学质量管理的重要环节之一，是检验教学效果的重要手段，为改进教学质量管理工作提供必须的和可靠的依据。但是，教学质量评估往往侧重于事后检查、评价属于教学质量的“事后控制”。由于培训活动和培训行为是按一定的流程进行的，教学质量应是全过程的管理和控制。就教学质量管理和培训评估的关系而言，前者好比施工项目的“工程监理”，监视工程建设的每个环节；而后者是施工项目的“质量监督站”，评价工程质量好与差的程度。

教学质量的提高是一个连续的、渐进的、动态的过程，在这个过程中需要采用科学的方法，不间断地收集来自各方面的教学质量评估信息，及时反馈到各相关环节，然后根据评估结果，找出现状问题，提出改进措施，从而对影响教学质量的因素实施有效控制，以促进机动车驾驶培训教学质量的提高。

二 远程网络理论培训教学

远程网络教学是综合运用现代通信技术、多媒体计算机技术和现代网络技术，特别是因特网技术实现交互式学习的新型教育模式。是一种不受地域、空间和时间限制的开放型教育。其显著特征是：任何人可以在任何时间、任何地点学习任何课程的任何章节。远程网络教学便捷、灵活的“五个任何”，充分体现了发展中的现代教育和终身教育的基本要求。因此，远程网络教学是最为完整、高效的现代远程教育方式。

1 计算机网络的作用

计算机网络具有强大的采用文字、声音、图表、视频、动画等多媒体形式表现的信息处理功能，包括制作、存储、自动管理和远程传输。将多媒体信息表现和处理技术运用于远程网络教学讲解和知识学习的各个环节，使远程网络教学具有信息容量大、资料更新快和多向演示、模拟生动的显著特征，这一点是有限空间、有限时间的其他传统教学方式所无法比拟的。

远程网络教学中，计算机网络所特有的信息数据库管理技术和双向交互功能被广泛应用。一方面,系统对每个学员的个性资料、学习过程和阶段情况等可以实现完整的系统跟踪记录、储存;另一方面,教学和学习服务系统可基于系统记录的个人资料,针对不同学员的个别式个性化学习建议、指导教学和应试辅导等。远程网络教学为个性化教学提供了现实有效的实现途径和条件。

计算机网络的数据库信息自动管理和远程互动处理功能,被同样应用于网络理论培训教学的教学管理中。实现理论培训教学学时记录及教学监管,驾驶培训学员的报名、培训、考试、发证等都可以通过网络远程交互通信的方式完成。

2 远程网络教学的特点

远程网络教学通过信息技术实现人机和人际的相互交流和交互作用,突破了教学活动在时间、空间上的限制,只要有一台可以接入网络的计算机,具备基本的远程学习技能的学习者就可以不受时间和地点的限制进行学习,可以有效地弥补传统培训方式的不足,增强了组织和个人学习的灵活性。远程网络教学具有以下特点:

(1)教育开放性。这是远程网络教学最基本的特征。以互联网络和多媒体为主要媒介的现代远程教育,突破了学习和时间的局限,赋予了远程网络教学开放性特征。面向社会大众,对学习者来说,门槛被降低,接受教育的机会大幅度地增加,教育信息资源得以共享。远程网络教学就是应社会大众的教育需求而诞生,其根本目的就是为一切有学习意愿的人提供受教育的机会。

(2)学习延伸性。这是远程网络教学的功能特征。远程网络教学把教育信息传送给四面八方的学习者,借助各种媒体技术把教育信息向外传输,实际上就是把教育资源和教育功能向外扩散,并通过这种扩散,将自己的教育功能向整个社会延伸。这种延伸性符合现代教育的终生学习的理念。

(3)自主灵活性。远程网络教学是以学生自学为主,教师助学为辅。不受空间和时间的限制,任何人、在任何时间、任何地点、从任何章节开始、学习任何课程。学习模式最直接体现了自主学习和主动学习的特点,充分满足了发展中的现代教育和终身教育的基本要求,给受教育者以更大的自主权。远程教育在课程设置、学籍管理、教育管理等方面要比常规的学校教育更灵活多样,充分适应成人学习的特点。

(4)技术先进性。远程网络教学的实现要依靠先进的技术为支持,现代远程教育的技术支撑是以计算机技术、软件技术、现代网络通信技术为基础,数字化与网络化是现代远程教育的主要技术特征。与常规的学校教育相比,远程网络教学是基于媒体技术和各种教育信息资源进行其活动的,只有借助信息工具才能构成远距离的教育活动。尽管常规的学校教育也需要媒体技术,但它不像远程教育那样对媒体工具、传输手段有着高度的依赖性。没有媒体手段的中介作用,远程网络教学就难以开展。

(5)资源共享性。远程网络教学利用各种网络给学习者提供了丰富的信息,实现了各种教育资源的优化和共享,打破了资源的地域和属性特征,可以集成利用人才、技术、课程、设备等优势资源，以满足学习者自主选择信息的需要，使更多的人同时获得更高水平的教育，提高了教育资源使用效率，降低了教学成本。

3 远程网络在驾驶培训教学中的应用

根据《机动车驾驶培训教学与考试大纲》的要求，学驾驶员在培训期间，必须完成规定学时的机动车基本知识、法律、法规及道路交通信号、安全文明驾驶常识等内容的理论培训学习。因此，重视理论教学，培养学员安全意识、文明驾驶的良好习惯，对于从源头上保证交通安全，具有重要意义。但是，传统的理论培训教学模式存在“重应试、轻理论”的问题，理论培训教学流于形式。驾培机构不进行了理论教学，让学员背题库，学员放弃理论学习，只考虑怎样应付考试，在理论培训上会出现空白点，很难得到有效的控制和监督管理。

推广驾驶员理论培训远程网络教学，可以让学员足不出户就能接受驾驶理论培训，这种新的教学模式不仅大幅度降低了教学成本，而且节约了大量的人力、物力和财力，提高了教学质量和工作效率，更重要的是极大地方便了广大机动车驾驶学员学习理论培训课程，有效地保障了学员的理论培训学时和学习效果，是逐步走向社会信息化的积极尝试。应用远程网络教学系统进行理论培训具有以下优势：

（1）高效率和经济性。传统的理论培训方法是把学员集中起来进行课堂教学。这种方法受时间、地点、师资、经费等因素的制约，尤其是工学矛盾无法解决。远程教育结合网络技术，在时间和空间上具有更大的开放性，扩大培训的覆盖面和规模，远程网络教学打破了地域的限制，学员可以根据自己的情况选择时间进行理论学习，只要是有计算机与网络的地方，学员都可以学习，真正意义上满足不同学员的在岗学习要求。学员可以根据自己的实际情况选择理论培训课程，安排学习的内容和学习的进度，控制自己的学习过程。利用远程网络教学可以有效节省传统培训在师资、教材、场地等方面的重复开支。

（2）大众化和个性化。传统培训由于受到地域、场所等条件的限制，使得部分学习者无法接受培训。远程网络教学可以充分发挥教学资源共享的优势，更好地解决教育的供需矛盾，提高有限的教育资源的利用率，学员接受理论培训不会受到区域、空间的限制，参加培训机会大大增多。远程网络教学能照顾到不同行业、不同岗位、不同层次学员的培训学习需要。学员可以根据自身的特点和个人需求有针对性地选择理论培训课程，提高所需技能。远程网络教学系统允许学员根据自身的学习情况，自己安排学习时间和地点，灵活地安排学习的进度。

（3）资源共享性。远程网络教学利用各种网络给学员提供了丰富的信息，实现了各种教育资源的优化和共享，打破了资源的地域和属性特征，可以集中利用人才、技术、课程、设备等优势资源。充分利用优秀的师资力量和教学资源，以计算机网络通讯技术传递包括文字、图像、声音、动画等多媒体、多样化的教学信息，丰富教学内容，激发学员学习的积极性，使学员可以更容易、更迅速、更生动地掌握所学知识，以产生良好的学习效果和提高教学质量。网络资源展示大量庞杂的、丰富的信息，也给学员创造了宽阔的思维和活动空间,这种自主学习方式也促进了学员的素质的提高。

(4)远程监管自动化。远程网络教学采用了先进的网络技术,在学员进行理论培训学习过程中,行业管理部门会不定时地进行网络远程拍照,利用拍照功能查看学员是否在场认真学习,还可以根据照片的对比,查看是否是学员本人在参加理论培训学习,实现驾驶培训机构理论培训教学点学时记录及教学监管。公安交警部门考试业务流程,实现报名、培训、考试、发证等服务的无缝链接,保证驾驶培训机构的培训质量,维护学员的利益,实现驾驶培训行业规范化、信息化的管理。

三 多媒体技术应用

1 多媒体技术的含义

多媒体技术是使用计算机交互式综合技术和数字通信网络技术处理多种表示媒体——文本、图形、图像、视频和声音,使多种信息建立逻辑连接,集成为一个交互式系统。

多媒体教学指在驾驶培训教学过程中,教练员根据教学目标和教学内容,通过教学设计,合理选择和运用现代化的多媒体教学设备,并与传统的教学手段有机结合,共同参与教学的全过程,以多种媒体信息作用于学员,形成合理的教学过程结构,达到最优化的教学效果。

最有效的课堂教学方法应该视听结合,兼用形、像与声音来呈现教学内容,从而使客体有最佳的接收效果。传统教学通过教师板书和讲解传送授课内容,在这个过程中,不可避免地会出现一些语言表达和书面表达的错误或条理不清的情况,从而给学员的理解带来困难,甚至误解。多媒体教学改变了传统教学模式,利用多媒体的多维性、集成性特点,教练员课前花大量时间精心设计制作所演示的文稿,使教学内容清晰工整,错误率低,推理过程可以详细、逐句展示,既严密,可使学员的各种感官都参与知识接收活动,便于理解和记忆,可获得良好的教学效果。

小知识

实验心理学家赤瑞特拉做过两个著名的心理实验:一个是关于人类获取信息的来源,他通过大量的实验证实,人类获取的信息83%来自视觉,11%来自听觉,3.5%来自嗅觉,1.5%来自触觉,1%来自味觉。这就是说,如果既能看得见,又能听得见,还能用手操作,通过这样多种感官刺激获取的信息量,比单一听老师讲课强得多。另一个是关于知识记忆持久性的实验,结果表明,人们一般能记住自己阅读内容的10%,听到内容的20%,看到内容的30%,听到和看到内容的50%,在交流过程中自己所说内容的70%。这就是说,如果让学习者既能听到又能看到,再通过讨论、交流,用自己的语言表达出来,知识的保持将大大优于传统教学的效果。

2 多媒体技术的特点

在驾驶培训教学中，经常运用多媒体技术，如通过图、文、声、像并茂的形式对学员进行培训，可以使学员便捷地掌握驾驶技巧和驾驶规范，会大大降低违反驾驶规范的人为因素。多媒体技术的特点主要有：

（1）表现形式多样化。多媒体技术集文字、语音和图像于一身的特征很适合用于机动车驾驶培训教学。多媒体教学系统充分利用图形、图表、文字、声音、动画、视频等功能，将传统训练教学中抽象的难以用语言表达的内容，直观地展现在学员面前，使培训内容形象、生动、有声有色，使一些抽象的概念、关系、原理变得具体。利用多媒体技术进行机动车驾驶培训教学，直接以案例和情景模拟的图形体现，既形象生动又有很强的感官刺激，学员就会喜欢听喜欢看，注意力更加集中，记忆更加牢固，更能激发兴趣和条件反射的潜能，对以后的实际操作也会有感性认识，接受知识自然就更快，培训效率自然会大大提高。

（2）培训过程生动化。由于多媒体技术视听结合、手耳并用的特点，以及模拟、反馈、个别指导和游戏的内在感染力，相对于传统的文字说明而言，更加形象、生动，可以吸引学员的注意力，激发学员学习的兴趣，从而提高学员的学习积极性和学习效果。同时，应用多媒体技术比传统的课堂教学或单纯地阅读书面材料效率高、效果好。研究表明，人们通过观看视频来记忆学习内容的效果，远远超过阅读文字材料和倾听语音材料。在交互式多媒体系统中，学员通过应用视频图像、语音、图形和文字等多种形式的信息，可以记住绝大部分的内容。因此，多媒体技术用于机动车驾驶培训可以大大提高培训效果。

（3）增强学习能动性。人—机对话功能使学员参与控制，以增进学习和解决实际问题的能力。学员能调整自己的学习顺序、学习内容、学习进度。计算机能提供即时的反馈信息和适当的强化材料，特别适合于个性化学习。

（4）适于教学角色转换。多媒体教学系统取代了传统培训模式中教练员的部分职能，使教练员从“灌输者”的角色转变为培训教学的指导者，使学员由接受灌输的被动地位转化为主动参与、探究的主体地位。打破了“学员、教练员、教练车”三位一体的传统教学模式，给予学员充分的自主时间和空间，提高了时间利用率和训练效率。

3 多媒体教学软件系统

多媒体教学软件系统以图文并茂、声像兼备的听视觉效果，生动、直观、形象地把教学内容展示出来，激起了学员的学习兴趣，提高了培训教学的效果，在很大程度上改变了传统教学中教学模式，取得了良好的培训教学效果。

多媒体教学软件系统，是把多媒体计算机从善于处理数字化的单维信息改变为善于处理人所能感受到的，在思维过程中所接触到的除了数学化信息以外的其他各种表现形式的多维化信息空间,并以定性和定量拥结合。感性认识和理性认识相结合的综合集成环境,给学员逼真的体验,为机动车驾驶培训教学顺利进行打下了良好的基础。多媒体教学软件系统教学具有以下特点:

(1)教学效率有较大提高。多媒体教学软件系统利用了文字,图形、图像、动画、视频、音频一体化界面加大了对学员的感官刺激,使得培训教学变得形象化、立体化和生动化,从而提高了学员的学习兴趣,这是在同样的课时内传统教学方式所做不到的。教练员采用多媒体教学软件系统教学,把枯燥的培训教学内容通过多媒体设备有机地结合起来,有利于学员对所学知识的理解和接受,教练员可以根据教学实际和学习者的反应,灵活地做出反馈,对其进行优化。切实调动学员的学习积极性,发挥其学习潜能。提高培训教学效果,也从而从根本上提高了教学效率。

(2)由视觉感受代替语言想象激发了学员的求知欲。多媒体教学软件系统画面形象逼真、生动传神,能充分体现语言文字所表达的内容,教练员可随意调用多媒体教学软件系统中的任何交通元素,现场搭建和模拟培训教学所需的二维交通场景,这样的培训教学,远比单纯枯燥的说教效果要好的多。不断变化的图、文、声、像,在吸引学员注意力的同时,更能激发学员学习的兴趣。调动学习的积极性,增强学习成功的可能性。应用多媒体辅助教学,能根据教材的内容和教学需要。化静为动,动静结合,使静态的知识动态化,使教与学充满生机,学员学得主动,能够加深对知识的理解,并逐步了解知识的形成过程。

(3)利用情景教学模式,发展创新思维。创新教育理论认为:教师要引导学员走向现场,激发创新思维。在驾驶培训教学中,传统的教学模式由于受到时空的限制,很多现实情境难以在理论课堂教学中再现,而运用多媒体技术可以很好地把生动的图像、港晰的文字及优美的声音有机地集成并显示于屏幕上,能抛开某些表面的、次要的、非本质的因素,将内在的、重要的、本质的东西表现出来,在屏幕上能实施微观放大、宏观缩小,动静结合。可帮助学员理解抽象概念,观察在实车训练时难以观察清楚的现象。激发学员的学习兴趣,调动学员的学习积极性,提高教学效率。

(4)强化培训教学的实时性。实践出真知,驾驶培训教学的理论教学同样如此。理论性的东西使学员难以理解、接受,即使通过培训教学勉强知道了,也很难熟练地运用到实际操作中去。而通过即时实践,可使学员获得切身体会,并能够加深对理论的理解。通过实践,还可以有效地训练学员的动手操作技能。运用多媒体教学软件系统的教学方式,可以更加突出和强化机动车驾驶培训教学的实践性,实现实时性的真实或模拟操作训练。

(5)弥补传统教学方式的不足。运用多媒体教学软件系统优化培训教学的教学过程,能有效地使培训教学过程化枯燥为乐趣,化抽象为具体,化静态为动态,化难为易,使教练员教学游刃有余,使学员学习兴趣盎然,使学员自身的创造性素质也得到积极主动的发展与体现。同时，在多媒体教学软件系统辅助下，教练员的教学手段得以丰富，视野进一步开阔，教学信息传达和展示方式多样化，弥补了传统教学方式的不足，既节省时间又使有效信息量大幅增加。

4 教学磁板

通过教学磁板，教练员直接在教学磁板前和学员进行面对面的交流。各种交通环境信息（汽车、非机动车、行人及信号标志等）都可以体现在数码互动教学磁板上。无论是交通法规讲解或模拟操作、图解等，都能在教学磁板上进行修改、标注或用板擦擦除；也可以将内容存储、打印或发送给学员；理论教员的操作和声音都可以录制为视频文件供以后重复播放或培训后分发，让每个学员都感到学习更加生动、灵活。教学磁板有以下特点：

（1）交通元素全面、场景组建灵活。道路交通场景不外乎有人、车、路和环境四元素组成，而教学磁板内设了各种典型的交通参与者，符合国家标准的全部道路交通标志标线以及各种道路交通场景，因此，教练员可以利用磁板软件所包含的交通元素灵活的组建交通场景。

（2）教练员与学员间的互动性强。教学过程中，教练员配置好交通场景后，可以针对该场景设置各种问题，和学员共同探讨正确的驾驶行为方式，并通过交通元素位置的灵活变化，模拟出各种交通行为的后果，增强学员对知识的理解能力和知识的应用能力，提高学员学习的主动性，克服“灌输式”教学导致的枯燥感。

（3）教学内容直观、生动。交通场景，尤其是城市复杂的交通场景，教练员很难单纯地用语言解释清楚。因此，教练员可以借助画面演示等直观、逼真的方式，促进学员的理解。例如，教练员进行“弯道和曲线驾驶”教学时，可以借助教学磁板给学员分析车辆在弯道的受力情况，弯道行驶时的潜在危险和提前减速行驶的必要性等。

（4）教学素材多样。教学磁板除了能利用已有的交通元素灵活地组建各种交通场景外，还有助于教练员对教学素材的拓展，即能够保存教练员自行收集的教学背景图片，以增强教学磁板的地区适应和教学的灵活性。

（5）操作简便。教学磁板的界面整洁，教练员操作时，更多的是采用点击或拖拽图标的方式，针对相对难以理解的功能做详尽的操作指导，因此，能否很好地利用教学磁板来组织培训教学，关键在于教练员对驾驶培训专业知识的掌握程度，在于教练员组织的教学场景与教学内容更加专业和贴近实际，而在计算机技术方面对教练员没有特殊的要求。

5 汽车驾驶模拟器

汽车驾驶模拟器是利用计算机、软件、光学、精密机械等复合技术手段来模拟现实驾驶环境的仿真平台，它利用虚拟现实仿真技术营造一个虚拟的驾驶训练环境，学员通过模拟器的操作部件与虚拟的环境进行交互,从而进行驾驶训练。模拟驾驶环境几乎可以完全"克隆"真实学车环境,能够消除学员的恐惧心理,适时规范学员的操作,从而提高驾驶培训教学质量。汽车驾驶模拟器是一种既能提高驾驶培训水平,又可以降低训练成本的有效的驾驶培训训练设备,主要由汽车驾驶模拟座舱、视景显示设备、音响系统等部分组成。

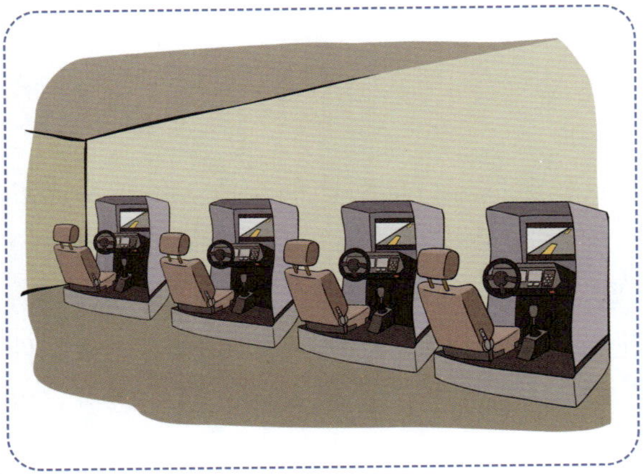

汽车驾驶摸拟器教学是通过模拟各种道路场景,学员可以在仿真模拟的环境中体验实际驾驶中的每一个细节,能够训练和提高学员基本的驾驶操作技能和心智技能,以便今后在实际驾驶中更加得心应手。

汽车驾驶模拟器具有以下特点:

(1)教学任务的立体性。汽车驾驶模拟器利用了计算机仿真技术,使学员的培训教学任务具有立体性。在机动车驾驶培训教学过程中,不只是传授驾驶技能,还包括规范驾驶、文明行车、职业道德等内容,而最重要的是安全意识的养成。

(2)理论教学的应用性。驾驶模拟器可较完整、逼真地模拟各种交通环境、行人动态、道路情况、操作显示、事故案例、违章操作、违章报警等,学员如亲临现场一样,可进行反复操作,有利于将汽车驾驶理论应用于实践,做到学用一致,讲练结合,学做合一。

(3)教学结构的综合性。驾驶模拟器利用计算机多媒体技术,它可将汽车构造、汽车电气设备、交通安全等课程的知识输入系统中,供学员学习使用,拓展学员的知识面。

(4)提高训练教学效果。汽车驾驶技能需要"眼、耳、鼻、舌、身"等身体"五官"的协调动作,驾驶模拟器不仅提供了具有可视性,又有实操性的驾驶环境,而且计算机仿真系统将安全驾驶可能会遇到的交通安全问题如数编辑到操作过程中,学员在接受训练过程中,可以模拟形象、直观、逼真的驾驶技术,可以不受季节、天气、环境、场地、油材供应等外界因素和外部条件的限制,在训练时间、学员的安排上也可以避免相互冲突。

(5)提高教学安全性。驾驶培训过程的训练初期,因学员的驾驶操作技能还不熟练，而且缺乏安全驾驶经验，在实际道路上进行驾驶训练时，由于路况较为复杂，学员常常比较紧张易发生操作失误，可能会导致严重的后果，甚至造成重大交通事故。因此，使培训教学存在较大风险。驾驶模拟器采用仿真技术把驾驶过程中可能遇到的路面情况，比如，红绿灯、高速公路、闹市和胡同等等路况，在显示器上展示给学员，让学员在有惊无险的刺激情绪体验中，潜移默化地培养安全行驶的意识，增加行驶中各种紧急情况妥善处理的经验和方法，提高了训练教学行为的安全性。

（6）降低训练成本。在汽车驾驶员训练过程中某一阶段，通过汽车驾驶模拟训练设备进行部分车辆操纵控制技能和部分道路交通情况分析处理能力的训练，必然会相对减少实车行驶里程、降低车材、消耗等训练开支。很显然，在驾驶训练过程中进行驾驶模拟训练，将会大大提高驾驶训练的经济性。

6 应用多媒体技术培训教学应注意的问题

多媒体教学是一种新的教学手段，在运用的过程中必然会带来一些新的问题，针对这些问题我们必须研究新的对策，扬长避短，主动适应这种新的教学手段，改进其教学方法，最大限度地避免负面影响，提高培训教学质量。尽管在机动车驾驶培训教学中采用多媒体技术在教学手段有如上所述诸多优势，但并非是使用了多媒体教学手段就能保证培训教学的成功和达到预期的教学目标，而需要教练员根据培训教学的特点选择多媒体教学手段，在培训教学中精心设计、认真实践、反复推敲。因此，采用多媒体教学，必须注意以下问题：

（1）应用多媒体教学应注重实际效果。应用多媒体技术是为了辅助教学，其目的是为了提高教学效果，但应用多媒体教学不是提高培训教学效果的唯一途径和手段，在培训教学中不能为了多媒体而去使用多媒体，应针对培训教学内容采取与之相应的教学方法、方式，合理地综合和利用各种教学媒体，取长补短。只有这样才能发挥各种教学方法的综合功能，取得最佳效果。但也并非所有的培训教学内容都适用于多媒体教学，像逻辑思维比较强，或一般的文字讲解的课程，应用多媒体教学则并无优势。

（2）不能代替教练员的教学指导。多媒体教学设备作为一种辅助教学工具，能降低教练员的劳动强度，但不能代替教练员的教学指导作用，驾驶培训教学的特殊性决定了教学过程没有教练员的现场教学指导是无法完成的。多媒体教学设备只是教练员手中的一种教学工具，教练员才是教学活动的主导。要从人与多媒体、教学内容与多媒体技术之间的关系入手，深入探讨多媒体技术在培训教学运作中的基本教学规律和要求，使多媒体教学设备在教练员的驾驭下有的放矢地发挥作用。

（3）不能代替实际操作训练。机动车驾驶活动是一项实际动手操作的技能，一个学员的机动车驾驶技能的形成与掌握，需要经过相当长的训练时间、反复联系以及在实际道路上积累驾驶经验的过程。多媒体技术在驾驶培训教学中的应用，给学员提供了一种直观、交互、个性化的辅助教学训练手段。但是它只对将有限的训练时间的充分利用和提高训练具有促进作用,不能因为它在培训教学训练中的使用而缩短了实际操作的训练时间。在同样的、大纲规定的教学训练时间内,有驾驶培训多媒体教学系统辅助教学必定比没有辅助教学的训练效果要好,学员对驾驶技能的掌握更全面、更扎实。

(4)多媒体课件的制作应实用有效。多媒体教学的核心任务是提高学员对培训教学内容的接受能力,减少枯燥感,降低学习难度。因此在多媒体课件制作内容上应着重考虑实用性,切忌华而不实、追求视觉刺激,这样容易分散学员的注意力,反而达不到预期的效果。

总之,多媒体教学有着传统教学无法比拟的独特之处,它克服了许多传统教学中的缺陷和不足,已经成为教学改革的一个重要突破口,同时我们也应注意到多媒体教学也不可能是万能的,它也是有缺点和不足的,只有通过扬长避短,才能真正发挥多媒体教学的先进作用。

小知识

情景式教学是现代教育所提倡的加强教与学的交流,提高学习兴趣,集中学员注意力,强调针对性,调动学员主观能动性,活跃课堂气氛的有效形式。

模块4 安全培训管理

企业的安全生产管理是以人为本理念的体现,是社会稳定的需要,也是企业效益的基础。对于机动车驾驶培训机构来说,培训教学安全就是效益。因此,做好培训教学安全管理是机动车驾驶培训机构工作的重中之重。只有进一步强化安全意识,提高培训教学水平,扎实有效地推进安全培训管理工作,才能使机动车驾驶培训机构最终达到以"安全求生存,信誉求效益"的良性发展。

安全培训管理主要涉及安全管理制度、训练事故应急预案、训练事故隐患排查方案的制定以及教练员的安全教育等方面。

一 安全管理制度

安全管理制度是企业依据国家有关法律、法规、标准,结合安全生产工作实际,以企业名义起草颁发的有关安全生产的规范性文件。它是法律法规在企业延伸,也是企业贯彻执行的具体体现。也是企业保障职工安全健康和财产安全的最基本的规定。企业都必须根据自身的特点,制订规章制度,并认真贯彻执行。

1 安全管理制度的概念

安全管理是指以国家的法律、规定和技术标准为依据,采取各种手段,对企业生产的安全状况实施有效制约的一切活动。安全管理是企业管理工作的关键环节,"关爱生命、安全第一、预防为主",始终是企业做好教职员工安全教育活动和安全隐患排查治理工作的指导思想。

安全管理是企业管理的一个重要组成部分。企业的安全管理、质量管理、经营管理等各项管理工作密切关联、相互渗透。企业安全状况是整个企业综合管理水平的反映。

安全管理的目标是减少和控制危害,减少和控制事故,尽量避免生产过程中由于事故造成的人身伤害、财产损失、环境污染以及其他损失。安全管理包括安全生产法制管理、行政管理、监督检查、设备设施管理、作业环境和条件管理等方面。

安全管理的基本对象是企业的员工,涉及企业中的所有人员、设备设施、物料、环境、财务、信息等各个方面。安全管理的内容包括:安全生产管理机构和安全生产管理人员、安全生产责任制、安全生产管理规章制度、安全生产策划、安全培训教育、安全生产档案等。

2 安全管理制度的基本要求

(1)驾驶培训机构必须遵守国家有关安全生产的注律、法规、规程、标准和规范。

(2)驾驶培训机构必须建立健全安全生产责任制、安全目标管理制度、安全奖惩制度、安全技术审批制度、安全隐患排查制度、安全检查制度、安全办公会议等制度。

(3)驾驶培训机构必须设置安全生产机构,配备适应工作需要的安全生产人员和装备。

(4)驾驶培训机构必须对职工进行安全培训。未经安全培训的,不得上岗作业。特种作业人员必须按国家有关规定培训合格,取得操作资格证书。

(5)驾驶培训机构必须实行群众监督,职工有权制止违章作业,拒绝违章指挥:工作地点出现险情时,有权立即停止作业,撤到安全地点,当险情没有得到处理不能保证人身安全时,有权拒绝作业。

3 驾驶培机构安全管理制度

驾驶培训机构的安全主要有两个方面:一是车辆运行安全,即不发生行车安全事故;二是教学过程安全,在机动车驾驶培训教学过程中不发生安全事故。根据《机动车驾驶培训机构资格条件》(GB/T 30340—2013)的规定,机动车驾驶培训机构应建立安全生产责任制度。安全生产责任制度包括道路训练安全告知、安全教育、教学现场安全检查与隐患排除、重大事故报告、突发事件应急预案及安全责任倒查等,并建立纸质和电子档案。

4 驾驶培训机构的安全投入

安全投入是指安全活动的一切人力、物力和财力的总和。人员、技术、设施等的投入、安全教育及培训、劳动防护及保健费用、事故援救及预防、事故伤亡人员的救治花费等,均视为安全投入。

《安全生产法》第 18 条明确规定,生产经营单位应当具备安全生产条件所必需的资金投入。生产经营单位必须安排适当的资金,用于改善安全设施,进行安全教育培训,更新安全技术装备、器材、仪器、仪表以及其他安全生产设备设施,以保证生产经营单位达到法律、法规、标准规定的安全生产条件,并对由于安全生产所必需的资金投入不足导致的后果承担责任。

保证必要的安全生产投入,是实现安全生产的主要基础。企业安全生产投入是一项长期性的工作,安全生产设施的投入必须有一个总体规划,有计划、有步骤、有重点地进行,要提足用好安全生产费用,从根本上提高安全保障能力。

在安全经济学上,预防性的“投入产出比”高于事故整改的“产出比”。研究成果显示,安全保障措施的预防性投入效果与事后整改效果的关系是 1:5 的关系。这一安全经济的基本定量规律是指导安全经济活动的重要基础。由此可以说,超前预防型效果优于事后型整改效果。

为了保证培训教学安全,机动车驾驶培训机构必须加强安全生产专项资金使用的管理,建立安全生产资金投入的长效机制,提高抵抗安全生产风险的能力,遏制安全生产事故。

机动车驾驶培训机构的安全投入主要用于以下方面:

(1)教练车安全状况检测及维护系统、教练车附属安全设备等。

(2)为教学车辆上驾乘人员缴纳各项交通意外保险。

(3)安全生产检查与评价。

(4)重大事故安全隐患的评估、排查、整改、监控、治理。

(5)安全教育培训及进行应急救援演练。

(6)配备必要的应急救援器材、设备和现场作业人员安全防护物品。

(7)其他有关预防事故发生的安全技术措施费用。

二 训练事故应急预案

1 事故应急预案的作用

我国最新的法律法规要求,任何生产经营单位都应该制定事故应急预案。制定事故应急预案是贯彻落实“安全第一、预防为主、综合治理”的方针,提高应对风险和防范事故的能力,保证职工安全健康和公众生命安全,最大限度地减少财产损失、环境损害和社会影响的重要措施。

应急预案是针对可能发生的突发事件，为迅速、有序地开展应急行动而预先制定的行动方案。事故应急预案在应急系统中起着关键作用，它明确了在突发的事故发生之前、发生过程中以及刚刚结束之后，谁负责做什么、何时做，以及相应的策略和资源准备等。它是针对可能发生的重大事故以及影响、后果的严重程度，为应急准备和应急响应的各个方面所预先作出的详细安排，是开展及时、有序和有效是事故应急救援工作的行动指南。

2 制定事故应急预案的目的

为有效预防、及时控制和妥善处理机动车驾驶培训机构的各类突发公共事件，提高快速反应和应急处理能力，建立健全应急机制，确保驾培机构教练员和学员的生命与财产安全，保证正常的培训教学工作秩序，维护社会稳定。并能在事故发生后，迅速有效地控制和处理事故，尽力减轻事故对人、财产和环境造成的影响。

3 事故应急预案的编制依据

在应急预案编制过程当中，必须根据国家的有关法律法规来进行编写。主要有《中华人民共和国道路交通安全法》、《中华人民共和国安全生产法》、《生产安全事故应急预案管理办法》、《生产经营单位安全生产事故应急预案编制导则》（AQ/T 9002—2006）、《生产经营单位生产安全事故应急预案评审指南（试行）》、《企业安全生产标准化基本规范》和《国家安全生产事故灾难应急预案》以及《国务院关于进一步加强企业安全生产工作的通知》、《交通运输突发事件应急管理规定》等法律法规和以及有关行业管理规定、技术规范和标准等。

4 事故应急预案的编制要求

编制应急预案必须以客观的态度，在全面调查的基础上，以各相关方共同参与的方式，开展科学分析和论证，按照科学的编制程序，扎实开展应急预案编制工作，使应急预案中的内容符合客观情况，为应急预案的落实和有效应用奠定基础。

《生产经营单位安全生产事故应急预案编制导则》（AQ/T 9002—2006）明确了应急预案应包含的内容和编制要求，为应急预案的规范化建设提供了依据。根据有关法规及该导则的要求，编制应急预案时应进行合理策划，做到重点突出，反映主要的重大事故风险，并避免预案相互孤立、交叉和矛盾。

《生产安全事故应急预案管理办法》规定，应急预案的编制应当符合下列基本要求：

（1）符合有关法律、法规、规章和标准的规定；

（2）结合本地区、本部门、本单位的安全生产实际情况；

（3）结合本地区、本部门、本单位的危险性分析情况；

（4）应急组织和人员的职责分工明确，并有具体的落实措施；

(5)有明确、具体的事故预防措施和应急程序,并与其应急能力相适应;

(6)有明确的应急保障措施,并能满足本地区、本部门、本单位的应急工作要求;

(7)预案基本要素齐全、完整,预案附件提供的信息准确;

(8)预案内容与相关应急预案相互衔接。

从广义上来说,应急预案是一个由各级文件构成的文件体系。它不仅是应急预案本身,也包括针对某个特定的应急任务或功能所制定的工作程序等。一个完整的应急预案的文件体系可包括预案、程序、指导书、记录等,是一个四级文件体系。

5 事故应急预案的编制步骤

《生产经营单位安全生产事故应急预案编制导则》(AQ/T 9002—2006)中规定了生产经营单位编制安全生产事故应急预案的步骤。下面以生产经营单位安全生产事故应急预案编制为例,阐述应急预案的编制步骤。

应急预案的编制包括下面六个步骤:

(1)成立应急预案编制小组。应急预案的针对性、科学性、实用性和可操作性要求,决定了应急预案的编制是一个复杂的过程。由于其内容涉及多个方面,单靠几个人的努力是无法完成的。因此,编制应急预案,首先要成立以单位主要负责人为领导的应急预案编制小组,以便调用各方力量,明确编制任务、职责分工、制定工作计划。

(2)资料收集。收集应急预案编制所需的各种资料(相关法律法规、应急预案、技术标准、国内外同行业事故案例分析、本单位技术资料等)。

(3)危险源与风险分析。危险源是事故发生的根源,通过危险因素分析对危险源进行辨识,是确定应急预防与应急救援对象的基础。危险源与风险分析,就是在危险因素分析及事故隐患排查、治理的基础上,确定本单位的危险源、可能发生事故的类型和后果,进行事故风险分析并指出事故可能产生的次生衍生事故,形成分析报告、分析结果作为应急预案的编制依据。

(4)应急能力评估。企业应根据实际情况,通过实施初始评估,对本单位现有的应急能力、可能发生的危险和紧急情况,掌握有关的信息,并对本单位目前在处理紧急事件时的基本能力进行评估。

(5)应急预案编制。针对可能发生的事故,按照有关规定和要求编制应急预案。应急预案编制过程中,应注重全体人员的参与和培训,使所有与事故有关人员均掌握危险源的危险性、应急处置方案和技能。应急预案应充分利用社会应急资源,与地方政府预案、上级主管单位以及相关部门的预案相衔接。编写过程如下:

- 确定应急对象;
- 确定行动的优先顺序;
- 按照任务书列出任务清单、工作人员清单和时间表;
- 编写分工,按任务清单与工作人员清单,进行合理分工;

- 集体讨论，定期不定期组织讨论，发现问题，及时改进；
- 初稿完成，征求意见，初步评审；
- 创造条件，进行应急演练，对预案进行验证；
- 评审定稿。

(6)应急预案的评审与发布。应急预案编制完成后，应进行评审。评审由本单位主要负责人组织有关部门和人员进行。外部评审由上级主管部门或地方政府负责安全管理的部门组织审查。评审后，按规定报有关部门备案，并经生产经营单位主要负责人签署发布。

需要指出的是，应急预案的改进是预案管理工作的重要内容，与以上六个步骤共同构成一个工作循环，通过这个循环可以持续改进预案的编制工作，完善预案体系。

6 应急预案的主要内容

应急预案是针对可能发生的重大事故所需要的应急准备和应急响应行动而制定的指导性文件，其主要内容如下：

(1)应急预案的适用范围；

(2)事故可能发生的地点和可能造成的后果；

(3)事故应急救援的组织机构及其组成单位、组成人员、职责分工；

(4)事故报告的程序；

(5)接到事故报告后应当采取的行动和措施；

(6)事故应急救援(包括事故伤员救治)资源信息，包括队伍、装备、物资、专家等有关信息的情况；

(7)事故报告及应急救援有关的具体通信联系方式；

(8)保障应急预案贯彻执行的措施；

(9)与相关应急预案的衔接关系；

(10)应急预案编制、管理的措施和要求。

7 应急预案的实施与管理

在驾驶培训教学过程中，面对包括道路交通事故、车辆机械事故、消防安全及意外事故等各种复杂风险状况，随时有可能发生突发事件，驾驶培训机构的应急能力显得尤为重要。因此，制定事故应急预案和措施，强化事故应急管理，使其成为安全培训教学的最后一道“防火墙”。如果将应急预案形式化，只注重有预案，预案要件齐全，至于预案是否符合机动车驾驶培训教学实际，是否是从培训教学事故和伤害诊断情况作出，是否具有针对性等等不管不问，应急预案不是为出现培训教学事故救援设置，是为检查而准备，那么驾驶培训机构的应急能力将存在重大缺陷。所以，驾驶培训机构应急预案的实施与管理主要有：

(1)建立组织,明确职责。建立驾驶培训机构的应急组织形式,如领导小组、专家小组、现场处置小组等。明确应急指挥机构的构成部门或人员,每一具体行动的负责人及替代关系,应急指挥机构的主要职责,以及总指挥和副总指挥的相应职责。指挥机构的职责主要包括:研究政策、落实措施、批准预案、启动和终止预案、协调和指挥抢险、发布信息和组织演练等。应急指挥机构根据事故类型和应急工作需要,可设置相应的专项应急处置工作小组,并明确各小组负责人和各小组的工作任务及职责。

(2)严密监控,科学预警,及时响应。明确驾驶培训机构对危险源监测监控的方式、方法,以及采取的预防措施。应针对可能发生的各类突发事件,完善预防与预警机制,开展安全风险评估,做到早发现、早报告、早处置并制定有效的预防措施。对可能引发各类突发事件的预测、预警信息要及时上报。事故预警的条件、方式、方法和信息的发布序,可通过搜集和研究可能导致安全生产突发事件的内部信息和外部信息,及早提示、预警并采取有效的应对措施,以预防事件的发生。根据驾驶培训机构的组织结构、职能分配和所属单位情况,明确已划分各级别突发事件响应程序。包括各级别事件应急预案的启动条件、响应的基本原则、突发事件响应等级递进规定和响应过程的联系方式等,以及各响应等级的应急指挥、应急行动、资源调配、应急避险等响应程序。在制定响应程序时应当注意,如果超出本级应急处置能力时,要及时请求上一级应急指挥机构启动应急预案实施救援。

(3)及时上报、信息畅通。机动车驾驶培训机构要建立、完善先进的应急通信系统,并做好平时的管理和维护工作,确保应急通信24小时畅通。当突发事件发生后,机动车驾驶培训机构在视情启动应急预案的同时,应按照有关规定及时如实向上级和当地政府或主管部门报告,不得迟报、谎报、瞒报和漏报。报告内容主要包括时间、地点、信息来源、事件性质、危害程度、事件发展趋势和已经采取的措施等。

(4)合理配员,保障物资及经费。明确各类应急响应的人力资源,包括应急队伍的组织与保障方案。机动车驾驶培训机构应按照有关规定配备应急救援队伍,加强应急队伍业务培训和演练,强化全员应急能力培训,不断提高应急队伍综合素质。

(5)强化训练,及时更新。驾驶培训机构每年应按照有关规定结合本单位实际情况制定应急培训计划,对全体员工进行应急培训教育。并定期或不定期组织应急演练以保证各级应急预案的有效实施,以及做好演练结束后的总结评估及改进等各项工作,演练总结和评估要向上一级单位报告。根据应急预案维护和更新的基本要求,定期进行评审,实现可持续改进,将预案纳入日常管理规章,并接受有关单位的监督、审核和检查,不断自我改进。当应急预案有变动时应重新向上一级单位和主管机构报备。

三 训练事故隐患排查方案

安全隐患是事故形成的前兆,是事故发生的温床。安全隐患是指作业场所、设备及设施的不安全状态，人的不安全行为和管理上的缺陷。安全隐患与事故和人身伤害之间存在一种因果连锁关系，必须科学地、早期地排查安全隐患，在发生轻微伤害甚至无伤害事故时就应采取针对性对策措施，防止人的不安全行为，消除物的不安全状态，中断事故连锁的进程从而避免事故的发生。

驾驶训练事故隐患的排查和治理，已经成为提高社会和驾驶培训机构本质安全水平、确保社会经济和谐稳定发展的一项有效措施。随着社会经济快速发展，驾驶培训机构迅猛扩张，与此同时，由于人们安全意识淡薄、安全管理制度的缺失、日常监管手段的局限，训练事故隐患以各种形态大量存在，训练事故隐患的排查整改显得尤为重要。

小知识

安全教学隐患及其分类

安全教学隐患是指可能导致事故发生的危险状态、人员的不安全行为和管理上存在的缺陷。根据隐患的危险性大小、可能造成后果的严重程度和经济损失情况，可以分为一般隐患、重大隐患和特别重大隐患。

1 训练事故隐患排查方案的要求

驾驶培训机构在组织训练事故隐患排查前应制定排查方案，明确排查的目的、范围，选择合适的排查方法。训练事故隐患排查目的主要是排查驾驶培训机构安全培训经营中的事故隐患和薄弱环节。制定依据应包括：有关安全生产法律、法规要求、设计规范、管理标准、技术标准、安全培训目标等；训练事故隐患排查范围应包括：所有与培训教学相关的场所、环境、人员、设备设施和活动；排查方法上，机动车驾驶培训机构应根据安全培训教学的需要和特点，采用综合检查、专业检查、季节性检查、节假日检查、日常检查等方式进行隐患排查。

2 训练事故隐患排查方案的制定

为有效预防、及时控制和妥善处理机动车驾驶培训机构的各类突发公共事件，提高快速反应和应急处理能力，建立健全应急机制，确保驾培机构教练员和学员的生命与财产安全，保证正常的培训教学工作秩序，维护社会稳定。并能在事故发生后，迅速有效地控制和处理事故，尽力减轻事故对人、财产和环境造成的影响。

在制定训练事故隐患排查方案过程当中，必须根据国家的有关法律法规来进行编写。主要有《中华人民共和国道路交通安全法》、《中华人民共和国安全生产法》、《国务院关于进一步加强企业安全生产工作的通知》、《国务院办公厅关于在重点行业和领域开展安全生产隐患排查治理专项行动的通知》、《安全生产事故隐患排查治理暂行规定》、《安全隐患排查治理工作制度（试行）》以及《交通运输重大事故隐患排查挂牌督办办法(征求意见稿)》等法律法规和以及有关行业管理规定、技术规范和标准等。

3 训练事故隐患排查方法

(1)综合检查。综合性安全检查是以落实岗位安全责任制为重点、各部门共同参与的全面检查。机动车驾驶培训机构至少每年组织检查或抽查一次,基础单位、班组可以增加综合检查的频次。

(2)专业检查。专业性检查主要是对教练车、教练场所、培训教学设备、安全附属装置、监测仪器、危险物品等系统分别进行的专业检查,及在训练前、训练中和训练后等阶段进行的专项安全检查。

(3)季节性检查。季节性检查是根据各季节特点开展的专项检查。春季安全大检查以防雷、防静电、防解冻跑漏为重点;夏季安全大检查以防暑降温、防食物中毒、防台风、防洪防汛为重点;秋季安全大检查以防火、防冻保温为重点;冬季安全大检查以防火、防爆、防冻防滑、防滑为重点。

(4)节假日检查。节假日检查主要是节前对安全、保卫、消防、生产设备、备用设备、应急预案等进行的检查,特别是对节假日管理人员、检维修队伍的值班安排和原辅料、备品备件、应急预案的落实情况等应进行重点检查。

(5)日常检查。日常检查包括训练前、训练中和训练后等阶段的常规检查,以及机动车驾驶培训机构主要负责人和培训教学、设备、安全等专业技术人员的经常性检查。各岗位应严格履行日常检查制度,特别应对关键装置要害部位的危险点、源进行重点检查和巡查。

4 训练事故隐患排查范围

机动车驾驶培训机构营运过程风险种类复杂,既涉及法律风险、市场风险,也较为频繁受到自然灾害、恶劣天气和人为因素的影响,此外,教练车及教学设备设施的运转状态等也是重要因素。因此,机动车驾驶培训机构训练事故隐患排查范围可以进行如下界定:

(1)驾驶培训机构安全生产责任制建立及落实情况。机动车驾驶培训机构各部门、各岗位安全生产责任制建立及落实情况。

(2)安全生产管理制度和安全操作规程的建立及执行情况。

(3)安全生产培训情况。机动车驾驶培训机构主要负责人、安全管理人员的培训和持证上岗情况;对新员工的岗前培训和各部门安全教育情况。

(4)重大危险源的建档及监控情况。机动车驾驶培训机构存在的重大危险源是否进行了辨识分级、检测评估、分类建档,是否实时监控等管理措施。

(5)教练车及培训教学设备是否完好,是否存在带病运行情况;安全防护设施是否可靠、有效。

（6）教练车及培训教学设备的使用管理及安全生产状况。

（7）事故调查处理、责任追究及防范措施落实情况。已发生的各类事故是否按照"四不放过"的原则，认真吸取了事故教训，对有关责任人的责任追究和防范措施是否落实。

5 训练事故隐患的整改

训练事故隐患是指在机动车培训教学过程中可能导致事故发生的危险状态以及人员的不安全行为和管理上存在的缺陷。为了加强安全培训教学管理，机动车驾驶培训机构必须对排查出的隐患进行有效的治理，铲除滋生培训教学事故的土壤，消除培训教学中发生的事故隐患，才能防范培训教学事故的发生。

训练事故隐患整改的原则：

（1）安全第一，常抓不懈，预防为主，层层落实，分级分部门负责的原则。

（2）"实事求是、科学认定、分级管理"的原则。

（3）"谁存在事故隐患，谁负责监控整改"的原则。

（4）隐患整改务必迅速、及时、彻底的原则。

训练事故隐患整改措施：

（1）驾驶培训机构应根据培训教学事故隐患排查的结果，制定隐患整改方案，对培训教学事故隐患及时进行治理。

（2）隐患整改方案应包括目标和任务、方法和措施、经费和物资、机构和人员、时限和要求。重大事故隐患在整改前应采取临时控制措施并制定应急预案。

（3）训练事故隐患整改及其方案的核心都是通过具体的整改措施来实现的，主要包括：技术措施、管理措施、教育措施、防护措施和应急措施。

（4）整改完成后，应对整改情况进行验证和效果评估。在重大事故隐患整改完成后对整改情况进行验证和效果评估。

隐患整改措施的基本要求：

（1）能消除或减弱培训教学过程中产生的危险、有害因素。

（2）处置危险和有害物，并降低到国家规定的限值内。

（3）预防教练车及培训教学装置失灵和操作失误产生的危险、有害因素。

（4）能有效地预防重大事故和职业危害的发生。

（5）发生意外事故时，能为遇险人员提供自救和互救条件。

（6）训练事故隐患整改工作的监督、检查。

驾驶培训机构安委会负责协调、指导、监督驾培机构内隐患整改工作，相关职能部门负责隐患整改的组织落实、方案实施及事故防范等措施的实施，并进行检查、督促和全面管理。

四 教练员安全教育

1 安全教育的作用

《中华人民共和国安全生产法》对企业安全教育培训有着明确的规定,企业的安全教育培训进入法制化,充分证明了安全教育培训的在安全生产中的重要地位。

安全教育培训是机动车驾驶培训机构安全管理工作的基础,是驾驶培训教学管理的常态工作,是实现驾培机构安全工作持续稳定的长效举措。只有做好安全教育培训工作,有效发挥教育培训在安全工作中的作用。

教练员的安全教育是机动车驾驶培训机构安全管理工作中的一个重要的组成部分。对教练员进行安全教育培训是提高他们安全意识和安全素质,防止培训教学事故发生,保证培训教学安全的重要手段。

安全教育是对教练员进行安全思想(态度)、安全知识(应知)、安全技能(应会)的宣传、教育和训练。其作用在于:

(1)提高安全意识,树立"安全第一"的思想。

(2)提高教职员工安全知识水平和实际操作技能。

(3)动员教职员工参与安全管理,实现全员安全管理。

2 安全教育的原则

(1)依法进行的原则。安全教育培训是《安全生产法》规定的重要内容之一。其中,对于生产经营单位的负责人、安全管理人员等都作了明确的规定,在进行安全教育培训时应按照有关的规定进行。

(2)全员参与的原则。安全生产工作的性质决定了必须全员参与教育培训,全员参与还应针对不同的对象进行,这也是安全教育的本质要求,是做好安全生产工作的基础和前提。

(3)理论联系实际的原则。安全教育培训工作本身负有预防违章肇事行为的使命,其目的是使教练员达到"应知"、"应会"。应该使教练员明确其权利和义务。理论联系实际就是要结合本单位、本部门、本岗位的实际情况来进行安全教育培训,还要结合具体事故案例进行分析、讲解,以期达到最佳效果。

(4)规范性原则。安全教育培训很大部分内容就是规章制度、操作规程的培训。安全规章制度必须符合法律法规要求,符合科学要求;操作规程必须是规范的。程序必须清晰明确。安全教育培训还应统一规划好,并且要分级实施。

(5)灵活性原则。安全教育培训不能只是说教式的,而应针对对象不同采取灵活多样的方式进行。如利用图片、多媒体教学、演示、演练、知识竞赛、演讲、现场教学等。

(6)巩固性与反复性原则。随着社会发展、生活和工作方式的发展,安全知识需要进一步更新。另一方面安全知识的应用随着时间的推移，情况的变化而淡忘。这就需要"警钟长鸣"，不断深化安全观念，强化安全意识，也就是要反复抓，抓反复。

3 安全教育的内容

(1)安全思想教育。安全思想教育是安全教育的基础。其教学的目的是提高教练员做好培训教学安全的自觉性、责任心、积极性，意在培养教练员的安全素质和安全意识。主要包括：安全生产方针、政策、法规教育；劳动纪律和安全管理制度教育；对教练员的安全思想教育，应贯穿于培训教学过程之中，根据不同人员、不同时间、不同问题等有针对性地进行教育。

(2)安全技术知识教育。安全技术知识包括驾驶培训教学过程中不安全因素及其规律，预防事故的基本知识，安全设施的正确使用，伤亡事故的报告程序，以及发生事故时的急救措施等。对教练员进行安全技术知识教育时，必须把培训教学同安全技术结合起来进行，使教练员掌握与已相关的岗位安全知识，增强培训教学的安全可靠性。

(3)安全技能教育。安全技术教育的重点是安全技能教育。仅有安全技术知识，并不等于就能够安全地从事驾驶培训教学，还必须把它变成安全培训教学的本领。安全技能，包括驾驶培训教学的重点、难点、注意事项，危急情况应变措施，安全技能教育不仅要靠教材或口述、更主要靠演示和练习才能掌握。

4 安全教育的形式

驾驶培训机构是交通安全教育的重地，良好的安全教育培训形式能够得到事半功倍的效果。在实际应用中，要根据培训内容和培训对象，开展灵活多样的安全教育形式，保证安全教育工作顺利有效进行。因此，在安全教育培训中要注意形式的多变与新颖。例如：开展典型案例教育的形式既可以是对案例的讲解、分析、讨论，也可以集体观看录象资料，还可以请交通安全专家做安全教育专题讲座或采用集娱乐性、知识性、互动性为一体的安全知识竞赛等形式。

5 安全教育教材的编写

安全教育教材是教练员和学员学习的主要依据，是贯彻安全培训方针、深化改革、提升驾驶培训从业人员安全素质和技能的基本保证。教材质量的好坏直接关系到安全教育培训质量的高低。因此，编写出符合机动车驾驶培训机构教练员和学员要求，适应市场经济和社会发展需要，科学性、针对性、实用性强，岗位、专业配套，质量较高的安全教育培训教材，是驾培机构教练员和学员安全教育培训的重要的基本建设。而要保证和提高安全教育培训教材质量，就要求编写人员端正编写教材的指导思想，明确编写教材的服务方向，遵循教材编写的基本原则和基本要求去编写安全教育教材。

编写安全教育培训教材的基本原则：

(1)以驾驶培训教学安全的需要为依据，确定安全教育培训教材内容。

(2)贯彻“安全第一、预防为主”的原则。

(3)遵循职业教育培训活动的特点。

(4)坚持实际、实用、实效的原则。

编写安全教育教材的基本要求:

(1)安全教育教材的编写必须以《生产经营单位安全培训规定》中规定的培训内容和要求以及相关的安全法律、法规为基本依据,结合驾驶培训教学的实际情况,围绕培训教学安全要求来编写。

(2)安全教育教材的编写要必须联系驾驶培训教学的实际。将案例教学引入教材设计,注意将驾驶培训教学中的安全常规或经典经验以案例的形式和教材内容结合起来,创设情境,提供内容丰富、形式多样的安全学习活动题材。

(3)安全教育教材编写要注重通俗易懂,做到易于学习,易于理解掌握。作为安全教育培训教材,应避免理论分量过重,实际应用比例偏轻,缺乏理论联系实际的问题,要增加教材的启发性和趣味性,培养和调动教练员和学员主动学习的兴趣和积极性。

模块5 节能培训教学方法

在驾驶训练过程中,车辆多数时间总是处于低速行驶,燃油消耗高,利用率低,废气污染比较严重。推行节能培训,培养学员的节能驾驶意识,可减少培训过程的燃料消耗,节约成本,有利于交通运输行业节能减排目标的完成。

一 节能培训管理

驾驶培训机构的节能培训管理,主要优化培训模式,改进教学方法和手段,规范教学内容。运用创新的教学手段,优化教学的组织,普及节能减排知识,提高学员节能减排意识,提高培训效率。

1 节能培训实现途径

驾培机构要成立节能减排领导小组,明确专人负责能源管理工作,组织开展能源调查,摸清驾校用能设备及能耗情况,建立能源管理台帐,夯实能源管理基础。

对每一台车辆制订台账,实行目标跟踪管理,对车况实行动态监管。凡是有损耗的小毛病,及时排除。定期做二级维护,定期进行车辆检测,尾气排放必须达到国家环保规定,全力保证车辆的运行良好,节能降耗。

做好每台教练车油料原始数据的统计以及培训课时和行驶里程的核对,及时准确地完成每台教练车每月油耗统计和汇总,对当月油料消耗较多的教练车,送修理厂进行检查排除。

将节能减排考核纳入年终工作目标考核标准,完善年度驾校工作目标考核奖励办法，设“节能先进个人”等奖励举措，提高教练员节油的积极性和自觉性。

2 节能培训管理方法

驾培机构要对教练车的燃油消耗进行测算，统计出每种车型的耗油标准，根据对比每台车辆的油耗，按照规定的教学学时制定油耗标准。对教学过程中燃油消耗结合培训质量进行记录，纳入教练员的教学质量评定，提高教练员的节能减排意识和能力。

实行目标跟踪管理，制订车辆台账，对车况实行动态监管。定期做好教练车二级维护，及时排除故障定期进行车辆检测，所有车辆排气管安装三元催化装置，使得尾气排放达到国家环保规定，全力保证车辆的运行良好，节能降耗。提高车辆的运行效率和出勤率。

改进驾培机构教学方法入手，采取一系列有效措施，把节能减排教学贯穿到驾驶培训中，培养学员的节能减排意识。重点宣传党中央、国务院关于贯彻科学发展观、推进节能减排的指导精神、重大举措及重要意义，让学员树立了良好的节能减排意识。驾驶教学中，强化节能减排培训内容，倡导轻加速、少制动、减少停车怠速运转时间，常检胎压、减重行驶等节能环保驾驶习惯，指导学员养成良好的驾驶习惯。

根据教学大纲的要求，使用多媒体和驾驶模拟器教学设备，在第二阶段的基础驾驶教学要坚持驾驶模拟教学和多媒体教学。针对第三阶段复杂道路和特殊环境教学内容，尝试总结一套安全、节能、减排的模拟与实训的组训教学方法，训练和提高学员基本的操作技能和心智技能，使传统的粗放型培训转变为“低投入、低消耗、低排放、高效率、高质量”的集约型培训。

3 教练车购置与管理

教练车是驾培机构专供教学使用的车辆，用于驾驶学员的驾驶培训，与普通专用汽车不同的是，教练车有其特殊性要求，教练车技术状况应符合 GB 7258 的要求和 JT/T 198 所规定的二级车以上技术条件，并装有副后视镜、副制动踏板、灭火器及其它安全防护装置。道路驾驶教练车还需装有副加速踏板和副离合器踏板。在选择教练车时，因遵循以下原则：

（1）经济性好。从教学的实用性着想，全面考察市场行情，重点要注意车型的延续性，尽量减少车辆的购置成本，不追求高配置。符合考试要求，燃油消耗低、价格便宜、配置最低的车型。

（2）可靠性好。购置教练车，要注意汽车的可靠性，经常操作机件的耐用性和售后的服务，尤其转向、制动、变速等操作部件的耐用性。选择故障率低、耐用性强的车辆做教练车，也是节能减排的最好做法。

（3）符合规定要求。按照《机动车驾驶员培训管理规定》、机动车驾驶培训资格条件（JT/T 433—2004）、GB 7258 的要求和 JT/T 198 等基本规定。安装副制动踏板和副后视镜,条件允许,可安装副离合器踏板和副加速踏板。货车教练车车厢内,配装车棚、座椅和上下扶梯等安全装置。

二 节能驾驶教学

节能驾驶教学是让学员多了解节能驾驶知识,理解驾驶操作背后的节能原理,培养学员节能驾驶意识和节能驾驶习惯。通过节能驾驶教学,让学员学会设计最佳行驶路线,规范的进行驾驶操作,能够运用学过的节能知识驾驶车辆,达到节能减排的教学目的。

1 行车路线设计

最佳的行车路线设计,要以行驶时间、距离、节能最优为原则,考虑距离、路况、干扰、节油等因素。城市行车尽量错开车流高峰,避免繁华街道、学校、医院、平交路口等交通拥堵路段。长途行车选择较高等级公路、较短距离的行车路线,并有备用的行车路线。

2 车辆的检查

出车前的检查,是保证车辆无故障运行的基础。车辆技术状况完好,车辆行驶过程不出现故障,才能实现节能减排目的。出车前,要环绕车一周,检查车身外表及部件的状况,有无漏油、漏水、漏气、漏电现象,轮胎气压是否符合要求,胎面花纹间无夹杂物,货物覆盖是否严实。检查发动机风扇传动带松紧度和磨损情况,冷却液液面、润滑油油面是否在上下限刻度间。起动发动机,检检视各仪表、故障报警信号有无异常。确认各项检查都符合要求后,才能决定驾驶车辆出行。

行车中的检视,可避免因故障或泄漏造成环境污染和燃料浪费。行车中,要经常注意查看车上各种仪表,查听发动机及底盘声音,出现操纵困难、车身跳动或颤抖、机件有异响或异常气味、冷却温度异常等情况时,要立即停车检查,并进行必要的调整和修理。感觉到发动机动力突然下降,要停车检查冷却液或润滑油量(冷却液温度高时不能打开水箱盖)。行车途中要经常停车进行检查,主要是轮胎的气压、泄漏(漏水、漏油、气压制动漏气)、货物捆绑和覆盖情况等。

收车后的检查,也是节能减排的一个重要方面。收车后主要检查有无泄漏、轮胎气压和胎面、风扇等的传动带、轮胎螺母和半轴螺母、清洗底盘和车外表等。通过检查,发现问题及时解决。

3 起动发动机与预热

正确起动发动机，对节能减排非常重要。发动机一次起动成功和多次起动，燃油消耗不同。要尽量将发动机一次起动，如果一次未能起动，间隔15s后再次起动。发动起动时，将变速器挡位置于空挡位置（自动变速器汽车挡位应置于“P”挡或“N”挡），踩下离合器踏板（自动变速器汽车踩下制动踏板），打开点火开关至起动位置，发动机顺利起动后立即松开，点火开关在起动位置的时间不应超过5s。起动过程中不要连续加速踏板，不要使发动机高速运转。柴油发动机冷起动时，首先开启发动机预热系统，在充分预热后再进行起动操作。

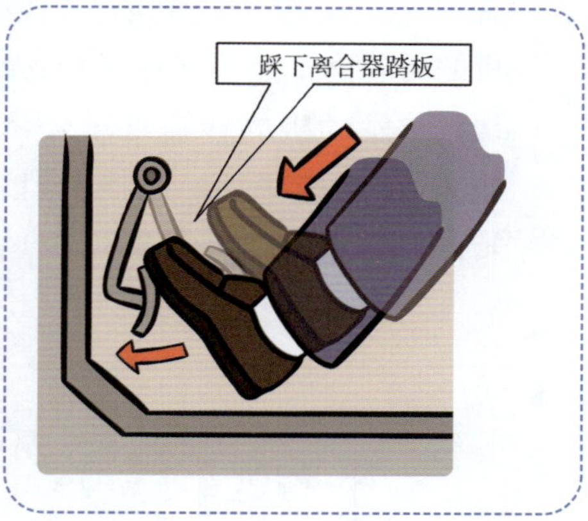

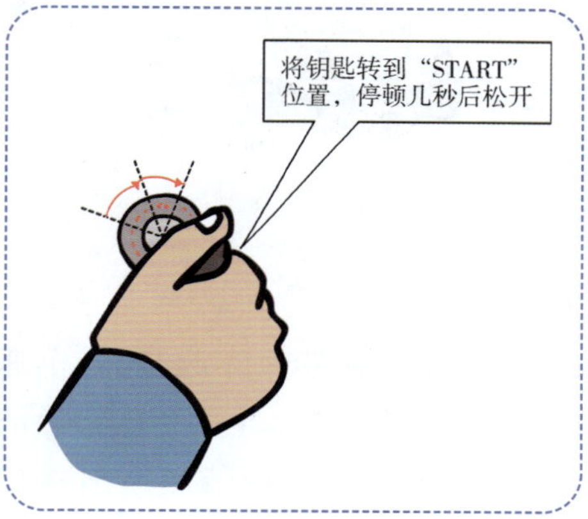

驾驶车辆起步前，对车辆进行预热，可减少机械磨损，加强车辆和发动机润滑，减少冷车行驶阻力，节约燃油消耗。非增压发动机车辆起动成功后，在原地保持发动机怠速运转不超过1min，增压发动机车辆起动成功后，在原地保持发动机怠速运转1min以上。冬季气温较低时，发动机预热时间适当延长，使发动机冷却液温度达到40℃左右。

4 起步、预热与控制发动机温度

驾驶车辆起步，要保持无闯动、不熄火，一次平稳起步，比多次起步或起步不平稳燃油消耗大。驾驶操作中，加速踏板、离合器踏板的配合是关键，配合得好起步平稳，配合的不好会出现车辆闯动或发动机熄火，都会增加燃油消耗。

驾驶汽车起步后，初驶阶段以20～40km/h的速行驶度，对底盘的传动轴、传动系统的变速器、主减速器的齿轮等部件进行预热、润滑。低速行驶1～2km之后，再按正常速度行驶。冬季气温较低时，低速行驶的距离可适当延长至3～4km。通过对车辆预热和充分润滑，可减少行驶阻力和机械磨损，节约燃油消耗。

汽车发动机温度低于40℃时，不宜使发动机大负荷高速运转或驾驶汽车高速行驶。发动机起动后，要进行预热升温，冬季特别重要。驾驶汽车起步后，要低速行驶一段距离,在温度达到 40℃以上时开始按正常速度行驶。正常行驶的发动机的温度保持在 80℃ ~95℃为宜。长时间上坡或在高速公路行驶遇到发动机冷却液温度报警时,要尽快停车让发动机怠速运转,也可采用小负荷、低速行驶,使发动机温度慢慢降到正常区域。

5 挡位的选择

根据发动机运行的经济转速(部分汽车发动机转速表绿色区域),正确的选择行驶挡位,可避免发动机动力不足或动力过剩,降低燃油消耗。行驶中选择的挡位,要能够保持发动机在经济转速区域内以较低转速平稳运转,并保持足够的行驶动力。发动机的转速高于经济转速区域,及时加挡。发动机的转速低于经济转速区域,迅速减挡。拖挡、低挡高转速、高挡低转速,都会增加燃油的消耗。

驾驶自动变速器汽车起步后,车速提高后稍松加速踏板,自动变速器提前自动升入挡内高挡。猛踏加速踏板加速,不但不能迅速提高车速,反而会急剧增加燃油消耗。选择档位时,在道路情况良好的路面行驶使用“D”挡,在有坡度的路面上行驶使用“3”挡,遇到较长距离的上坡路使用“2”挡,在上、下陡坡或者在坑洼、泥泞、湿滑或冰雪路面上行驶使用“1”挡。

6 加速、减速

驾驶汽车在平路加速时,踩下加速踏板的最大限度不要超过加速踏板最大行程的 3/4,以发动机的声音增高较柔和、转速平稳增加为宜。如果已踩下加速踏板最大行程的 3/4 而发动机转速不能相应提高,可变换低一级挡位后重新加速行驶。低挡急加速或高挡位低速勉强行驶，都会增加燃油的消耗。

驾驶汽车预见到前方有障碍、转弯、会车、红灯等情况需要减速时，要提前松抬加速踏板，利用发动机阻力进行减速，尽量减少使用行车制动次数。长而陡的坡道时，要使用合适的挡位控制速度，减速时要根据速度情况，间歇使用行车制动器制辅助减速。除了遇到紧急避险等情况时，不要使用紧急制动减速或停车，急减速或紧急制动，都会增加燃油和轮胎消耗。

7 控制经济车速

驾驶汽车行驶时，只要道路条件许可，要尽快加至最高挡位，保持发动机转速在经济转速区域内等速行驶。驾驶有巡航系统的车辆在道路情况良好的路段或高速公路行驶时，尽量选用巡航系统控制在经济车速等速行驶。遇到路面条件差、交通情况复杂、不能保持高挡行驶的路段，在使用中低速档时，要保持所在挡位的经济车行驶，避免加速踏板位置来回变化。跟车行驶要控制好车速，在普通公路上，跟车距离一般要大于2s～3s 内驶过的距离；在高速公路上，跟车距离一般要大于4s 内驶过的距离。

8 停车与发动机熄火

停车时，要准确判断停车位置，做到一次停车到位，尽量减少停车时的移车次数。夏季停车尽量将油箱一侧避开阳光暴晒，冬季停车尽量避免发动机迎风停放。

汽车停止行驶或等候时间较长时，尽量减少发动机怠速空转，及时将发动机熄火，避免燃料浪费。驾驶非增压发动机汽车在路口停车等待通过的过程中，根据交通信号灯计时器判断停车时间，拥堵或路口停车、上下乘客、装卸货物等需要停车超过 60s 时，尽量采取将发动机熄火方法。如果信号灯没有计时显示，排队等候偏后的汽车，也可将发动机熄火。

非增压发动机汽车经过高速或爬长坡行驶后，发动机温度很高时，熄火前要怠速运转 30s 以上。增压发动机汽车停车后不能立即熄火，要保持发动机怠速运转 3min 以上，待发动机充分冷却后再熄火。

三 几种常见的新能源汽车

新能源汽车是指采用非常规车用燃料作为动力来源（或使用常规的车用燃料、新型车载动力装置),综合车辆动力控制和驱动方面的先进技术而形成的技术原理先进,具有新技术、新结构的汽车。新能源汽车根据其动力源不同,可分为混合动力电动汽车、纯电动汽车以及燃气汽车、生物燃料汽车等。当然新能源汽车的分类不是统一和绝对的,如在混合动力汽车中又有轻度、中度和重度混合之分。

车用替代燃料指除汽油、柴油之外的燃料如烃类气态燃料、醇类燃料、生物柴油等,如下表所示。

车用替代燃料的基本比较

燃料	资源情况	目前使用类型	优点	缺点及存在问题
天然气	陆地及海洋产	压缩天然气及双燃料汽车	CO 排放低,形成臭氧的可能性小、无蒸发排放	储运不便、汽车改动较大、续驶里程有待提高
石油气	石油矿藏伴生气、资源丰富	液化石油气及双燃料汽车	与天然气类似	与天然气类似
甲醇	由煤、天然气、原油残渣制成	醇燃料汽车、灵活燃烧汽车	资源广泛,NO_X、CO 及臭氧排放物低,易于储运	改装费用高,容积消耗高,性能有待提高
乙醇	甘蔗、薯类、玉米等谷物	乙醇燃料汽车、灵活燃料汽车	与甲醇类似	资源来源靠发展农业及林业,要降低乙醛排放
生物燃料	植物、动物油	生物燃料汽车	资源广泛,污染小	易使供油设备堵、结焦

1 混合动力汽车

混合动力车辆是在特定的工作条件下,可以从两种或两种以上的能量存储器、能量源或能量转化器中获取驱动能量的汽车。其中至少一种存储器或转化器要安装在汽车上。混合动力电动汽车至少有一种能量存储器、能量源或能量转器可以传递电能。

混合动力汽车多半采用传统内燃机和电动机作为动力源,通过混合使用热能和电力两套系统开动汽车。使用的内燃机既有柴油机又有汽油机,因此,可以使用传统汽油或柴油,也有的发动机经过改造使用其他替代燃料,例如压缩天然气、丙烷和乙醇燃料等。使用的电动系统中包括高效强化的电动机、发电机和蓄电池。

较之内燃机汽车,混合动力电动汽车具有如下的优点:可使发动机在最佳的工况区域稳定运行,避免或减少了发动机变工况下的不良运行,使得发动机的排污和油耗大为降低;人口密集的商业区、居民区等地可用纯电动方式驱动车辆,实现零排放;可通过电动机提供动力,因此,可配备功率较小的发动机,并可通过电动机回收汽车减速和制动时的能量,进一步降低汽车的能量消耗和排污。

2 纯电动汽车

纯电动汽车是以电池为储能单元，以电动机为驱动系统的车辆。通常地，容量型动力电池即可满足使用要求。纯电动汽车的特点是结构相对简单，生产工艺相对成熟，特点是充电速度慢，续航里程短。因此，适合于行驶路线相对固定、有条件进行较长时间充电的车辆。

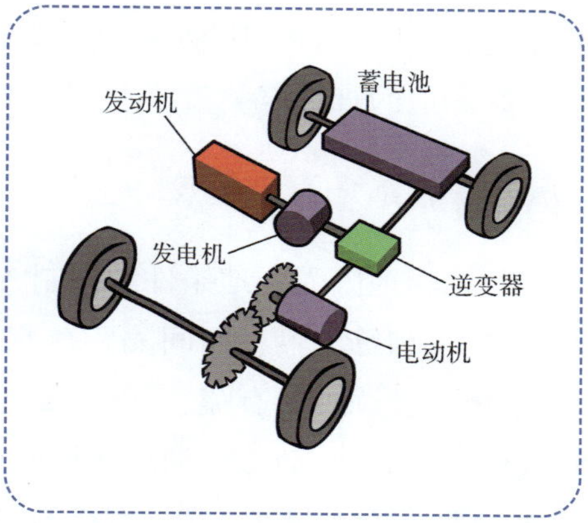

纯电动汽车噪声低、无污染，无内燃机汽车工作时产生的废气，不产生排气污染，可有效地减少对石油资源的依赖，对环境保护和空气的洁净是十分有益的。

3 液化石油气汽车

液化石油气作为汽车燃料，最大优势在于它有优良的排放性能，其主要原因在于气体燃料与空气混合充分，燃烧充分，热值高，CO、HC 和微粒的排放极低，CO_2的排放因含碳少而大大降低，大大减少了车辆尾气排放对环境的污染。液化石油气为燃料的发动机，冷起动性能好，运转平稳，不含汽、柴油中存在的胶质，因而在燃烧中不会产生积炭；液化石油气的热值比汽油高约 4% ~5%，加上液化石油气燃烧完全，因而比汽油燃料少消耗约 6%，具有较好的经济性。

液化石油气作为车用燃料的这说明在发动机配置相同的前提下，液化石油气比汽油有一定的优势，但这种排放优势在化油器发动机上体现的并不明显，液化石油气的排放优势主要体现在具有控制的高级阶段。

4 天然气汽车

天然气比传统的汽油和柴油含碳量少，作为汽车燃料使用，可以明显减少包括碳氢化合物、氮氧化合物、一氧化碳和二氧化碳等尾气的排放，减排作用明显优于常规燃料，排放物，天然气本身无毒，对环境保护起到了很大的作用。

5 生物质能燃料汽车

甲醇燃料汽车是指利用甲醇燃料作驱动能源的汽车。甲醇作为燃料在汽车上的应用主要有掺烧和纯甲醇替代两种。掺烧是指将甲醇以不同的比例（如 M10、M15、M30）掺入汽油中，作为发动机的燃料，一般称为甲醇汽油；纯甲醇替代是指将高比例甲醇（如 M85、M100）直接用作汽车燃料。

生物柴油燃料汽车是指利用生物柴油作为燃料。生物柴油是一种可再生的燃料，可以由植物油、动物油和回收餐厅润滑脂制造，可替代柴油的清洁燃料，无毒并且可生物降解。使用生物柴油，具有增加能源安全，提高公众健康和环境的好处。

模块6 教练场地管理

教练场地因受场地面积的限制,一般设计都要充分利用场地面积,训练项目场地安排紧凑,安全距离相对较小。训练教练车之间的距离相对集密,存在着很多安全隐患,做好训练场地的管理至关重要。

一 教练场管理制度

教练场地因受土地条件的限制,为了充分利用面积,训练项目的设置一般都设计的比较紧凑,训练车辆之间间隔距离都是紧扣最低要求,安全距离较小,车辆密集。训练中,学员或教练员稍有疏忽,就会发生车辆追尾、碰撞、刮擦事故。另外,训练以外的车辆和人员进入场地,会影响训练车辆的正常行驶,甚至会引发事故。因此,制订教练场管理制度,是确保教学正常、安全运行的必要手段。

1 教练场的通行管理

教练场管理的目标是确保训练车辆能够按照训练计划和教学要求,在场地内完成规定的第二阶段的训练项目。这就要求教练场的管理,能够满足教练车辆有序、安全的通行,保证教学活动的正常进行。教练场通行有以下几个方面的要求:

(1)禁止与训练无关的车辆进入教练场地内,其他车辆需要进入教练场时,必须服从管理人员的指挥,在规定的线路内行驶。

(2)非教练工作人员和等待训练的学员未经允许不得进入训练场地,需要进入教练场时,必须服从管理人员的指挥,在规定的路线内通行。

(3)场地项目训练的车辆,要严格遵守教练场管理规定,在规定的项目区域内进行训练,并注意与其他训练车辆保持安全距离。

(4)场地道路训练的车辆要严格遵守场内道路交通信号行驶,按照规定路线进行训练,不得抢道、逆道行驶,不得干扰其他车辆的训练。

2 教练场管理规定

教练场地一般都是根据现有的场地的地域、面积、形状,按照规定的技术标准进行设计、施工,形成的教练场地的特点有所不同(山区、平地)。制定相应的训练场地安全管理制度和措施,科学地使用场地和利用场地,合理的分布训练车辆,能够提高场地利用率,改善训练条件,减少车辆的相互影响,有效地减少道路阻塞,预防训练事故。教练场管理规定可设置以下内容:

(1)教练场地实行封闭管理,休息区教练场地设立分隔实施;

(2)教练车实行进入登记、退出注销制度;

(3)在场地内训练的教练车，必须服从管理人员的管理；

(4)不参加训练的学员应在休息室休息或在规定区域等候；

(5)进场教练车要严格遵守交通标志、标线等的规定；

(6)教练车行驶中要保持安全车速，严禁超速行驶；

(7)严格遵守道路交通安全法有关规定，在教练员随车指导下进行训练；

(8)进行教学活动的教练员与学员必须系好安全带；

(9)注重美化环境，不在训练场地乱扔垃圾，不破坏花木草坪。

3 训练设施设备管理

场地内的设施设备，是完成驾驶训练的主要教学工具。完善场地封闭设施、训练区隔离设施、安全通道以及消防设施、设备，保证设施设备的完好和利用率，管好、用好教学实施设备，是保证学员训练学时和教学质量的关键。制定场地教学设施设备的管理规定，加强对教练员、学员爱护教练场的教育，督促其爱护场内的一切教学设施、设备，是教练场管理的重要环节。教练场练设施设备管理有以下几个方面：

(1)建立训练场地教学设施设备的文字和电子档案。

(2)任何人不得随意移动场内交通标志、教学设备、安全装置等设施。

(3)训练设施设备一旦损坏，由专业人员进行修复，严禁非专业人员维修。

(4)设施设备每月至少进行一次全面检查，根据使用情况及时进行维护。

(5)对超出使用寿命、不能使用或损坏后无法修复的教学设备，要及时登记报废、更新。

4 安全监督检查

加强训练场地的安全监管，对训练场地要进行日常及定期的事故隐患排查，制定应对措施，消除隐患，保障训练场地教学安全。监管内容包括：

(1)检查教练车的安全状态。

(2)纠正教练员和学员的不安全行为。

(3)关注训练设备设施的缺失、损坏等情况。

(4)禁止教学以外的人员和车辆进入场地。

(5)合理控制训练场内车流量，防止碰撞、刮擦、追尾等事故发生。

(6)对影响训练场地教学安全的因素进行监管。

(7)在训练场内安装监控设备，监视训练场安全。

二 教练场技术标准

机动车驾驶员培训教练场为机动车驾驶学员提供教练场地、配套设施设备等进行驾驶训练的教练场所。《机动车驾驶员培训教练场技术要求》(GB/T 30341—2013 以下简称《技术要求》),是教练场地建设的依据。《技术要求》对规范机动车驾驶员培训市场经营秩序、提升机动车驾驶员培训质量与服务水平、不断完善道路交通安全源头管理起着重要作用。

1 场地规模

机动车驾驶员培训教练场的训练场地建设规模应该根据预定的训练规模确定,最小训练规模应达到教练车总数不少于100辆(教练车总数中不包含三轮汽车、普通三轮摩托车、普通二轮摩托车和轻便摩托车等车型教练车。)

不同车型对应的训练项目设施的面积

序号	项目名称	单个训练项目设施的面积(平方米/项)			
		C1、C2、C3、C5	A1、A3、B1	A2	B2
1	倒车入库	200	—	—	—
2	倒车移位	—	1100	500	500
3	侧方停车	90	220	300	140
4	停靠站台	—	560	—	520
5	停靠货台	—	250	450	—
6	坡道定点停车和起步	200	260	260	260
7	曲线行驶	230	580	580	360
8	直角转弯	50	200	350	100
9	通过单边桥	—	140	250	100
10	通过限宽门	—	380	500	250
11	通过连续障碍路	—	380	290	300
12	起伏路行驶	—	40	60	30
13	模拟高速公路	—	5500		
14	模拟连续急弯山区路	—	6700		
15	窄路掉头	—	180	420	180
16	模拟隧道	—	900	900	900
17	模拟雨(雾)天湿滑路	—	360	360	360

2 场地训练项目设施、设备

教练场配置的训练项目设施总数量及技术要求应符合《技术要求》。教练场可根据培训车型训练的实际需要,按照相关要求增加其他训练项目设施。项目衔接处应设置缓冲路段,一般应大于1.5倍训练车长。训练项目场地路面应压实、平整和硬化。训练项目应设置明显的项目名称指引标志。

C1、C2、C3、C5 准驾车型驾驶训练项目设施配置要求

序号	训练项目设施名称	设施配置数量(个)
1	倒车入库	训练车数量小于或等于5辆时,设置1个; 大于5辆时,每超过5辆增设1个
2	坡道定点停车和起步	训练车数量小于或等于20辆时,设置1个; 大于20辆时,每超过20辆增设1个
3	侧方停车	训练车数量小于或等于5辆时,设置1个; 大于5辆时,每超过5辆增设1个
4	曲线行驶	训练车数量小于或等于40辆时,设置1个; 大于40辆时,每超过40辆增设1个
5	直角转弯	训练车数量小于或等于40辆时,设置1个; 大于40辆时,每超过40辆增设1个
6	模拟城市街道	不少于1段

A1、A2、A3、B1、B2 准驾车型驾驶训练项目设施配置要求

序号	训练项目设施名称	设施配置数量(个或段)
1	倒车移位	训练车数量小于或等于4辆时,设置1个; 大于4辆时,每超过4辆增设1个
2	坡道定点停车和起步	训练车数量小于或等于20辆时,设置1个; 大于20辆时,每超过20辆增设1个
3	侧方停车	训练车数量小于或等于5辆时,设置1个; 大于5辆时,每超过5辆增设1个
4	曲线行驶	训练车数量小于或等于40辆时,设置1个; 大于40辆时,每超过40辆增设1个
5	直角转弯	训练车数量小于或等于40辆时,设置1个; 大于40辆时,每超过40辆增设1个
6	通过单边桥	训练车数量小于或等于20辆时,设置1个; 大于20辆时,每超过20辆增设1个
7	通过限宽门	训练车数量小于或等于80辆时,设置1个; 大于80辆时,每超过80辆增设1个
8	通过连续障碍路	训练车数量小于或等于20辆时,设置1个; 大于20辆时,每超过20辆增设1个
9	起伏路行驶	训练车数量小于或等于80辆时,设置1个; 大于80辆时,每超过80辆增设1个
10	窄路掉头	训练车数量小于或等于10辆时,设置1个; 大于10辆时,每超过10辆增设1个
11	模拟高速公路	不少于1段
12	模拟连续急弯山区路	不少于1段

续上表

序号	训练项目设施名称	设施配置数量(个或段)
13	模拟隧道	不少于1段
14	模拟雨(雾)天湿滑路	不少于1段
15	停靠站台a	训练车数量小于或等于40辆时,设置1个; 大于40辆时,每超过40辆增设1个
16	停靠货台b	训练车数量小于或等于40辆时,设置1个; 大于40辆时,每超过40辆增设1个

注:a. 该训练项目设施仅适合大型客车、城市公交车、中型客车等车型驾驶训练。
b. 该训练项目设施仅适合牵引车、大型货车等车型驾驶训练。

3 场地道路

根据《技术要求》,教练场地的单车道训练道路的路基路面按不低于四级公路建设,行车道宽度不小于3.5m(不提供大型客车、牵引车、城市公交车、中型客车和大型货车等车型驾驶培训服务的,行车道宽度不小于3.25m),圆曲线半径不小于30m。双车道训练道路的路基路面按不低于三级公路建设,行车道宽度不小于6.5m(不提供大型客车、牵引车、城市公交车、中型客车和大型货车等车型驾驶培训服务的,行车道宽度不小于6.0m),圆曲线半径不小于65m。

除训练项目路段外,容易发生积雪或冰冻情形的场内道路坡度应不大于3.5%,其他地区场内道路坡度应不大于6%。训练道路应充分利用地形,形成多种复杂的路型、路况。并行的训练道路之间应设置安全隔离设施。训练道路应形成多条道路相互联通的循环路线网,增加路线交叉点和汇合点,十字形、T字形、环形及模拟道路与铁路交叉口等道路交叉口至少各一个,也可设置互通式立体交叉。

4 停车场、办公、教学与服务设施

(1)停车场应靠近综合服务区域,停车场总面积应满足全部训练车辆同时停放的要求。停车场应压实、平整和硬化。

(2)教练场应有足够的办公、教学和生活用房,应设有卫生、饮水设施及采暖、制冷设备。教练场应提供相应的餐饮、教练员与学员休息场所等设施。

(3)教练场应配备与其训练规模相适应的汽车维修场所、车辆外部清洗等设施、设备。

(4)教练场应具有符合要求的图板橱窗或实物展台、警示教育活动室等交通安全宣传教育设施。

(5)为残疾人提供驾驶训练服务的,应在办公区域、教学区域和生活区域设置符合要求的无障碍设施和无障碍标志。

5 安全设施

教练场设置封闭设施,训练区与办公、教学和生活等区域之间应有隔离设施,并设

有专人看守的通行口。并满足以下安全要求：

（1）场地封闭设施、训练区隔离设施、安全通道以及消防设施、设备完好、有效，任何人不得随意移动场内安全设施。

（2）训练场地设置交通标志、标线和信号灯，校门口进出口处设立提示牌和减速装置，所有车辆和学员必须遵守。

（3）教练场地与场外道路衔接处应具有满足要求的停车视距。

（4）教练场内应按人车分离的原则布置人行通道。

（5）上下坡道两边加固防护、下坡地带设立减速带。

（6）教练场内道路与路侧场地落差超过0.5m时，应在道路边缘设置防护设施。

（7）教练场内道路转弯、分流路口等处存在可能与车辆发生刚性碰撞的物体前，应设置有效的消能物体或设施。

（8）教练场内应配备照明设施和监控设施、设备，配备紧急救护药品和设备。

单元3 培训指导

模块7 教育技术学基本知识

教育产生的第一天起，就有了教育技术。当教育技术发展到一定阶段时，逐渐产生一个用于专门研究教育技术现象及其规律的科学——教育技术学。教育技术学成为一门以教育技术为研究对象，研究教育技术的本质、概念、形成与发展以及类型的学科。

一 教育技术概述

教育技术是运用各种理论及技术，通过对教与学过程及相关资源的设计、开发、利用、管理和评价，实现教育教学优化的理论与实践。教师需要一定的技术改善自己的教学；学校需要技术改善自己的管理，需要技术来构建一个适合学习的支持性环境；社会与企业也需要利用技术为教学提供服务和支持；学生更需要自己喜欢的、优越的学习资源。所以教育技术学越来越显得重要。

1 教育技术涉及的内容

教育技术是指人们为满足教与学需要，而创造教育经验、方法、技能和所应用媒体工具的总和。教育技术是由经验、方法技能和媒体等三大要素构成，是一切教育经验、方法技能和应用媒体工具的总和。满足教与学的需要，主要利用视听媒体和信息技术手段、相关的教育经验和方法进行教育活动。教育技术的三大构成要素只有在教育活动过程中才能密切地结合在一起，对技术工具应用整个教学过程进行研究，在现代教育思想、理论指导下，运用相关经验、方法和现代教育媒体，对教育信息资源和教学过程进行设计、开发、使用、管理和评价，以实现教与学的最优化。教育技术不仅涉及相关的教学场所、设施、设备，而且还涉及了不同学科的教学方法、技能等等。

教育技术是在现代视听媒体和信息技术应用基础上，而产生的教育经验、方法、技能和相关教学过程。教育技术和信息技术紧密相关，在教学中常见的有音像媒体技术、计算机多媒体技术、计算机网络技术。

2 教育技术基本原理

教育技术在发展过程中要从教育学、心理学、传播学、系统科学等有关的研究成果中寻求理论依据，作为进一步发展的指导理论。同时，需要从实践中总结出规律并把上升为理论以指导本领域的实践。由于教育技术学具有应用性学科的特点，其理论体系中大部分概念与理论依据来自其他相关学科。但教育技术学的理论架构是新的，融学习与教育心理学、传播学、系统科学等学科的概念、原理和方法于一个有机整体之中，创造出一门新的学科体系。

教育技术的应用提倡以先进的教育思想、观念和理论为指导，重视运用现代学习理路、教学理论、传播理论和系统科学理论来指导教学过程和资源的设计、开发、利用、管理和评价，以优化教学过程。

二 教育技术学的研究

教育技术以教与学的过程和资源为研究对象，并以优化教与学过程和资源为目标。既要重视优化“教”，也要重视优化“学”，既要重视“教学资源”也要重视“教学过程”的设计与开发。

1 教育技术学的研究范围与领域

教育技术学的研究范围中，信息技术的应用是关注和研究的重点，具体说是信息技术的教学应用。不论是从教育技术学的发展史分析，还是从教育技术学研究范围的分析，离开了信息技术就不可能产生教育技术学；没有了信息技术教育技术学的研究范围也就没有了自己的特点。因此，教育技术学的研究对象是信息技术的教学应用，研究目的是利用信息技术促进教学改革，使教学满足社会发展对人才培养的需要。

教育技术学的主要研究领域可以从对教与学过程及相关资源的设计、开发、利用、管理和评价五个方面，设计主要包括：教学系统设计、内容信息设计、教学策略、学习者特征分析等；开发主要包括：文印技术、音像技术、计算机应用等综合技术等；利用主要包括：媒体的利用、革新技术的推广、实施并制度化、政策与法规等；管理主要包括：项目管理、资源管理、教学系统管理、信息管理等；评价主要包括：问题分析、参照标准评价、形成性评价、总结性评价等。

2 教育技术研究对象

教育技术的研究对象是新媒体技术的产生、发展、变化及其给教育带来的一系列变革和将新媒体技术有效地融入教育教学中的策略。

从媒体技术发展的角度看教育技术的发展，教育技术关注的对象是新媒体技术的产生、发展及变化给教育带来的一系列变革（教学方法方式、教学组织形式、学习资源、教育理论的变革),这是研究新技术在教育中应用的过程和方法,研究在媒体技术条件下如何设计、开发教育信息资源以及如何设计、组织、实施和评价教学过程,研究媒体技术给教育带来的影响、变化和发展规律等。

新媒体技术的产生,原来的教育教学或学习的理论必然不适合新媒体技术环境下的教学,对历史阶段中最新、最先进的媒体技术的教育应用进行研究是非常有必要的,更是不能回避的历史发展的现实。这正是教育技术需要研究的基本问题之一,但是教育技术的研究不能仅仅停留在追求新技术的层面上。

因此,教育技术的研究对象应该更加深入,但是是在第一个研究问题的基础之上的深入,即如何将新媒体技术有效地融入到当前的教育教学中去。教育技术在教育领域中的应用之所以不甚理想,归根结底就是因为我们没有形成一个有效的理论来指导实践,没有将新媒体技术恰当地与当前的教育教学环境相结合,故这也是教育技术目前迫切需要解决的问题之一。

三 现代信息技术对教学的影响

信息技术和现代视听媒体在教育中的应用是一个重要标志。教育技术是以信息技术和现代视听媒体的应用为基础,而形成的相关经验、方法、技能等。教育技术学的产生是视听媒体应用于教学中的偶然和信息技术发展对教学产生影响的必然共同作用产生的。

1 对教学内容的影响

信息技术的应用发展,使教学内容的存储方式不再是单纯的文字存储,还包括磁存储、光盘存储等形式。内容呈现方式除了文字还有视频、音频、动画等。传输方式也不仅仅依靠自然媒介,出现了电磁波、光纤等多种媒介。教学的组织形式也发生了变化,教学组织形式除了传统的班级教学,还有广播教学、电视教学、网络教学等等,从教学信息的异地单向传播向异地实时双向传播发展。教学方式和学习方式也在发生着巨大的变化。教师在教学过程中的权威和权力在不断的变化,不再是教学的主导者。

信息技术在课堂上的应用不仅使教学内容的呈现方式发生了变化,同时也使教学内容发生了相应的变化。传统课堂教学中,信息的主要载体是语言和文字,其表现形式比较单一。多媒体、投影仪等现代设备则提供了更为便利的、灵活多样的信息表现方式,它通过屏幕呈现教学内容,信息的表现方式可以是图片、图像、声音、网络或多种媒体的组合,从而打破了单一的呈现形式,以投影代替黑板、粉笔,减少了板书时间,增加了讲授内容,扩大了知识的信息量。以计算机操作演示代替文字描述,使教学内容更直观生动,易于掌握。由于多媒体和网络技术集图、文、声、像于一体,为教学提供了形象逼真的效果,促使教师运用现代化教学手段,收集更多的课程相关知识以在课堂上配合教学进行展示,从而丰富了课堂教学内容,扩大了学生的眼界,提高了教学效率。信息量的增加拓宽了学生的知识面,形式多样的教学内容增添了学生的学习乐趣,因而也激发了学生的学习兴趣。

2 对教学方式的影响

现代化的教学手段为教师通过多种途径进行交流提供了可能,信息技术的弹性、可塑性和交互性提供了重新设计教学的基础。信息技术的应用使传统的教学方法发生了质的改变,网络可提供对新的教学方法的良好支持,教师可以在课堂上展示信息搜索、信息分析、信息评价的过程和方法,带领着学生完成任务。计算机的交互特性,使学生能够通过改变一些条件而实现任务的解决。

在以培养学生的技能和实际动手能力为主的课程中,现代信息技术的应用为新的教学方法的实施提供了更为有力的支持。教师通过多媒体技术手段为学生演示一项技能的操作过程,学生则通过相应的软件环境真实学习或模拟学习,做到了边讲边练,使枯燥的课堂教学变得生动有趣。学生参与到课堂活动中,通过实际动手能很快掌握某项技能,在操作中还能够发现问题并通过教师的指导及时解决,这种教学方法提高了教学效率,学生乐于接受并在学习过程中带有很高的学习热情。

3 对学习方式的影响

信息技术的应用使得学习环境变得更加具有动态性,要求更高、更严、更生动有趣,而且交互性也更强,学习环境的变化也使得学习方式发生了改变。在学习中,教与学的过程不再只是关注答案,而是关注学生回答问题的过程,支持学生就问题进行讨论的过程,是以问题和项目为中心的。学生积极地参与自身学习目标和学习计划的制定,教师通过提供学习的框架、目标、指导和建议,在学生的学习过程中扮演管理者、促进者、指导者和合作者的角色,由以教师为中心变成以学生为中心。

信息技术的应用使得学习方式的改变还体现在学生获得高质量信息的时候,不再受时空和传递、呈现方式的限制,可通过多种设备、使用多种传递平台实现信息的传送、接收、共享、组织和储存,达到信息的随意获取。学习环境的改变不仅促进了学生学习方式的改变,同时也促进了教师学习方式的改变。把信息技术设备包括软件、硬件和互联网等转化为教与学的工具关键取决于教师,教师在学习、利用信息设备的同时也对自身的学习方式有了新的认识和改进。

四 教育技术学在驾驶培训中应用

教育技术是运用各种理论及技术,实现教学优化的理论与实践。教育技术学在驾驶教学中越来越显得重要。程序教学机、电子计算机、电影、电视录像、卫星传播、激光视盘、立体电视以及其他多功能、多媒体的现代化科学技术设备在驾驶教学中被越来越多地使用。教练员开始利用多媒体教学设备、汽车驾驶模拟器、互动教学磁板、驾驶培训计时管理系统、考试自动化系统等教学手段进行教学活动。

1 教育技术对驾驶培训教学的影响

在驾驶培训教学活动中,教育技术和信息技术在驾驶培训教学应用中常见的技术有多媒体教学、计算机网络、模拟仿真、计时管理等。随着以计算机技术和网络技术为核心的现代信息技术的发展,信息技术在驾驶培训教学中的应用也愈来愈广泛。学员需要通过多媒体课件,网络学习课程,教学游戏丰富学习生活。驾培机构需要技术改善管理,为教学提供服务和支持,构建一个适合学习的支持性环境。驾驶培训教练员需要一定技术改进教学,提高教学能力,更好的完成培训教学。教育技术和信息技术将逐渐取代传统的驾驶培训教学方法,直接影响驾驶培训教学技术水平和培训质量。

2 教育技术对驾驶教学与管理的影响

驾驶培训是教练员与学员的双向交流过程,教练员在传递知识的同时,也将个人的认知方式、思维方式、思维习惯等有意或无意地传达给学员。学员不仅学内容、学知识,而且最后还要将学习内容和实际生活、社会知识结合在一起。驾驶培训中,教育技术和信息技术的需要日趋广泛,对驾驶教学与管理的影响越来越大。教练员需要利用技术获取信息资源,应用教学媒体,设计制作课件。驾培机构需要利用技术,进行教学系统、学员信息管理、多媒体资料、教练员、教练车辆进行管理。驾驶培训过程需要技术,进行计时系统和教学动态进行管理。

现代信息技术的应用给驾驶培训提供了更广大的空间,新的教学手段和教学方式的出现必将促进教学方法的发展,同时也对教练员提出了更高的挑战。作为教练员,要重视应用信息技术,积极应用信息技术,并积极探索如何发挥信息技术的作用,加强信息技术与培训教学的结合,培养出更多高素质的文明安全的驾驶员。

模块8 交通工程学基本知识

交通工程学是研究道路交通中人、车、路、环境之间的关系,探讨道路交通的规律,建立交通规划、设计、控制和管理的理论方法,以及有关设施、装备、法律和法规等,使道路交通更加安全、高效、快捷、舒适的一门技术科学。其主要研究内容有交通特性分析、道路通行能力、停车设施、交通管理与控制、道路交通安全、交通流理论、交通调查与分析、交通规划等。

一 交通特性分析

交通特性分析是交通工程学的一个基本部分,是进行合理的、科学的交通规划、设计、运营、管理的前提和基础。交通特性分析主要包括道路交通人、车、路三要素的特性与交通流特性。

1 驾驶员的交通特性

(1)驾驶员的职责和要求。在道路交通系统中,客、货运输都要由驾驶员来完成。驾驶员既要保证将旅客和货物迅速、顺利、准时送到目的地,又要保证旅客安全、舒适及货物的完好。且绝大多数交通事故都直接或间接地与驾驶员有关。因此,要求驾驶员具有高度的社会责任感,良好的职业道德、身体素质、心理素养以及熟练的驾驶技术。充分认识驾驶员的交通特性对于保证交通运输的正常运行、人民财产安全是十分重要的。

(2)驾驶员的反应操作过程。驾驶员在驾驶车辆过程中,首先通过自己的眼和耳从外界环境接受信息,产生感觉(视觉和听觉),然后通过大脑一系列的综合反应产生,包括目测距离、估计车速和时间等。最后,驾驶员凭借这种综合认识形成判断,从而指挥操作。在这个过程中,起控制作用的是驾驶员的生理、心理素质和反应特性。

(3)驾驶员的视力。视力可分为静视力和动视力。静视力即人体静止时的视力。我国目前对驾驶员的静视力要求是,两眼视力不低于标准视力表0.7或对数视力表4.9(允许矫正),无红、绿色盲。动视力是汽车运动过程中驾驶员的视力。动视力随速度的增大而迅速降低,同时,动视力还与驾驶员的年龄有关,年龄越大,动视力越差。视力还与亮度、色彩等因素有关,视力从暗到亮或从亮到暗都要有一个适应过程。

(4)驾驶员的视野。两眼注视某一目标,注视点两侧可以看到的范围称为视野。视野收到视力、速度、颜色、体质等多种因素影响。静视野范围最大。随着车速增大,驾驶员的视野明显变窄,注视点随之远移,两侧景物变模糊,如下表所示。

驾驶员视野与行车速度的对应关系

行车速度/(千米/小时)	注视点在汽车前方距离(米)	视野(度)
40	180	90~100
70	360	60~80
105	610	<40

(5)驾驶员的色感。驾驶员对不同颜色的辨认和感觉是不一样的。红色刺激性强,易见性高,使人产生兴奋、警觉,黄色光亮度最高,反射光强度最大,易唤起人们的注意,绿色光比较柔和,给人以平静、安全感。因此,交通工程中将红色光作为禁行信号,黄色光作为警告信号,绿色光作为通行信号。交通标志的色彩配置也是根据不同颜色对驾驶员产生不同的生理、心理反应而确定的。

(6)驾驶员反应特性。反应是由外界因素的刺激而产生的知觉-行为过程。它包括驾驶员从视觉产生认识后,将信息传到大脑知觉中枢,经判断,再由运动中枢给手脚发出命令,开始动作。知觉-反应时间(从刺激到反应之间的时距)是控制汽车行驶性能最重要的因素。驾驶员开始制动前最少需要0.4s的知觉–反应时间,产生制动效果需0.3s时间,共计0.7s。反应时间的长短取决于驾驶员的素质、个性、年龄、情绪、环境、行车途中思想集中情况以及驾驶经验。

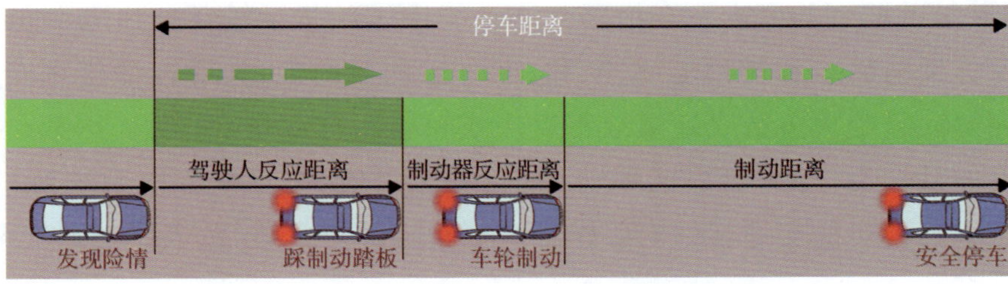

(7)心理与个性特点。驾驶员身心健康是安全行车必不可少的条件。思想上注意安全行车,平静的精神状态、安定审慎的性格也是必要的条件。研究表明,情绪不稳定、易冲动、缺乏协调性、行为冒失往往容易造成行车事故。相反,情绪稳定、行为谨慎、有耐心的驾驶员发生交通事故的情况就少些。

(8)驾驶疲劳。驾驶疲劳是指由于驾驶作业引起的身体上的变化、心理上的疲劳以及客观测定驾驶机能低落的总称。驾驶员长时间开车会发生疲劳,这时感觉、知觉、判断、意志决定、运动等都受到影响。由于疲劳很难明确判断,所以实际上因疲劳发生的事故比上述数字要大。驾驶员以100km/h的速度行进,30~40min之后,出现抑制高级神经活动的信号,表现欲睡,主动性降低。2h后,生理机能进入睡眠状态。在一般情况下,驾驶员一天行车超过10h,前一天睡眠时间不足4.5h者,事故率明显增高。因此,对驾驶员一天的开车时间长短、连续行驶距离、睡眠都应加强管理,作出具体规定。行车过程中,驾驶员出现动作不及时、或迟或早、操作粗糙、不准确、情绪低落、身体不适等情况,则应要求驾驶员停车休息,避免肇祸。

2 车辆的交通特性

(1)设计车辆尺寸。车辆尺寸与道路设计、交通工程有密切关系。例如,制定公共交通规划时要用到公共汽车额定载客量的参数;研究道路通行能力时要使用车辆长度等数据;车辆宽度影响着车行道宽度设计等。在我国《公路工程技术标准》(JTG B01—2003)和《城市道路设计规范》(CJJ 37—2012)中都规定了机动车辆外廓尺寸界限,如下表所示。

设计车辆外廓尺寸(单位:m)

车辆类型	总长	总宽	总高	前悬	轴距	后悬
小客车	6	1.8	2	0.8	3.8	1.4
载重汽车	12	2.5	4	1.5	6.5	4
鞍式列车	6	2.5	4	1.2	4+8.8	2

机动车设计车辆外廓尺寸(单位:m)

车辆类型	项目					
	总长	总宽	总高	前悬	轴距	后悬
小客车	6	1.8	2.0	0.8	3.8	1.4
普通汽车	12	2.5	4.0	1.5	6.5	4.0
铰接车	18	2.5	4.0	1.7	5.8 +6.7	3.8

(2)动力性能。汽车的动力性能通常用三方面指标来评定,即最高车速、加速度或加速时间、最大爬坡能力。最高车速是指在良好的水平路段上,汽车所能达到的最高行驶速度(km/h)。加速时间分为原地起步加速时间和超车加速时间,原地起步加速时间是指汽车由第Ⅰ挡起步,以最大的加速度逐步换至高挡后达到某一预订的距离或车速所需要的时间。超车加速时间大多是用高挡或次高挡由30km/h或40km/h全力加速至某一高速度所需的时间来表示。最大爬坡能力,是用汽车满载时第1挡在良好的路面上可能行车的最大爬坡度。

(3)制动性能。汽车的制动性能是汽车的主要性能之一,直接关系到交通安全,是安全行驶的重要保障。汽车制动性能主要体现在制动距离、制动减速度、制动效能的恒定性和制动时汽车的方向稳定性上。制动过程实际上是汽车行驶的动能通过制动器转化为热能。所以制动片温度升高后,能否保持在冷状态时的制动效能,对于高速时制动或长大下坡连续制动都是至关重要的。制动的方向稳定性是指驾驶员在采取制动时不产生跑偏、侧滑及失去转向能力的性能。制动跑偏与侧滑,特别是后轴侧滑是造成事故的主要原因。

3 道路基本特性

(1)道路网体系。公路与城市道路是支撑区域与城市经济社会发展的重要交通基础设施,既影响到区域与城市的空间布局、形态与结构的形成和演化,又影响到区域与城市经济社会活动的效率、安全、生态、环境等诸多方面。可以说,道路网体系对于区域与城市的整体生长来说,即是骨架,也是血脉,无论是骨架还是血脉,公路与城市道路必须是一个完整的体系,否则,必然影响其整体功能的发挥。公路网的等级划分有技术等级和行政等级两大类分法。技术等级分为高速公路、一级公路、二级公路、三级公路和四级公路等五级,另有等外公路。行政等级分为国道、省道、县道、镇村道路等四级,另外还有专用道路。各级公路路基宽度应符合下表规定。

各级公路路基宽度

公路等级		高速公路、一级公路								
设计速度(km/h)		120			100			80		60
车道数		8	6	4	8	6	4	6	4	4
路基宽度(m)	一般值	45.00	34.50	28.00	44.00	33.50	26.00	32.00	24.50	23.00
	最小值	42.00	—	26.00	41.00	—	24.50	—	21.50	20.00

续上表

公路等级		二级公路、三级公路、四级公路					
设计速度(km/h)		80	60	40	30	20	
车道数		2	2	2	2	2 或 1	
路基宽度(m)	一般值	12.00	10.00	8.50	7.50	6.50(双车道)	4.50(单车道)
	最小值	10.00	8.50	—	—	—	

注:①“一般值”为正常情况下的采用值;“最小值”为条件受限制时可采用的值。

②八车道高速公路路基宽度“一般值”为设置左侧硬路肩、内侧车道采用3.50m时的宽度。八车道高速公路路基宽度“最小值”为不设置左侧硬路肩、内侧车道采用3.75m时的宽度。

(2)道路网布局。路网密度是衡量道路设施数量的一个基本指标。一个区域的路网密度等于该区域内道路总长与该区域的总面积之比。一般地讲,路网密度越高,路网总的容量、服务能力越大。但路网的密度也不是越大约好,道路网密度的大小应与一定的经济发展水平相当,与所在区域内的交通需求相适应,应使道路建设的经济性和服务水平以及道路系统的社会效益、经济效益、环境效益得到兼顾和平衡,既要适当超前,也要节约投资。对于不同的区域、不同的城市,不存在统一的路网布局模式。路网布局必须根据所在区域的自然、社会、经济情况等选取。典型的公路网布局有三角形、并列形、放射形、树杈形等;典型的城市道路网布局有棋盘形(方格形)、带形、放射形、放射环形等。

4 交通量特性

(1)交通量。交通量是指在单位时间段内,通过道路某一地点、某一断面或某一条车道的交通实体数。按交通类型分,有机动车交通量、非机动车交通量和行人交通量。机动车交通量,指来往两个方向的车辆数。交通量时刻在变化,在描述交通量时通常取某一时间段内的平均值作为该时间段的代表交通量,按平均值所取得时间段的长度计,常用的平均交通量有年平均日交通量、月平均日交通量以及周平均日交通量等。其中年平均日交通量在城市道路与交通工程中是一项及其重要的控制性指标,用作道路交通设施规划、设计、管理等的依据。

(2)交通量的时间分布特性。一天24h中,每个小时的交通量亦在不断地变化。在城市道路上,交通量时变图一般呈马鞍形,上下午各有一个高峰,交通量呈现高峰的那个小时,称为高峰小时,高峰小时内的交通量称为高峰小时交通量。

(3)交通量城乡分布。由于城乡之间经济发展、生产与文化活动对交通的需求不同,以及人口密度和汽车拥有量的差别,城乡道路上的交通量有显著差别。一般说来,城市道路上的交通量高于郊区道路,近郊高于远郊,乡村道路交通量最低。

(4)交通量的方向分布。一条道路往返两个方向的交通量,在很长时间内,可能是平衡的,但在某一短时间内,如一天中某几个小时,两个方向的交通会有较大的不同。

(5)交通量在车道上的分布。多车道道路上,因非机动车数量及车辆横向出入口数量的不同,各条车道上交通量的分布也是不等的。在交通量不大的情况下,一般靠近右侧车道的交通量比较大。随着交通量增大,靠近中心线的车道交通量比重也增大。

5 行车速度特性

(1)地点车速:车辆通过某一地点的瞬时车速,因此观测时取值应尽可能短,通常以20~25m为宜。

(2)行驶车速:这是由行驶某一区间所需时间(不包括停车时间)及其区间距离求得的车速。

(3)运行车速:中等技术水平的驾驶员在良好的气候条件下、实际道路状况和交通条件下所能保持的安全车速。

(4)行程车速:又称区间车速,是车辆行驶路程与通过该路程所需的总时间(包括停车时间)之比。

(5)中位车速:中位车速也称50%位车速,或中值车速,是指在该路段上在该速度以下行驶的车辆数与在该速度以上行驶的车辆数相等时的车速。

(6)百分位车速:85%位车速:在该路段行驶的所有车辆中,有85%的车辆行驶速度在此速度以下,只有15%的车辆行驶速度高于此值,交通管理部门常以此速度作为某些路段的限值车速。

(7)15%位车速:意义类似85%位车速。在高速公路和快速道路上,为了行车安全,减少阻塞排队现象,要规定低速限制,因此,15%位车速测定是非常重要的。

(8)时间平均车速:在单位时间内测得通过道路某断面各车辆的地点车速,这些地点速度的算术平均值,即为该断面的时间平均车速。

(9)区间平均车速:在某一特定瞬间,行驶于道路某一特定长度内全部车辆车速分布的平均值,称为区间平均车速。当观测长度一定时,其数值为地点车速观测值的调和平均值。

(10)驾驶员对车速的影响:汽车行驶速度除众所周知的与驾驶员的技术水平、开车时间长短有关外,还与驾驶员的个性、性别、年龄和婚姻状况有关。一般开新车、长途旅行的人比本地出行的人开得快,车上无乘客时比有乘客时开得快,青年、男性、单身驾驶员要比中年、女性、已婚的驾驶员开得快。

(11)车辆对车速的影响:车型和年龄对地点车速有显著影响,小汽车快于专用大客车,货车最慢,新车快于旧车。运货汽车的平均车速按轻型车、中型车、中型组合车、重型单辆车的次序依次降低。单辆车和组合车的平均车速随总量的增加而降低。

(12)道路对车速的影响:驾驶员采用的实际车速不是根据街道的等级,而是根据街道的实际状况,如街道类型、平纵线形、坡长、车道数和路面类型等对汽车行驶的影响而定的。另外,街道所处的地理位置、视距条件、车道位置、侧向净空和交叉口间距等对车速也有很大的影响。

交通条件对车速的影响:如交通量、交通组成、超车条件、交通管理以及交通环境等因素也会对车速产生较大的影响。

6 交通密度特性

(1)交通密度定义:交通密度是指一条车道上车辆的密集程度,即在某一瞬时内单位长度一条车道上的车辆数,又称车流密度。交通量由零逐渐增大,接近或达到道路通行能力时的车流密度称为临界密度,相应车速称为临界速度。临界密度反映交通流量最大时的密度,故又称为最佳车流密度。当密度继续增大,导致所有车辆无法通行时,速度趋近于零,交通流量也趋近于零,此时的密度称为阻塞密度。

(2)车头间距与车头时距:同向行驶的一列车队中,相邻两辆车的车头之间的距离称为车头间距(或间隔)。路段中所有车头间距的平均值称为平均车头间距。如果用时间表示车头之间的间隔,则称为车头时距或时间车头间隔。车头时距与交通量有关,使车辆安全行驶的最短车头时距,称为极限车头时距或临界车头时距,此时距一般采用2s。

二 道路通行能力

1 通行能力的种类和定义

基本通行能力是指道路组成部分在理想的道路、交通、控制和环境条件下,该组成部分一条车道或一车行道的均匀段上或横断面上,不论服务水平如何,1h所能通过标准车辆的最大车辆数。

设计通行能力是指一设计中的道路的一组成部分在预测的道路、交通、控制及环境条件下,该组成部分一条车道或一车行道对上述诸条件有代表性的均匀段上或一横断面上,在所选用的设计服务水平下,1h所能通过的车辆(在混合交通道路上为标准汽车)的最大辆数。

2 道路交通条件

(1)道路条件:是指道路的几何特征,包括车道数,车道、路肩和中央分隔带等的宽度及平、纵线形和视距等。

(2)交通条件:是指交通特征。它包括交通流中的交通组成、交通量以及在不同车道中的交通量分布和上、下行方向的交通量分布。

3 控制、环境条件

(1)控制条件:是指交通控制设施的形式及特定设计和交通规则。其中,交通信号的设置地点、形式和预定时对通行能力的影响最大。其他重要交通控制包括“停车”和

"让路"标志、车道使用限制及转弯限制等等。

（2）环境条件：主要指横向干扰程度以及交通秩序等。对于混合交通的双车道和单车道公路，一车道中所有车辆基本上不是以一列形式行驶，各类车辆行驶的横向位置的范围有差别，常交错行驶，不宜应用理想条件，故定出了具体路段可与之对比的基准条件。

4 车辆换算系数和换算交通量

在分析计算通行能力时，需要将标准汽车交通量与实际或预测的交通组成中各类车辆交通量进行换算，需要用到车辆换算系数。此系数的定义是：在通行能力方面某类车辆一辆等于标准车辆的辆数，取值参考如下表。

车型分类及车辆折算系数表

车　型			折算系数	荷　载	备　注
机动车	汽车	小客车	1.0	额定座位≤19 座	
		大客车	1.5	额定座位≤19 座	
		小型货车	1.0	载质量≤2 吨	
		中型货车	1.5	2 吨＜载质量≤7 吨	包括吊车
		大型货车	2.0	7 吨＜载质量≤14 吨	
		特大型货车	3.0	载质量 14 吨	
		拖挂车	3.0		包括半挂车、平板拖车
		集装箱车	3.0		
	摩托车		1.0		包括轻骑、载货摩托车及载货（客）机动三轮车等
	拖拉机		4.0		
非机动车	人畜力车	畜力车	4.0		
		人力车	1.0		包括人力三轮车、手推车
	自行车		0.2		包括助动车

5 我国现行公路的设计通行能力

我国现行公路的基本通行能力与设计通行能力如下表所示。

高速公路的基本通行能力与设计通行能力

设计速度（km/h）	120	100	80
基本通行能力[pcu/(h·ln)]	2200	2100	2000
设计通行能力[pcu/(h·ln)]	1600	1400	1200

一级公路的设计通行能力

设计速度	100	80	60
具有干线功能的一级公路[pcu/(h·ln)]	1400	1200	900
具有集散功能的一级公路[pcu/(h·ln)]	850～1000	700～900	550～700

二、三、四级公路的设计通行能力

公路等级	设计速度(km/h)	基本通行能力(pcu/h)		不准超车区(%)	V/C 比	设计通行能力(pcu/h)
二级公路	80	9.0m	2500	<30	0.64	550~1600
	60	7.0m	1400	30~70	0.48	
	40		1300	70	0.42	
三级公路	40	7.0m	1300	<30	0.54	400~700
	30	6.5m	1200	70	0.35	
四级公路	20	<6.0m	<1200	70	<0.35	<400

三 停车设施

1 停车场的分类

(1)按停放车辆的类型分类:机动车停车场主要为各类客、货运汽车提供停放服务。非机动车停车场在城市中主要是自行车停车场,包括各种类型的自行车、电瓶车停放处。

(2)专用停车场:是指专业运输部门或企业事业单位所属建设的停车场地,仅供有关单位内部自有的车辆停泊,如公交公司、运输公司的停车场和检修保养场等。专用停车场几乎不为社会上其他车辆提供停车服务。

(3)建筑物配建停车场:是大型公用设施或是建筑配套建设的停车场所,主要为与该设施业务活动相关的出行者提供停车服务。配建停车场服务对象包括主体建筑的停车以及主体建筑所吸引的外来车辆。

(4)社会公共停车场:是为从事各种活动的出行者提供公共停车服务的停车场所,服务范围最广,通常设置在城市商业活动中心、城市出入口以及公共交通换乘枢纽附近。

(5)临时停车场:根据一些临时需要,临近划定一些停车场地,场地的使用性质随时可能发生变化。

(6)固定停车场:根据确定需要而固定设置的停车场地,场地的使用性质一般不易发生变化。

(7)路内停车场:路内停车场是在道路用地控制线(红线)以内划定的供车辆停放的场地,这种停车场一般设在街道较宽的路段,或利用高架道路、高架桥下的空间停车。

(8)路外停车场:路外停车场是在道路用地控制线以外专辟的停放车辆的场地,包括地面停车场、停车楼、地下停车库等。其中地面停车场由出入口通道、停车坪及其他附属设施组成。这些附属设施一般包括服务部、休息室、给排水与防火设备、修理站、电话、报警装置、绿化、厕所、收费设施等。

(9)地下停车库是将停车场建在地下,这是节省城市用地的有效措施。结合城市规划和人防工程建设,在不同的地区修建各种地下停车库,例如在公园、绿地、道路、广场及建筑物下面等。修建地下停车库的费用大，但容量也大。

2 车辆进出车位方式

（1）前进式停车：前进式停车可分为前进式进车位、后退式离车位（如图8.3a），前进式进车位、前进式离车位。

（2）后退式停车：后退式停车主要是后退式进车位、前进式离车位（如图8.3d）。

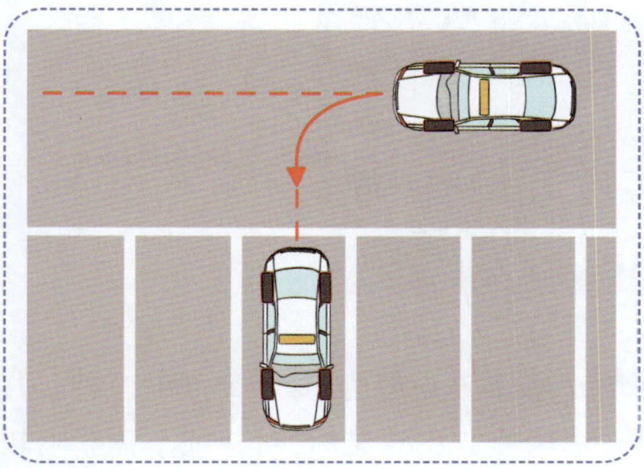

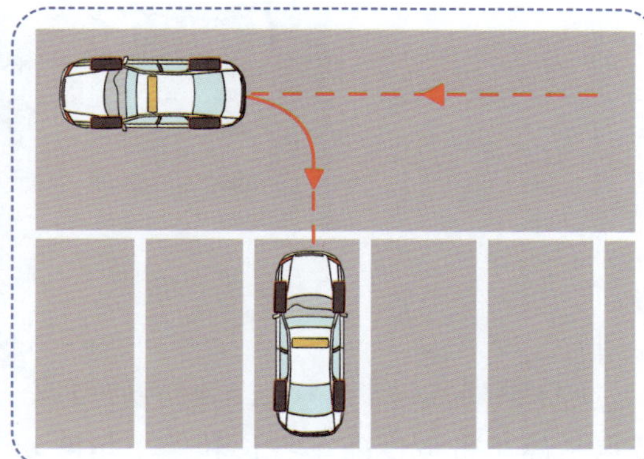

3 车辆停放方式

（1）平行式（图8.4a）：车辆平行于通道方向停放，这种方式占用的停车带较窄，车辆进出方便、迅速，但单位长度内停放的车辆最少。在停车种类很多、未以标准车位设计或沿周边布置停车位时，可采用这种方式。

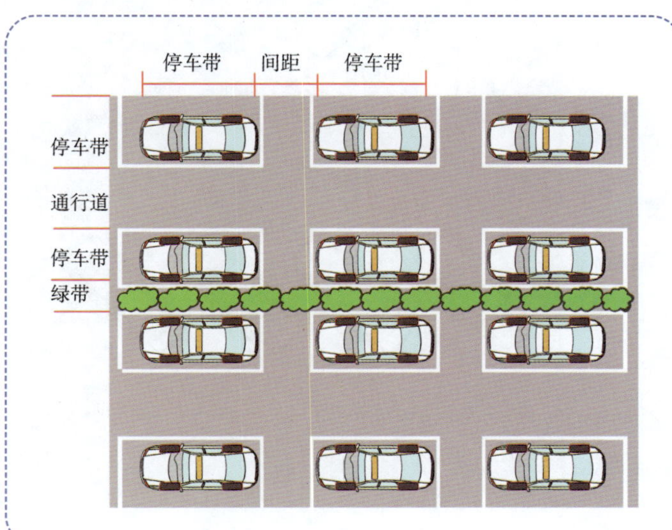

（2）垂直式（图8.4b）：车辆垂直于通道方向停放。这种方式的特点是单位长度内停放的车辆数最多，用地比较紧凑，但所需通道较宽。布置时可两边停车，合用中间一条通道。这种方式一般在用地整齐规则的情况下采用。

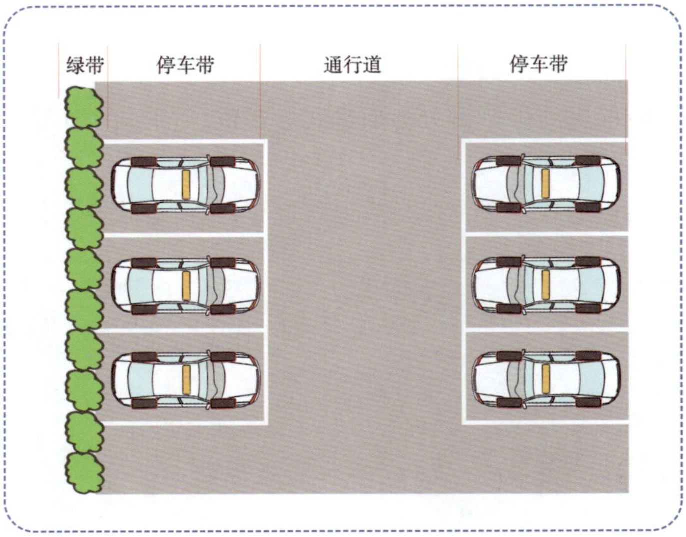

(3)斜列式(图 8.4c):车辆与通道成一夹角 θ 停放,θ 一般为 30°、45°、60°三种。其特点是停车带宽度随车身长和停车角度 θ 而异;车辆停放比较灵活,对其他车辆影响较少。车辆驶进驶出方便、迅速,但单位停车面积比垂直式多,尤其是 30°停放,用地最不经济,适宜于停车场地的用地宽度和地形条件受限制时使用。

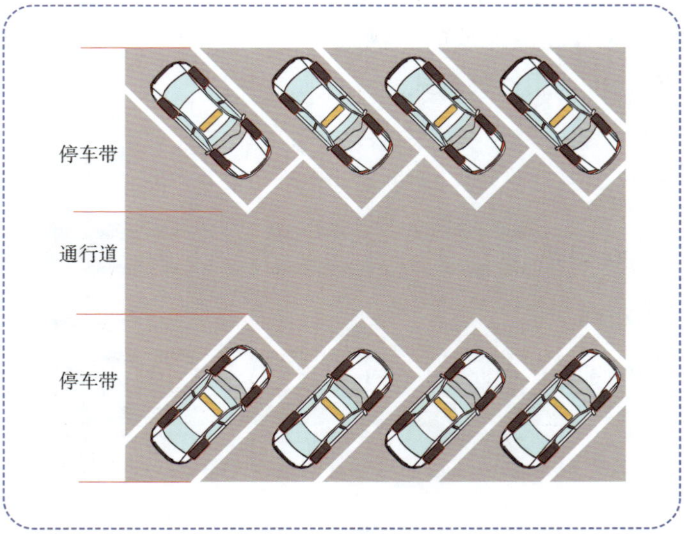

四 城市交通管理与控制

1 平面交叉口交通管理

(1)少冲突点。交叉口交通安全的根本是减少冲突点,可采用单行线、禁止左转弯等方法。

(2)控制相对速度。可采用严格控制车辆进入交叉口的速度;对于右转弯或左转弯应严格控制其合流角，以小于30°为佳；必要时可设置一些隔离设施（如隔离墩或导向岛等）用以减小合流角等方法。

（3）重交通流和公共交通优先。重交通流是指较大交通流量的交通流（干道或主干道上的交通流）。重交通流通过交叉口应给予优先权。其方法是在轻交通流方向（支路）上设置让路标志，或是延长在重交通流方向上的绿灯时间。对公共交通也可采取类似优先控制的方式。

（4）分离冲突点和减小冲突区。交叉口上的交通流是复杂的，各种车辆在合流与分流的过程中所产生的车辆交叉运行，有的路径太接近甚至重叠，有的偏离过大，导致交叉口上冲突点增多和冲突区扩大，安全性大大降低。此时，运用分离冲突点和减小冲突区的原则能收到较好效果。

（5）选取最佳周期，提高绿灯利用率. 在设置固定周期自动交通信号机的交叉口处，应对各方向的交通流常做调查，根据流量大小计算最佳周期和绿信比，以提高绿灯利用率，减少车辆在交叉口的延误。

2 全无控制交叉口交通管理

（1）全无控制交叉口交通管理。无控制交叉口的冲突交通量随着交叉口流量的增大而增加，交叉口总流量增加到一定程度，将造成交叉口内的车辆行驶混乱，事故频升。鉴于安全性考虑，此时应把无控制交叉口改为有控制交叉口，如设置信号灯。确定无控制交叉口设置信号灯的流量称为临界流量。无控制交叉口适应交通量一般不超过800辆/h。

（2）优先控制交叉口交通管理。无控制交叉口的延误是较小的，即使流量增加，延误增加也有限，理论和实测都表明了这一点。但鉴于安全性考虑，使得无控制交叉口在低流量时就要求加以管制。由于无控制变为信号灯控制，交叉口延误将明显增加，因此必须考虑一种过渡的控制形式。它既能解决安全性问题，且延误又不至于增加很多，优先控制就能满足这种要求。优先控制可分为停车标志控制和可不停车（减速）的让路标志控制。

3 优先控制交叉口交通管理

（1）停车标志控制。相交的两条道路中，常将交通量大的道路称为主路或干路，小的称次路或支路（包括胡同和里弄）。规定主路车辆通过交叉口有优先通行权，次路车辆必须让主路车辆先行，这种控制方式称为优先控制。停车标志控制按相交道路条件的不同分有单向停车控制和多向停车控制。

（2）单向停车控制。单向停车控制简称单向停车或两路停车，指的是进入交叉口的次路车辆必须在停止线以外停车瞭望，确认安全后，才准许通行。这种控制在次路进口处划有明显的停车交通标志，相应地在次路进口右侧设有停车交通标志，同时次路进口处的路面上写有非常醒目的“停”字。

(3)多向停车控制。多向停车又称多路停车。各路车辆进入交叉口均需先停车后再通过,其中四路停车较多。其标志设在交叉口所有入口右侧。

(4)让路标志控制。让路控制又称减速让行控制,是指进入交叉口的次路车辆,不一定需要停车等候,但必须放慢测速瞭望观察,让主路车辆优先通行,寻找可穿越或汇入主路车流的安全“空隙”机会通过交叉口。让路控制与停车控制差别在于后者对停车有强制性。让路控制一般用在交通量不太大的主次路相交的次路路口,其标志和标示的设置位置与单向停车控制相同。环形交叉口的进口处,实质上就是采用让路控制。

4 平面交叉口控制方式的选择

(1)按照道路分类选择。设置平面交叉口的道路一般分成三类:主干路、次干路和支路,根据相交道路的情况,可按下表选择交叉口及其管制的方式。

按交叉道路类型选择交通管制方式

交叉口类型	建议的管制方式	交叉口类型	建议的管制方式
主干路与主干路	信号灯	次干路与次干路	信号灯,多向停车,单向停车或让路
主干路与次干路	信号灯、多向停车或单向停车	次干路与支路	单向停车或让路
主干路与支路	单向停车	支路与支路	单向停车,让路或不设管制

(2)按照交通流和交通事故选择。根据调查交叉口各相交道路车流量、发生交通事故次数、行人稠密程度以及今后的发展趋势等资料,按下表选择。

按车流量和交通事故次数选择交通管制方式

项目			管制方式				
			不设管制	让路	单向停车	全向停车	信号灯
车流量	主要道路	辆/h	—	—	—	300	600
	次要道路	辆/h	—	—	—	200	200
	合计	辆/h	100	100~300	300	500	800
		辆/h	≤1000	<3000	≥3000	5000	8000
每年直角碰撞事故次数			<3	≥3	≥3	≥5	≥5
其他因素			—	—	—	—	行人,间隙,信号灯联动等

5 道路单向交通管理

单向交通又称单向线,是指道路上的车辆只能按一个方向行驶的交通。当城市道路上的交通量超出其自身的通行能力时,将造成城市交通拥堵、延误及交通事故增多等问题。此时,在道路交通系统中,若对某条道路或几条道路,甚至对某些路面较宽的巷、弄,考虑组织单向交通,则将会使上述交通问题明显地得到缓解和改善。在城市道路交通系统中,单向交通是解决城市交通拥挤,充分利用现有城市道路网容量的一种经济、有效的交通管理措施。

单向交通适合在道路相对狭窄、道路网络密度高的区域成对设置。狭窄的道路如果实施双向通行，则可能车辆行驶的交通阻抗比较大，行驶车速低，通行能力小，实施单向通行，交通阻抗大幅度降低，行驶车速提高，通行能力增加。在高密度路网成对设置单向交通线，能减少因单向通行而造成的车辆通行绕行距离。

单向交通在路段上减少了与对向行车的可能冲突，在交叉口上大大减少了冲突点。

故单向交通在改善交通方面具有以下较为突出的优点：

(1)提高了道路通行能力；

(2)减少了道路交通事故；

(3)提高了道路行车速度。

单向交通也存在着以下缺点：

(1)增加了车辆绕道行驶的距离，给驾驶员增加了工作量；

(2)给公共车辆乘客带来不便，增加步行距离；

(3)容易导致迷路，特别是对不熟悉情况的外地驾驶员；

(4)增加了为单向管制所需的道路公用设施。

6 变向交通管理

变向车道是指在不同的时间内变换某些车道的行车方向或行车种类的交通。变向交通非常适用于“潮汐交通”。变向交通按其作用可分为方向性变向交通和非方向性变向交通两类。

(1)方向性变向交通。在不同时间内变换某些车道上行车方向的交通称为方向性变向交通。这类变向交通可使车流量方向分布不均匀现象得到缓和，从而提高道路的利用率。

(2)非方向性变向交通。在不同时间内变换某些车道上行车种类的交通称为非方向性变向交通。它可分为车辆与行人、机动车与非机动车时间相互变换使用的变向车道。这类变向交通对缓和各种类型的交通在时间分布上不均匀性的矛盾有较好的效果。例如在早晨自行车高峰时间，变换机动车外侧车道为自行车道，到了机动车高峰时间，则变换非机动车道为机动车道。另外，在中心商业区变换车行道为人行道及设置定时步行街等，这些都是非方向性的变向交通。

7 专用车道管理

规划公共交通车辆专用车道是缓解城市交通问题的途径之一。公共交通车辆是指公共汽车、电车、轻型有轨车辆、地铁列车及城市铁路列车等。

公交车辆载客量大，人均占用道路面积小，且可有效地利用道路，故可采用公交车辆专用车道的办法来提高公交车辆的运行效率和服务质量，达到减少城市道路交通量的目的,使整个城市的交通服务质量得到改善,带来较大的社会经济效益。例如开辟公共汽车专用线及公共汽车专用道路,发展轻型有轨交通和地下轨道交通等。

公共汽车专用车道的开辟,可在多车道道路上划出一条车道,用路面标示或交通岛同其他车道分隔,专供公共汽车通行,这可避免公共汽车同其他车辆的相互干扰。再有,在单向交通的多车道街道上,若车道有余时,可划出一条靠边车道,专供对向公共汽车行驶,称为逆向的公共汽车专用车道,即在单向交通街道上,只允许公共汽车双向通行。

8 禁行交通管理

为了减轻道路上的交通负荷,或将一部分交通流量均分到其他负荷较低的道路上去,根据道路条件和交通条件,实行对机动车和非机动车的某种限制性管理,称为禁行管理。禁行管理大致有以下几种情形:

(1)时段禁行。根据机动车和非机动车的不同高峰时段,安排其不同的通行时间,如上午 9 点至下午 5 点禁止自行车进入被规定的主要道路。

(2)错日禁行。如某些主要街道规定某些车辆单日通行,某些车辆双日通行;或规定牌照号为单数的货车单日通行,双数的双日通行。

(3)车种禁行。如禁止某几种车(货车和各类拖拉机)进入城市道路或城市中心区。

(4)转弯禁行。在某些交通拥挤的交叉口,禁止机动车和非机动车左(右)转弯,有些专门禁止自行车左转。应注意在禁止左转弯交叉口的邻近路口必须允许左转弯。

(5)重量(高度、超速等)禁行。规定机动车和非机动车按规定的吨位(高度、速度)通行。

五 道路交通安全

1 交通事故的定义

凡车辆、人员在特定道路通行过程中,由于当事人违反交通法规或依法应该承担责任的行为而造成人、畜伤亡和车物损失的交通事件。从定义可以看出,交通事故有六项缺一不可的要素,即车辆、在道路上、在运动中、发生事态、造成事态的原因是人为的和有后果的。

(1)车辆:包括机动车与非机动车。行人自己在走路过程中发生意外,造成伤亡不属交通事故。

(2)在道路上:指在公用的道路上。厂区、校园、庭院内的路不算。同时,应以事态发生时所在的位置,而不是事态发生后车辆所在的位置来判断是否在道路上,如车辆驶出路外翻车应认为在道路上。

(3)在运动中:即定义中的行驶或停放过程。

(4)发生事态:即发生碰撞、碾压、刮擦、翻车、坠车、爆炸、失火等其中一种现象。

（5）造成事态的原因是人为的：即所造成的事态不是因为人力无法抗拒的自然原因，如地震、台风、山崩、流石、泥石流、雪崩等原因造成的事故。

（6）有后果：既要有人、畜伤亡或车辆、财物损伤的后果。

2 交通事故的分类

我国根据事故后果严重性质的大小把交通事故分为四类，当然随着交通事故的发展，其分类可能有所变化。

交通事故的分类标准

项目	轻微事故	一般事故	重大事故	特大事故
死亡（人）			1～2	≥3
重伤（人）		1～2	3～10	>10
轻伤（人）	1～2	3～10	10	
直接经济损失（元）	<200（机动车） <50（非机动车）	200～5000（机动车） ≥50（非机动车）	5000～10000	有重大政治影响的事故

注：死亡、重伤、直接经济损失四项指标，达到其中之一即可定位相应类别的事故。

3 交通事故的计算指标

衡量交通事故多少及严重程度的指标，多以事故次数以及死伤人数为单位，通常用下列指标。

（1）事故的绝对指标单位。通常以事故次数、死亡人数、受伤人数三项指标来衡量每年或每月、每周不同地区、范围或不同路段的事故情况。若比较世界各国发生交通事故死亡人数，需将死亡时间进行标准化，换算成世界标准的交通事故死亡人数。通常以30天为标准，然后附加一个交通事故死亡人数的修正因子。

（2）事故的相对指标单位。常用的事故率有以下几种：

万车事故率（次/万车）

$$A = \frac{B}{M} \times 10^4 \quad （次/万车）$$

式中：A——1万辆登记汽车的事故率；

B——1年内该地区事故件数或死亡、受伤数总和；

M——该地区的机动车保有量（辆）。

万人事故率（次/万人）

$$A_1 = \frac{B}{P} \times 10^4 \quad （次/万人）$$

式中：P——该地区的人口数（人）。

亿车公里事故率（次/万车）

$$A_2 = \frac{C}{V} \times 10^8 \quad （次/亿车公里）$$

式中:C——该地区1年内事故次数;

V——该地区1年内登记运行的车公里数。

(3)交通事故严重性计算。交通事故中死亡、受伤和财产损失的严重程度是不相等的,对不同地区不同的死、伤、财产损失的统计量很难进行统一比较,故实际分析时,一般以财产损失为参考标准,对一个死亡或受伤人员所造成的损失换算为相当的经济损失费用数,然后将死亡、受伤统一换算成财产损失,这样不同类型、不同性质的各类交通事故可以统一换算成经济损失费用。

4 交通安全教育

道路交通安全教育是指公安交通管理部门为搞好道路交通管理,保障道路安全和畅通,依靠行政、社会的力量,通过新闻宣传等多种形式,对广大交通参与者进行交通法规、交通道德、安全常识等方面的教育,道路交通安全教育是交通安全管理的先导和保障,预防交通事故的前提,具有启发性、思想性、广泛性、灵活性和长期性等特征。

道路交通安全教育的内容:

(1)交通法律、法规教育。交通法律、法规教育是交通安全宣传教育工作的重要内容,及时把交通法规及有关规定传达给每个交通参与者,增强道路交通安全意识,提高道路交通安全水平。

(2)交通道德教育。加强对全社会的交通道德宣传教育,提高全社会的交通道德水准,特别是驾驶员的职业道德对交通的安全、畅通、有序具有重要影响,应称为交通道德宣传教育的重点,包括:驾驶员应以高度负责的精神安全驾驶车辆;驾驶车辆应当安全礼让;爱护车辆、爱护旅客和爱护装载的物资;维护驾驶员职业的荣誉等。

(3)交通安全知识教育。交通安全宣传教育工作应当根据不同的宣传对象,采取不同方式,有重点地将交通安全知识传授给每一个交通参与者,使他们在不同的情况下,采取正确有效的措施,避免交通事故的发生。

(4)交通安全心理教育。道路交通安全心理宣传教育,是向人们传授道路交通安全心理知识,培养人们良好的心理素质和道路交通适应能力。通过道路交通心理宣传教育,能使广大交通参与者深入了解道路交通安全法律规范和交通管理措施,达到真正理解并自觉遵守交通法律规范。

(5)对驾驶员的教育。驾驶员违章是事故的重要成因之一,提高驾驶员的交通道德、思想和技术素质,对预防交通事故有非常重要的意义。对驾驶员的教育,主要是提高驾驶员对安全行车的认识,提高交通道德水平的职业道德教育和学习交通规划及行车安全措施的安全教育。

5 交通安全设施建设

(1)分隔带。分隔带由分隔带和导向带组成,隔开上行、下行慢快车,车辆与行人等,分隔带可做成一定宽度的带状构造物,略高于两侧的车行道。若道路宽度不足时宜用栅栏分隔。车行道的导向带位于分隔带与车行道间,诱导驾驶员视线,且可作为侧向余宽。

(2)设交通岛。为控制车辆行驶位置和保护行人安全,于车道之间,在行人过街横道设安全岛,用分车岛把两股车流分开,用导流岛将车流导向一定的行进线路。

(3)设人行横道。在车流与人流均较多的路口,为确保安全,需要从时间上将两者分开,这就必须设置人行横道,给行人以优先通行权,从空间上分开可设过街天桥、地道。

(4)设防眩设施。在汽车专用路侧或中央分隔带上,设置防眩设施,主要有防眩网、防眩栅、防眩板。

(5)设置道路标志。道路标志设置可以保障交通秩序,提高运输效率和减少交通事故,可使驾驶员熟悉路况,对可能发生危险的地段提醒注意,使驾驶员及早采取措施,避免事故发生。

(6)路面标线。标线和道路标志同样是为整理交通流并进行诱导限制的设施。路面标记有:行车道中心线、车道境界线、车道外侧线、导流标线、交叉路口附近标线等。此外,在交通安全方面,又有竖面标记,主要在需要车辆变更前进方向的构造物、在道路外使路侧空间变小和当车辆驶出路外时有冲撞危险的构造物前面表示。

(7)交通信号。随着交通量增大,多数平面交叉口必须用信号指挥交通,即用信号灯来控制,这可以大大减少交叉口事故,一般有人工控制式、定周期式信号机和交通感应式信号机以及从面上控制各交叉口的红绿灯开放时间,最大限度提高交叉口通行能力以及减少交通事故的联动信号系统。

(8)变向车道。在早晚高峰小时车流流向有明显变化的次要路段,可按时间规定往复变向,将若干条车道在一定时间内专供某一方向行驶,将提高道路通行能力,减少拥挤,提高安全。

(9)单向交通。实行单向交通可以减少交叉口的冲突点,减少交通事故,提高区间车速和通行能力。

(10)建立交通信息系统。交通信息也称交通情报,公安与管理为保证行驶于汽车专用道或城市主干道行的车辆安全、迅速,应及时报道道路交通阻塞情况、天气情况、前方道路施工或临时交通管制情况,以便驾驶员及时改变对策。

(11)视线诱导标志。公路线形、路面宽度变化处等,应设置反光性视线诱导标志,交通量大的国道在照明不充分的情况下,在路口侧或中央分隔带每隔 50m 设置白色或黄色直径为 70 ~ 100mm 圆形的反光标,其支柱高为 90 ~ 120mm。

模块9 汽车检测设备与故障诊断

汽车检测是汽车维修必不可少的手段,汽车维修应贯彻视情修理的原则,即根据车辆检测与诊断的结果,视情按不同作业范围和深度进行,既要防止拖延修理造成车况恶化,又要防止提前修理造成的浪费,汽车故障诊断则是在汽车检测的基础上对汽车故障进行确认,经过有针对性的维修,使汽车恢复正常工况。

一 汽车常用检测设备

随着汽车行业的发展,汽车的科技含量不断提高,传统的检测方法已不能满足现代汽车检测需要。依靠各种先进仪器设备,对汽车进行综合检测诊断,具有自动控制检测过程,自动采集检测数据等功能,使检测诊断过程更安全、更快捷、更准确。

1 发动机性能检测、诊断仪器设备

(1)发动机台架试验设备,主要与测功机、油耗计、水温传感器、油温传感器、机油压力传感器、转速传感器等仪器配套,完成发动机的空转特性、速度特性、负荷特性等常规试验项目的测试,进行发动机扭矩、转速、功率、油耗率、比油耗、排气温度、机油压力、冷却水温度等参数的检测。

(2)发动机功率的测试设备,可检测发动机输出的有效功率。发动机功率的测试设备有转速仪、水温表、机油压力表、机油温度表、气象仪器(湿度计、大气压力计、温度计)、计时器、燃料测量仪测功器等。通过对发动机功率的检测,可掌握发动机的技术状况,确定发动机是否需要大修或鉴定发动机的维修质量。

(3)汽缸漏气检测仪,检测活塞处于上止点位置(此时气门关闭),将压缩空气注入汽缸内,观测汽缸内压力的变化,以测量表所示压力数值判定汽缸和气门的密封情况。

(4)发动机曲轴箱窜气量检测仪,用于测量曲轴箱窜气量,以判断发动机漏气、磨损、拉缸、断环等缸内状况及动态密封性。

(5)汽缸压力表用于检测汽缸压缩压力,根据检测结果可判断汽缸衬垫、汽缸体与缸盖之间的密封况、活塞环与缸壁配合状况及燃烧室内积炭是否过多等有关汽缸的工作状况。

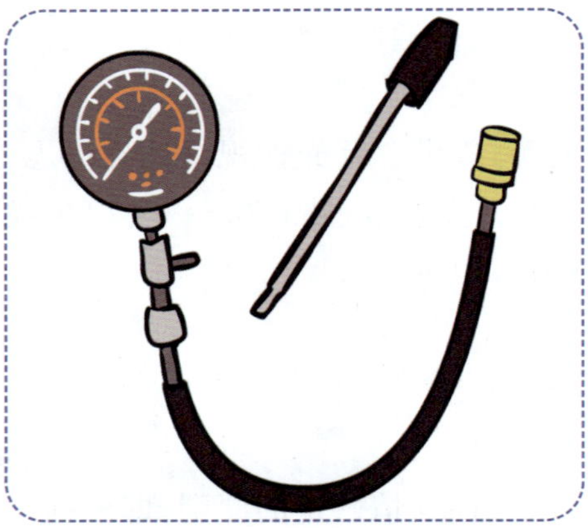

(6)发动机转速表,用于测量发动机及其他旋转体的转速。

(7)发动机温度表,用于检测发动冷却水的温度。

(8)油耗计,用于测定各类发动机燃油消耗量、瞬时流量,可进行定容量、定重量、定时间等参数的测量。

2 底盘检测与诊断设备

(1)底盘测功机,可测量出汽车驱动轮的输

出功率和驱动力，汽车在给定速度区间内的加速时间，汽车在给定速度下的滑行时间和距离及进行车速/里程表校验并能显示功率—速度、驱动力—速度关系曲线。

（2）底盘间隙检测仪，用于对汽车底盘各部位因磨损而产生的间隙进行检测。

（3）汽车制动试验台，可检测汽车左、右轮的最大制动力、阻滞力，左、右轮的制动力的和与差，最大过程差，制动协调时间等有关制动性能参数。

（4）汽车侧滑试验台，用于检测汽车侧滑量以确定前轮定位是否准确。

（5）汽车轴重仪，轴重也叫轴荷，即汽车某一轴的重量。用于测量汽车车轴或车轮荷重，是检测制动力的配套设备。

（6）汽车车速表试验台，用来检验汽车车速表示值误差，并判断其是否合格。

（7）汽车前束尺，可用来测量汽车前束值。

（8）前轮定位仪，一般由转弯半径测量仪及倾角水准仪组成，分别用来测量转弯半径（最大转向角）、前轮外倾角、主销后倾角与内倾角。

（9）电脑四轮定位仪，可检测的项目包括前轮前束、前轮外倾、主销后倾、主销后倾、后轮前束、后轮外倾、轮距、轴距、后轴推力角和左右轴距差等。

（10）转向力、角测量仪，用于各类机动车辆机械转向系的转向力（矩）和转向角的测量。

（11）车轮动平衡机，能够检测、显示出车轮的不平衡量及相位，并能对其进行平衡。

3 电气检测设备

（1）电器万能试验台，用于检验汽车的直流、交流发电机、硅整流发电机、起动机、磁电机、分电器、调节器、蓄电池、点火线圈、电容器、电动刮水器、电喇叭等电器设备，并能对外充电。

（2）电池检测仪，用于蓄电池性能的检测。

（3）前照灯检测仪，用于检测前照灯的发光强度及照射方向。

4 电子控制系统检测设备

（1）发动机综合分析仪，用于汽油机与柴油机的综合测试。对发动机的点火系统、管理系统、电子变速系统、电子控制的柴油喷射系统安全及舒适性电子控制系统都可进行测试。一般具有发动机测试仪、万用表和数字示波器三种测试仪器的功能。

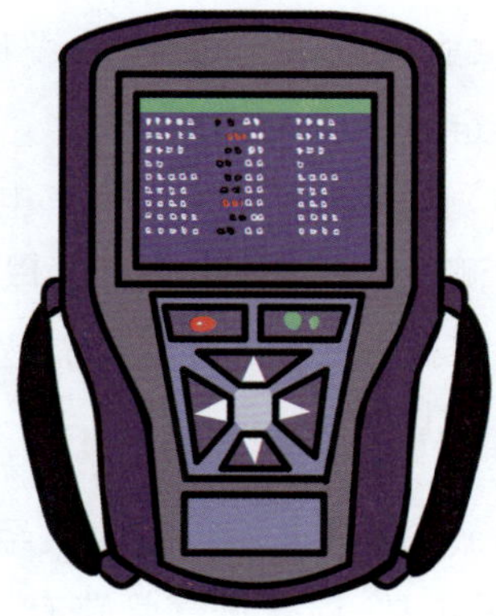

（2）解码器，可对发动机、变速器、ABS防抱死刹车和车身等各电脑控制系统的故障进行检测与诊断。

(3)汽车传感器检测仪,可测试各类传感器和开关元件,包括 TPS(节气门位置)、冷却液温度、MAF(空气质量流量)、MAP(进气歧管绝对压力)、氧传感器、ABS、曲柄、凸轮、节气门和爆震开关等项目。

二 汽车故障诊断

汽车故障是指汽车部分或完全丧失工作能力的现象,其实质是汽车零件本身或者零件之间的配合状态发生了异常变化。汽车故障诊断是指在不解体(或仅拆下个别小件)的情况下,确定汽车的状况,查明故障部位及故障原因的汽车应用技术。

1 汽车故障的分类

(1)按丧失工作能力的程度分为局部故障和完全故障。局部故障是指汽车部分丧失了工作能力,降低了使用性能的故障。完全故障是指汽车完全丧失工作能力,不能行使的故障。

(2)按发生的后果分为轻微故障、一般故障、严重故障和致命故障。轻微故障是指汽车运行中能轻易排除的故障。一般故障是指汽车运行中能及时排除的故障或不能排除的局部故障。严重故障是指汽车运行中无法排除的完全故障。致命故障是指导致汽车造成重大损坏的故障。

(3)按故障形成的速度及预报性分可分为突发性故障和渐发性故障。突发性故障是指发生前无任何预报的故障。

2 汽车故障诊断方法

(1)直观诊断法。直观诊断法又称为人工经验诊断法,是指诊断人员凭丰富的实践经验和一定的理论知识,在汽车不解体或者局部解体情况下,依靠直观的感觉印象、借助简单工具,采用眼观,耳听,手摸或者鼻闻等手段,进行检查、试验、分析,确定汽车的技术状况,查明故障原因和故障部位的诊断方法。

(2)仪器设备诊断方法。仪器设备诊断法是在人工经验诊断法的基础上发展起来的一种诊断方法,是指在汽车不解体情况下,利用测试仪器、检测设备和检验工具,检测整车、总成或机构的参数、曲线和波形,为分析、判断汽车技术状况或确认故障部位和原因提供定量依据的诊断方法。

(3)自诊断法。利用汽车电控单元的自诊断功能进行故障诊断的一种新方法,就是利用监测电路传感器、执行器以及微处理器的各种实际参数,并将其与存储器中的标准数据进行比较,从而判定系统是否存在故障。

3 汽油电子控制燃油喷射发动机故障诊断

(1)发动机失速。发动机经常失速(转速忽高忽低),出现此故障先检查故障输出代码,如果正常,检查进气管路有无泄漏,检查油箱中燃油是否充足,检查空气滤清器滤芯,检查冷起动喷油器和温度时间开关。发动机有时失速。检查诊断输出代码，如果正常则检查空气流量计或检查继电器和连接器。

（2）发动机怠速不良或熄火。出现此故障先检查故障代码，如果正常则检查进气管有无泄漏，检查空气滤清器滤芯，检查冷起动喷油器和热敏时控开关，检查燃油压力，检查喷油器。发动机怠速过高，出现此故障应检查油门联动机构是否发卡，检查怠速控制系统是否正常，检查节气门开度传感器，检查故障码等。

（3）发动机回火（含混合气过稀）。出现此故障先检查故障码，如果正常则检查进气管有无泄漏，检查冷起动喷油器和正时开关，检查燃油压力，检查喷油器等。

（4）消声器"放炮"（含混合气过浓或个别缸不工作）。出现此故障先检查故障码，如果正常则检查冷起动喷油器和冷起动正时开关，检查燃油压力是否过高，检查喷油器等。

4 柴油机燃油供给系统故障诊断

（1）不能起动或起动困难。转速达到起动转速的要求，但不能起动。若启动系统良好，发动机不能起动或起动困难，是油箱内无柴油或油箱开关位置不对，低压油路中有空气或油路堵塞，输油泵工作不良及喷油器不喷油造成的。

（2）动力不足。发动机运转时消声器发出有节奏的"突、突"声，并冒黑烟，造成耗油量增加，经济性变差，同时影响汽车的可靠性和机动性，这种现象产生的原因常为：个别缸或少数缸不工作，喷油器针阀开启压力过高或针阀关闭不严使供油量过少，高压油路有泄漏点。

（3）运转异常。通常表现为转速不均匀、"游车"、"飞车"等，发动机运转不平稳通常是因为柴油机各缸供油量不等，个别缸供油量过大使空燃比过小，供油时刻失准，供油不足和各缸喷油器燃油雾化质量有差异等。游车现象的出现通常是供油调节机构动作不灵活或调速器工作不正常造成的。飞车现象是运转中转速突然升高，超过额定转速，引起的原因是喷油泵调速器故障或者有额外的柴油或机油进入燃烧室。

（4）排气烟色异常。柴油机排气管冒黑烟的现象最普遍，一般是喷油量过大、雾化不良、各缸喷油量不均匀、喷油过早、调速器失调或空气滤清器堵塞造成的。

5 点火系故障诊断

（1）电子点火发动机不能起动。电子点火装置可能有问题时，可从分电器盖上拔下中央高压线，并使其端部距离气缸体5～7mm，然后起动发动机，观察是否跳火，如无火花，则说明电子点火装置有故障。

（2）电脑控制点火系统发动机不点火。可能是点火线圈、点火器损坏；曲轴基准位置传感器、点火基准传感器和曲轴转角与转速传感器及其电路不良。火花弱，起动困难，怠速不稳，可能的故障原因是高压线电阻过大、火花塞漏电或积炭、点火系统供电电压不足或搭铁不良等。

6 汽车电源故障诊断

(1)蓄电池极板硫化。可能是初充电不足或初充电中断、放电后长期放置不用长期充电不足或未及时充电、经常过量放电、电解液密度超标或随意加硫酸液、电解液液面过低致使极板上部硫化。

(2)蓄电池放电。可能是过账接线柱腐蚀而导致接触不良、电线绝缘层破损、蓄电池及电气设备内部短路。

7 发电机故障诊断

故障现象	故障诊断
发电机不发电	二极管损坏或二极管板烧蚀、电刷卡死或滑环接触不良、磁场线圈断路、电压调节器损坏、发电机多楔带过松、定子线圈断路或短路、接线柱绝缘不良、转子线圈断路或短路
发电机输出功率不足	磁场线圈短路、滑环与电刷接触不良、定子线圈短路或断路、发电机多楔带过松、电压调节器损坏
充电电流过小	个别二极管损坏、电刷接触不良、发电机多楔带过松转子、定子线圈局部短路或接头断开
充电电流过大	电压调节器损坏、蓄电池内部短路
发电机异响	发电机安装不当或紧固螺栓松动、发电机轴承损坏、发电机转子与定子相碰撞、线圈绕组等接触不良

8 汽车起动机故障诊断

(1)接通起动开关但起动机不运转。首先检查蓄电池和导线特别是蓄电池搭铁电缆和火线电缆的连接情况,然后检查起动机和开关。

(2)接通起动开关但起动机运转无力。故障原因主要有:蓄电池充电不足或有短路故障,电动机主线路接触电阻增大使起动机工作电流减小,励磁线圈或电枢线圈局部短路使起动机输出功率降低。

(3)接通起动开关,发动机空转。电动机技术状况良好,但动力不能传递到发动机飞轮,一般是由于单向离合器过度磨损后打滑所致。

(4)起动机驱动齿轮与飞轮齿环不能啮合而发出撞击声。故障原因主要有:驱动轮轮齿或飞轮齿环轮齿过度磨损或损坏,驱动齿轮端面与端盖凸缘间距离过小,从而当驱动轮与飞轮齿圈尚未啮合或刚刚啮合时,电动机主电路已经接通。

(5)起动机发出不正常声响。故障原因主要有:电磁开关保持线圈断路或搭铁不良;蓄电池充电不足或内部短路;启动继电器断开电压过高。

9 离合器故障诊断

(1)离合器打滑。故障原因主要有:离合器踏板自由行程过小或没有自由行程,从动盘摩擦片、压盘或飞轮工作面磨损严重,离合器盖与飞轮的连接松动压紧力减弱,从动盘摩擦片油污、烧蚀、表面硬化，铆钉外露或表面不平摩擦力下降，压力弹簧疲软或折断，膜片弹簧疲软或开裂压紧力下降，分离轴承套筒与导管间油污严重轴承不能回位。

（2）离合器分离不彻底。故障原因主要有：离合器踏板自由行程过大，新换的摩擦片太厚或从动盘正反面装错，从动盘钢片翘曲、摩擦片破裂或铆钉松动，液压传动离合器的液压系统漏油造成油量不足或有空气侵入，分离杠杆调整不当。

10 手动变速器故障诊断

（1）变速器跳挡。故障原因主要有：操纵杆系磨损松旷或变速器内拨叉弯曲变形、止推垫片磨损齿轮不能完全啮合；相啮合的齿轮或齿圈磨损严重；自锁装置的凹槽、钢球磨损严重或自锁弹簧疲劳或折断；轴或轴承磨损严重造成相啮合的齿轮或齿圈不同心；齿轮与轴的花键严重磨损配合间隙过大。

（2）变速器乱挡。互锁装置的凹槽、锁销或钢球磨损严重；变速杆下端长度不足、下端工作面磨损过大或拨叉导致凹槽磨损过大；变速杆球头定位销磨损松旷、折断或球头、球孔磨损过大。

（3）变速器异响。变速器第一轴、第二轴或拨叉弯曲变形，轴承、同步器毂磨损、失圆；齿轮加工精度或热处理工艺不当等造成齿轮偏磨或齿形发生变化，齿轮啮合间隙或花键配合间隙过大；自锁装置的凹槽、钢球磨损过甚或自锁弹簧疲劳、折断；齿轮油不足、变质、规格不符合要求或油中有杂物。

11 自动变速器故障诊断

（1）汽车不能行驶。自动变速器油底壳被撞坏，自动变速器漏油使液面过低；换挡操纵手柄与手动滑阀摇臂之间的连杆或拉锁松脱，使手动滑阀保持在空挡或停车位置；油泵进油滤网堵塞或油泵损坏；主油路严重损坏。

（2）自动变速器打滑。自动变速器漏油使液面太低；自动变速器油面太高，运转中被行星齿轮机构剧烈搅动，产生大量气泡；油泵磨损过甚或主油路泄漏，造成供油压力过低；离合器、制动器摩擦片、制动带磨损过甚或烧焦；单向离合器打滑；离合器或制动器活塞密封圈损坏，导致漏油。

（3）自动变速器不能升挡。节气门拉索调整不当；车速传感器、节气门位置传感器或线路有故障；调速阀故障或其油路严重泄漏；换挡电磁阀或线路有故障；2 挡阀卡滞或挡位开关有故障；ECU 或线路故障。

（4）自动变速器换挡冲击过大。发动机怠速过高；自动变速器的换挡点不正确；油压电磁阀不工作；ECU 及电控系统故障；换档执行元件如制动器或离合器的摩擦元件的工作间隙不正常；单向离合器打滑或锁止不良而出现运动干涉；换档前的离合器或制动器的分离时间过长或分离不彻底；节气门拉索或节气门位置传感器调整不当或主油路调压电磁阀有故障，造成主油路压力过大，液压系统工作不良；变速器与发动机的支承胶垫磨损，连接螺栓松动，传动系的间隙过大或松旷；蓄压器故障及作用在蓄压器背部的减振缓冲油压。

(5)自动变速器异响。油泵磨损过度，自动变速器油面过高或过低；液力变矩器的锁止离合器、导轮及单向离合器等损坏；行星齿轮机构有故障；换挡执行元件异响。

(6)自动变速器无超速挡。超速制动器打滑；超速挡电磁阀或线路有故障；挡位开关有故障；超速挡开关或线路有故障；超速离合器或超速单向离合器卡死；节气门位置传感器有故障；自动变速器油温传感器有故障；3～4 挡换档阀卡滞；发动机水温传感器有故障；ECU 或电路有故障。

(7)动变速器升档过迟。车速传感器损坏或节气门位置传感器调整不当或损坏；强制降挡开关短路；ECU 及电路有故障。

(8)自动变速器无前进挡。操纵手柄调整不当；单向离合器的安装方向不正确打滑；前进离合器油路严重泄漏。

(9)动变速器无倒挡。操纵手柄调整不当；倒挡油路泄漏；倒挡及高挡离合器或低挡及倒挡制动器打滑。

(10)挂挡后发动机怠速熄火。发动机怠速过低；阀板中的锁止控制阀卡滞；挡位开关有故障，检查挡位开关的信号，应与换挡手柄的位置相一致；输入轴转速传感器有故障。

12 传动装置的故障诊断

(1)传动轴的振动和噪声。传动轴弯曲或扭转变形，检查传动轴直线度误差；传动轴不平衡，不平衡应检查装配标记是否对正，轴两端万向节叉是否装在同一平面内；十字轴万向节的轴承磨损或失效；支承、花键、缓冲橡胶垫损坏，紧固螺栓松动。

(2)起动时万向传动装置有撞击声或滑行时异响。万向节磨损或损伤；变速器输出轴花键及传动轴滑动叉花键处磨损或损伤；传动轴连接部位松动。

13 驱动桥故障诊断

(1)驱动桥异响。后桥壳内润滑不良；圆锥滚子轴承预紧度调整不当；动主动齿轮啮合间隙过大或过小；轮毂轴承、主减速器轴承或差速器轴承磨损松旷；差速器两侧轴承端隙过大、差速器齿轮或止推垫片磨损严重、半轴齿轮及键磨损严重；半轴齿轮与半轴的花键配合松旷，差速器壳与十字轴配合松旷或行星齿轮孔与十字轴配合松旷；主减速器主动齿轮紧固螺母或从动齿轮连接螺钉松动，或驱动桥壳体、主减速器壳体变形。

(2)驱动桥过热。齿轮油型号不对或油量不足；轴承预紧度过大；齿轮磨损严重；主、从动锥齿轮啮合间隙过小。

(3)驱动桥漏油。油面过高；通气塞堵塞；油型号不对；油封磨损或损坏，放油螺塞松动或垫片损坏；桥壳有裂纹。

14 转向系和行驶系故障诊断

(1)转向沉重。齿条和小齿轮啮合间隙过小;转向轴的轴承过紧或损坏;转向拉杆的球头销与球头座配合过紧;转向轴万向节十字轴配合过紧;前稳定杆变形。

(2)转向盘自由转动量过大。转向系的齿轮啮合间隙调整不当;转向系齿轮箱安装不良;转向系齿轮磨损;转向轴万向节磨损;左、右横拉杆连接处磨损。

(3)前轮摆振。汽车在不平坦的道路上行驶,低速情况下发生摆振,主要原因是转向系各部位配合间隙过大及转向轮定位失准。高速行驶时发生转向轮摆振,一般为车轮不平衡。出现转向轮摆振时,转向系各部件的配合间隙、转向轮定位、转向轮不平衡。

(4)自动跑偏。左右轮胎气压不一致;前左、前右减振器弹簧刚度不一致;车身变形或车架变形使两侧轴距不等;转向轮定位失准;转向轮单边制动或单边制动拖滞;转向轮单边轮毂轴承装配过紧或损坏;转向轮某一侧的前稳定杆、下摆臂变形。

(5)行驶系异响。悬架各部件连接松动,安装不良或有损伤;减振器工作不良;前轮轴承磨损松动;转向节销、衬套磨损、安装不良。

15 电子巡航控制系统故障诊断

巡航系统的故障有3种情况:一是巡航系统不起作用;二是车速超过或低于设定车速时不能自动调节;三是车速波动(游车)。故障原因多为真空拉力器漏气或各阀门关闭不严,频率阀开闭失常,控制开关电路失灵。可通过自诊断系统的检查连接器触发,通过CCS报警灯闪烁故障代码,换件维修。有的车ECU电脑中有CCS的控制单元,且CCS系统的代码在其ECU系统中。

16 电控悬架的故障诊断

(1)操作LRC开关时,LRC指示灯的状态不变,故障部位有:LRC开关电路;悬架控制系统电脑。

(2)悬架的刚度和阻尼控制不起作用,故障部位有:悬架控制执行器及电路;TC端子电路;TS端子电路;LRC开关电路;气压缸或减振器;悬架控制执行器电源电路;悬架控制系统电脑。

(3)只有防侧倾控制不起作用,故障部位有:转向传感器及其电路;悬架控制系统电脑。

(4)只有防俯仰不起作用,故障部位有:节气门位置传感器及其电路;悬架控制系统电脑。

(5)只有防"点头"不起作用,故障部位有:制动灯开关及其电路;车速传感器及其电路;悬架控制系统电脑。

17 气压制动系故障诊断

(1)制动效能不良。压缩空气压力不足;制动管路破裂漏气;制动软管老化发胀、通气不畅;制动阀调整螺钉调整不当,排气阀回位弹簧过硬或调整垫片太厚,进、排气阀与摇杆接触端磨损过甚,摇杆弯曲,膜片破裂,平衡弹簧弹力不符合技术要求等;制动凸轮轴转动困难或转角过大;制动蹄与支销卡滞或制动蹄驱动端磨损过甚,或车轮制动器其他故障。

(2)制动拖滞。制动踏板自由行程过小,或制动鼓与摩擦片的间隙过小;制动回位弹簧过软或折断;制动踏板至制动阀拉臂之间的传动系零件卡滞,或制动器凸轮轴、制动蹄支销锈滞;制动阀排气阀调整垫片过薄,或回位弹簧过软、折断和橡胶阀座老化发胀;制动蹄摩擦片损坏等。

(3)制动跑偏。左右车轮摩擦片与制动鼓间隙不等或制动蹄与制动鼓接触不良;两前轮轮胎花纹或气压不一致,两前轮钢板弹簧弹力相差太多或车架及前轴变形严重;某个车轮制动凸轮轴被卡住或调整不当使凸轮转角相差太大,回位弹簧变软、损坏;某个车轮制动气室膜片硬度不同、推杆外露不等或伸张速度不;某制动软管通气不畅或制动阀至某车轮间有漏气;个别车轮的摩擦片上有油、硬化或铆钉头露出。

18 液压制动系故障诊断

(1)制动失效。制动主缸内无制动液或缺少制动液,连续踩下制动踏板不升高,同时感到无阻力,应首先检查制动主缸内的制动液储量是否符合规定要求,再检查管路、接头等处有无漏油;制动主缸严重磨损或皮碗损坏,若车轮制动毂边缘有大量油液,则是轮缸皮碗损坏或顶翻所致;制动管路破裂或接头严重漏油;机械连接部位脱开。

(2)制动反应迟钝。踏板自由行程过大,制动蹄片与制动鼓间隙过大,制动主缸皮碗、出油阀损坏。

(3)制动效能不良。制动主缸缺油,皮碗老化、发胀或破损;活塞与缸臂磨损过甚而配合松旷等;真空增压器控制阀真空阀不密封或膜片损坏,或加力气室膜片破裂等;制动分泵的故障。如皮碗老化发胀,活塞与缸臂配合松旷、活塞回位弹簧过软或折断;制动蹄摩擦片与制动鼓间隙过大;摩擦片油污、水湿、硬化或铆钉外露;制动鼓磨损过度、出现沟槽、失圆等。

(4)个别车轮制动拖滞。车轮制动鼓温度过高;制动油管堵塞;制动鼓与制动蹄之间的间隙过小。

19 驻车制动故障诊断

(1)驻车制动失效。驻车制动盘与制动蹄间隙过大,或鼓式驻车制动器的制动鼓与制动蹄间隙过大,或凸轮磨损严重;制动器摩擦片磨损严重,或严重脏污或油污,造成驻车制动打滑;机械连接部位脱开,或连接件损坏;棘轮或齿扇严重磨损,造成锁止机构打滑。

（2）制动拖滞。行车时驻车制动没有完全解除；驻车制动盘（毂）与制动蹄间隙过小；制动器定位弹簧失效。

20 中央门锁系统的故障诊断

（1）双向压力泵不工作。电源熔断丝熔断；. 中控门锁控制单元或双向压力泵损坏；前门锁执行元件中的门锁开关损坏；线路故障。

（2）中央联锁机构无法联锁。管路泄漏；双向压力泵失效；防盗系统的故障诊断。

21 照明系统的故障诊断

故障现象	故障原因
前照灯不亮	电路连接处松脱、电路断路、灯光开关老化或损坏
一个前照灯不工作	电路连接处松脱、封闭式灯泡损坏、插座端子腐蚀
两只小灯均不亮	车灯开关到小灯接线板的导线断路、灯丝烧断
一只小灯不亮	小灯接线板到小灯的导线断路、灯丝烧断、搭铁不良
顶灯总亮	门控开关老化或损坏、灯光主开关老化或损坏
阅读灯不亮	灯泡烧坏、熔断器熔断、电路断路、灯总成内的开关损坏或老化

22 信号系统常见故障诊断

信号系统常见故障诊断

故障现象	故障原因
转向信号灯不亮	熔断器或电路断电器烧断、闪光器老化或损坏、导线连接松脱、电路开路或搭铁不良、转向灯开关损坏
制动灯不亮	熔断器或电路断电器烧断、导线连接松脱、电路开路或搭铁不良、制动灯开关老化或损坏
喇叭不响	线路断路、过载或电路短路使熔丝烧断、喇叭导线端头与转向器的连接器脱开、导线在转向器轴管内扭断、按钮接触不良或搭铁不良
喇叭不响，耗电量过大	调整不当使喇叭触点不能打开、喇叭触点间短路、电容器或灭弧电阻短路

23 仪表报警系统常见故障诊断

故障现象	故障原因
燃油表不工作	燃油表与传感器之间的线路断路或接触不良、燃油箱油位传感器损坏、稳压器损坏
发动机转速表工作不正常或不工作	转速表背面的连接器接触不良、仪表板上的印刷线路断路、. 转速表连接导线过松或连接器损坏
冷却液温度表不工作或指示不正确	冷却液温度传感器表面有水垢、接头被腐蚀、导线接触不良
怠速时油压报警灯亮	机油滤清器堵塞、曲轴及连杆轴承磨损过大、机油泵损坏、机油泵限压阀卡在开启位置、机油低压开关损坏、线路故障
2000r/min 时油压报警灯亮	机油泵磨损、机油滤清器堵塞、汽缸体的油道堵塞、曲轴与连杆轴承间隙过大、线路故障、机油高压开关损坏

模块10 驾驶教学方法的发展趋势

驾驶教学是教练员指导下的学员主动掌握知识、技能,发展智力与体力,并形成一定思想品德的过程。在这一过程中,教学方法则是其关键环节之一。教学方法作为无形的纽带,维系着教练员的教和学员的学,并直接影响着教学水平的提高和教育目的的实现。

一 驾驶教学方法

驾驶教学是教练员和学员为了实现共同的教学目标,完成共同的教学任务,在教学过程中运用的方式和手段的总称。教学方法既包括教练员的教法,也包括学员的学法。教法和学法都不可能一成不变,随着教学技术和教学理论与实践的发展,教学方法与要不断发生变化,进行适当的改革。

1 教学方法内涵

"教学有法,教无定法"。教学方法是以语言形式获得间接经验的教学方法,以直观形式获得直接经验的教学方法,以实际训练形式形成技能、技巧的教学方法等。教练员的教学,要运用科学规范的教学方法实施理论和实际操作教学,实现驾驶培训教学目标,完成驾驶教学任务。

2 教练员的教学能力

机动车驾驶教练员受文化素养、社会阅历、驾驶经历、年龄层次等多方影响,对驾驶教学有着不同的教学效能,在教学效果上自然出现差异,这种差异影响教练员具体的教学行为和教学方式,影响教练员对学员的多种期望、态度和指导行为,影响着教学效率,也直接反映到学员的学习动机和学习成绩。

3 教练员的教学任务

驾驶培训教练员是利用教练车及辅助教学设备,采用多种教学手段,向培训学员传授知识和技能的教学人员。教练员的教学任务是按照教学大纲的要求,制定并组织实施教学计划,进行道路交通安全文明知识、专业知识和安全驾驶技能教学。理论教练员要利用多媒体教学设备、互动教学磁板、驾驶培训计时管理系统、考试自动化系统等教学手段进行理论教学活动。实际操作教练员要利用汽车驾驶模拟器、教学车辆、教练场地、公共道路及交通设施进行技能驾驶教学活动。教练员肩负着讲授安全文明驾驶理念，传授安全驾驶技能，提高培训教学管理水平，为社会培养安全文明驾驶员的重任。

二 教学方法改革与发展

随着驾驶培训教学的不断总结和提高，驾驶教学方法的模式和教学技术已不能满足现实情况需要。驾驶员的安全理念需要在学习过程培养，安全驾驶习惯需要在学习过程中形成，节能驾驶意识、应急和临危处置知识需要在培训中学习。教学技术的提高和驾驶教学的需要，必然会推动教学方法的改革。运用新技术、新设备、新理念、新的教学方法，是驾驶培训教学发展的必然趋势。

1 教学方法的改革

教学方法是受教育目标制约并为教育目标服务，教学目标的改革要重视知识传授和智能培养，由教给知识到教会学习。教学指导思想改革要废弃注入是教学，推行启发式教学。教学理念的改革，要从单纯的技术层面拓展到安全意识与驾驶技能的有机结合。教学手段的改革，要充分利用现代教育技术，应用先进教学工具，提高科技含量。改革从整体结构上强调教学方法的多样性与灵活性及各种教学方法的相互配合。

2 教学方法发展趋势

重视学习方法的研究，开发学员理想、情感、意志、性格、气质等非智力因素，激发学员的学习兴趣，启发学员树立明确的学习目的，培养浓厚的学习热情，激发学员强烈的求知欲望，使学员的大脑处于积极的思维状态，主动地去发现问题、解决问题，达到掌握知识、形成能力、启迪创造性的目的。

改革传统教学方法，重视教学经验的总结和哲学思想的指导，注意运用心理科学的研究成果。教学手段上,利用程序教学机、电子计算机、电影、电视录像、卫星传播、激光视盘、立体电视等多媒体的现代化科学技术设备,发挥现代信息技术在驾驶培训教学中的作用,提高教学的科技水平。

三 机动车驾驶培训教学改革设想

近年来,我国汽车产业迅猛发展,车型、道路状况、交通环境等也日趋复杂。驾驶培训要满足现实的需要,就要对原有的培训教学进行改革,改变学员学习技能的现有模式,注重驾驶学员的心理训练,强化驾驶学员培训考核手段,提高驾驶学员知识技能水平,加强特殊路况、恶劣天气、应急处置教学等内容,将成为未来驾驶培训教学改革发展的主要趋势。

1 改变学员学习技能的现有模式

理论教学和实际操作教学,需要提高学员的理解能力和实际应用能力。现有的模式已经落后于教学的需要,以师带徒、应试教学带来的弊端,在社会产生了极坏的影响,远远无法满足社会的需要。因此,理论教学中要应用现代化的教学工具,如多媒体、模拟设备等,提高理论教学教学,让学员对枯燥的理论有直观的感受,触类旁通。实际操作教学中,要强化技能训练,提高实践技能,边讲边练,讲练结合,通过理论来指导实践,通过实践来检验理论,克服理论和实践的脱节,提高培训的质量。此外,还要把安全驾驶的意识贯穿教学的全过程，教练以身作则，坚持做到时时讲安全，时时注意安全。

加强不同类型学员的针对性训练，对不同的学员进行针对性训练，即因人施教。教练员要对学员按照文化程度、年龄、性别、职业的差异进行分类，如知识分子型、中年妇女型、大学生等，区别特性或个性，因人施教、善导理论、善用示范，理论结合练习。如有的学员学习不久因为学的比较快就产生自满虚荣心理，训练时图快不注意细节；有的学员胆小怕事，遇到复杂路况就不敢行车；有的学员粗心马虎等等。教练应该区别对待，对胆小的学员尤其是女学员，要多加鼓励少加指责，遇见复杂路段让其多练习几次；对待胆大粗心的学员，教练在进行技术要领教学、动作准确性方面要求要更细致一些。

2 注重驾驶学员的心理训练

在驾驶技能的训练过程中，学员的心理活动对学成驾驶技能，尤其是训练进度有较大影响。培训出优秀合格的驾驶员，培养良好的心理素质是关键。教练员在教学过程中要把心理学知识运用到教学的整个过程，注重驾驶学员的心理训练，遵循教学规律，注意观察学员的各种心理状态，因材施教，保持学员的安全意识和技能形成稳步发展，让学员顺利完成驾驶技能的学习。

学习初期由于学员对驾驶的不熟悉会产生较大的精神压力，造成对驾驶兴趣的减弱及对驾驶的恐惧时，教练员要有耐心，对学员出现的操作失误不要一味指责，要疏导学员的恐惧紧张情绪，使其放松。

训练中部分学员因为跟不上进度会产生急躁情绪，训练越多失误越多时，教练员要换一个教学内容，转移学员注意力使其放松情绪，等其冷静思考以后再进行训练。训练中部分学员因为进步较快容易产生骄傲情绪时，教练员要及时加以控制和消除，加大训练难度，扎实学员驾驶技能，端正学习态度，使其意识到“学无止境”，但同时要注意不能伤害学员的积极性。

为避免平时学习效果很好的学员，考试时因紧张导致考试失败。学员参加考试前，教练员要对学员进行心理调节，消除心理压力。如进行考前测试，增强学员的对考试的承受力，尽量消除紧张情绪。参加考试的前一天，要求学员劳逸结合，淡化考试成绩，要避免渲染考试难度，尽量让学员正常发挥；最后在待考间隙充分运用心理学知识帮助学员缓解心慌、紧张的心态。

3 提高驾驶学员知识技能水平

不同的车型，不同的路况，理论知识和驾驶操作不尽相同。要求教练员要根据不同的课程、不同的车型，整合理论教学内容，结合各种车型，寻找理论教学的共性和异性，进行各类车辆的基础知识和驾驶理论教学。改变只教技能，不讲理论的教学方式，让学员增强对驾驶动作协调运行的理性认识，知其然知其所以然，同时结合理论教学进行驾驶技能训练。理论教学要根据课程内容，恰当运用多媒体、网络、虚拟平台等现代化的技术辅助手段进行教学,帮助学员掌握扎实的理论基础,为日后掌握、驾驶各种车辆和拓展汽车技术,提供理论支撑。

4 加强特殊路况、恶劣天气、应急处理置等内容的训练

在特殊路况、恶劣天气等不良环境中行车,不仅会对驾驶员的心理产生负担,还要求驾驶员具备良好的操作技能。通过加强对驾驶学员进行典型交通环境交通风险的专业培训,让学员掌握在恶劣交通环境中的驾驶技巧理论。同时,利用特殊环境和情景模拟驾驶装置训练驾驶员的安全驾驶技能,增强驾驶学员强烈的责任意识和忧患意识,提高学员面对紧急情况时的应急处置能力。

5 强化驾驶学员考前适应训练

在临近考试时,教练员要针对考试内容对学员进行考前适应性训练。针对学员的紧张怯场心理,严格按照考试流程,模拟设置各种路面状况、障碍状况、突发状况、紧急状况、危险状况、事故状况等多组织模拟考试。对个别在某些考试项目上还存在不足的学员,安排专项训练,强化练习和考前模拟考试,使学员消除对考试的畏惧感,树立信心,从容参加考试。

模块 11 实车与模拟驾驶穿插教学

教学技术的发展,带来了驾驶教学设备的不断更新和教学方法的进步。模拟教学开始在驾驶培训教学中应用和推广,实车与模拟驾驶穿插教学,是目前驾驶培训教学探索的一条新的教学模式。

一 驾驶模拟教学的评价

使用驾驶模拟器进行教学,能够缓解学员初级训练阶段的心理压力,在低耗的状态下,提高训练的实效,解决实际驾驶教学中不能实现教学内容,减轻教练员的劳动强度,保障驾驶教学安全。

1 汽车驾驶模拟设备

驾驶模拟设备是一种能模拟汽车驾驶动作,在主要性能上获得与实车相同感觉的仿真设备,是综合计算机、实时控制、微电子、光学、精密机械等多种学科的高新技术产品,是模拟汽车驾驶的有效工具。模拟器分为主动型(互动型)和被动型(非互动性)两种,可用于不同阶段的教学组合。

驾驶培训培训用模拟器,有真实的驾驶舱、转向盘、加速踏板、制动踏板、离合器踏板、变速器操纵杆、驻车制动器操纵杆、安全带和等各种控制开关和警示系统,完全可以满足驾驶基本动作和安全意识教学的需要。有视境系统的模拟器,配备实时控制与仿

真计算机、视景模拟、声响模拟、运动模拟和中央控制台等系统，是现代化信息技术在驾驶教学中的具体应用。

2 驶模拟器在驾驶教学中价值分析

（1）增强驾驶操作训练的安全性。在学员训练初期，由于紧张和缺乏定向映像的操作活动，直接在实车上驾驶，往往不能迅速反应教练员的指令，顾此失彼，动作失误多，存在安全隐患和危险性。使用模拟器进行训练，可以释放学员紧张心境，促使学员用脑去思考教练员的指令，认真的完成驾驶动作的规范操作，驾驶教学效率高，同时提高了驾驶训练的安全性。

（2）丰富学员驾驶适应性训练。驾驶适应性是学员完成驾驶操作具有的生理和心理素质。学员如果不了解驾驶适应性的相关知识，会给教学安全带来很大隐患。由于在实车训练受限的条件下，学员无法体验高速行驶的巨大危险，对速度的适应能力仅限于场地内的体验，无法进行学员的适应性训练。借助模拟驾驶技术，能够将学员的身体、视野、动视力、立体视觉、夜间视力、听力等各种因素对驾驶适应性的影响，形象、直观地展示给学员，对学员产生多种感官的综合刺激，从而丰富学员的驾驶适应性训练。

（3）提高驾驶训练综合效率。学员在学习驾驶时，需要“眼、耳、鼻、舌、身”五官的协调动作，用实车进行训练中，无法让学员完成全气候和各种道路综合的驾驶训练，有很大的局限性，训练内容无法满足学员实际驾驶能力的需要。驾驶模拟器不仅可以提供极具可视性与实操性的驾驶环境，计算机仿真系统还能够将驾驶过程中可能遇到的各种场景如实的编辑到教学软件中，训练可以不受季节、天气、环境、场地等外界因素和条件的限制，模拟形象、直观、逼真，为学员提供在实车驾驶无法实现的训练内容。

（4）减少污染，缓解拥堵。汽车尾气和行驶中扬起的粉尘，是城市大气污染的一个重要因素。汽车行驶中产生的噪生污染，对环境影响很大。教练车在道路上训练，车速慢、行车不规范，容易成为交通拥堵。利用模拟器进行训练，减少了教练车在实际道路上的训练时间，减少了废气排放和噪音污染，一定程度上缓解了交通拥挤。

二 驾驶模拟与实车教学的穿插教学

根据教学大纲要求，驾驶培训的第二阶段实际操作项目基础驾驶应当采用驾驶模拟器教学，第三阶段摸拟驾驶部分内容可采用驾驶模拟器教学。利用模拟器辅助实车进行实操的穿插教学，是驾驶培训教学的发展方向。

1 第二阶段的穿插教学

第二阶段的基础驾驶部分教学内容有驾驶姿势、操纵装置的操作、行车前车辆检查与调整。使用模拟器教学的重点是转向盘、变速器操纵杆、驻车制动装置、离合器踏板、行车制动装置、加速操纵、照明和信号及座椅、头枕、后视镜调整和系、松安全带的规范操作方法。

第二阶段实施教学时,先使用模拟器进行规定内容和驾驶动作的训练。在掌握了规定的训练内容,操作动作熟练后,再用实车进行训练。在实车训练中发现的问题,再回到模拟器上进行修正。对接受能力差或者对实车不适应的学员,要适当延长在模拟器上的训练时间,尽量让学员的动作能够不受情绪或心理压力的影响,能下意识的自然操作后,再进行实车训练。通过对学员进行驾驶模拟器与实车教学的穿插教学,培养学规范驾驶操作的动作习惯,完成第二阶段的教学目标。

2 第三阶段的穿插教学

第三阶段的教学内容有起步、直线行驶、换挡、跟车、变更车道、靠边停车、通过路口、通过人行横道、通过学校区域、通过公共汽车站、会车、超车、掉头、夜间驾驶、行驶路线选择、模拟驾驶等内容,要求模拟驾驶部分可以使用模拟器进行教学。

第三阶段实施教学时,有条件的可以实行模拟驾驶与实车驾驶穿插教学。跟车、变更车道、通过路口、通过人行横道、通过学校区域、通过公共汽车站、会车、超车、掉头、夜间驾驶教学,要把安全文明常识贯穿其中。在实际道路训练中没有的的情况,可以用模拟器进行训练,重点是安全文明常识和交通信号的识别。可以在每个项目实车训练结束后,再使用模拟器进行补充训练,是训练的内容更加扎实。切记,模拟驾驶永远不能代替实车训练。

对于不能用实车完成的模拟驾驶教学内容,需要在模拟器上进行训练,让学员体验恶劣条件下的驾驶感受,掌握在山区道路、高速公路和雨天、雾天、冰雪路面、泥泞道路、涉水等恶劣条件下安全驾驶的要领和方法。有条件的可以在模拟驾驶训练结束后,用实车进行实际环境条件下的驾驶训练,通过模拟与实车穿插教学,完成第三阶段的教学目标。

参 考 文 献

[1] 中华人民共和国人力资源和社会保障部,中华人民共和国交通运输部. 国家职业技能标准　机动车驾驶教练员[S]. 北京:人民交通出版社,2011.

[2] 中华人民共和国交通运输部,中华人民共和国公安部.《机动车驾驶培训教学与考试大纲》[M]. 北京:人民交通出版社,2012.

[3] 中华人民共和国交通行业标准 JT/T 325—2013　营运客车类型划分及等级评定[S]. 北京:人民交通出版社,2013.

[4] 道路旅客运输驾驶员从业资格培训教学大纲.

[5] 中华人民共和国国家标准 GB/T 3040—2013　机动车驾驶培训机构资格条件[S]. 北京:中国标准出版社,2014.

[6] 范立,金兴民,顾孺鲁,等. 驾校经营导航[M]. 2 版. 北京:人民交通出版社,2014.

[7] 中华人民共和国国家标准 GB/T 29639—2013　生产经营单位安全生产事故应急预案编制导则[S]. 北京:中国标准出版社,2013.

[8] 常若松. 汽车驾驶员安全心理学手册[M]. 北京:人民交通出版社,2014.